2025年度版

秋田県の
養護教諭

過 去 問

協同教育研究会 編

協同出版

本書には，秋田県の教員採用試験の過去問題を
収録しています。各問題ごとに，以下のように5段
階表記で，難易度，頻出度を示しています。

難 易 度

非常に難しい　☆☆☆☆☆
やや難しい　☆☆☆☆
普通の難易度　☆☆☆
やや易しい　☆☆
非常に易しい　☆

頻 出 度

◎　ほとんど出題されない
◎◎　あまり出題されない
◎◎◎　普通の頻出度
◎◎◎◎　よく出題される
◎◎◎◎◎　非常によく出題される

はじめに～「過去問」シリーズ利用に際して～

　教育を取り巻く環境は変化しつつあり，日本の公教育そのものも，教員免許更新制の廃止やGIGAスクール構想の実現などの改革が進められています。また，現行の学習指導要領では「主体的・対話的で深い学び」を実現するため，指導方法や指導体制の工夫改善により，「個に応じた指導」の充実を図るとともに，コンピュータや情報通信ネットワーク等の情報手段を活用するために必要な環境を整えることが示されています。

　一方で，いじめや体罰，不登校，暴力行為など，教育現場の問題もあいかわらず取り沙汰されており，教員に求められるスキルは，今後さらに高いものになっていくことが予想されます。

　本書の基本構成としては，出題傾向と対策，過去5年間の出題傾向分析表，過去問題，解答および解説を掲載しています。各自治体や教科によって掲載年数をはじめ，「チェックテスト」や「問題演習」を掲載するなど，内容が異なります。

　また原則的には一般受験を対象としております。特別選考等については対応していない場合があります。なお，実際に配布された問題の順番や構成を，編集の都合上，変更している場合があります。あらかじめご了承ください。

　最後に，この「過去問」シリーズは，「参考書」シリーズとの併用を前提に編集されております。参考書で要点整理を行い，過去問で実力試しを行う，セットでの活用をおすすめいたします。

　みなさまが，この書籍を徹底的に活用し，教員採用試験の合格を勝ち取って，教壇に立っていただければ，それはわたくしたちにとって最上の喜びです。

協同教育研究会

C O N T E N T S

第1部

秋田県の
養護教諭
出題傾向分析

秋田県の養護教諭　傾向と対策

　秋田県の養護教諭の試験問題は過去5年間を見ると問題数(大問)9～12題, 試験時間90分, 出題形式は空欄補充問題と記述問題が多い。出題内容は全般的に難易度が高く, 学習の深さ, 幅広さ, 理解度, 応用力が問われている。以下,「過去5年間の出題傾向分析」における分類別に出題傾向と対策を考えたい。

　法規・答申において, 法令では学校保健安全法(施行令・施行規則を含む)が集中的に出題されていることから, 同法を中心に学習するとよいだろう。条文については頻出の条文を教科書・参考書で学習してから, 他の条文を学習するとよい。空欄補充や用語の正誤判断が主となるため, 机上の学習だけでなく, 移動時間などのすき間時間の活用も検討したい。また, 秋田県の特徴として「学校教育の指針」(秋田県教育委員会)からの出題も見られる。養護教諭に関する内容を確認すると同時に, 関連事項の学習を行うこと。

　保健管理では, 環境衛生検査と健康診断, 感染症は必ず学習しておこう。学校環境衛生検査では検査項目や基準, 測定方法などをまとめておくこと。問題では数値など詳細な部分まで問われるので注意したい。学校環境衛生基準は一部改正されることがあるため常に最新の情報を得ておきたい。健康診断は「児童生徒等の健康診断マニュアル(平成27年度改訂版)」(日本学校保健会)を中心に学習すればよいだろう。こちらも数値関連など詳細まで問われることがあるので, 十分に学習しておくこと。感染症については学校保健安全法施行規則第18条～第19条の内容を確認しておくこと。あわせて, 感染症予防, 罹患した場合の対処など, 教科書や参考書, 文部科学省の資料をまとめておくとよい。2024年度は新型コロナウイルス関連で改正された学校保健安全法施行規則関連の出題があったため, こちらも最新の情報を確認しておくこと。その他, 健康相談と保健指導, 健康観察に関する出題頻度が高いことにも注意したい。

　保健室については他の分類と比較して, 特に出題頻度の高い内容とい

うものがあまりない。ただし，養護教諭の職務に関する問題は出題頻度が高いこと，心肺蘇生を含む救急処置は他の自治体では出題頻度が高いことから，教科書等で学習しておく必要がある。2024年度はここ5年間では出題のなかった医薬品について出題があった。最新のトピックスのような出題が見られるため，文部科学省や厚生労働省などの最新の通知，資料をおさえておきたい。

疾病等については2024年度は出題されなかったが，語句の説明，解剖がほぼ毎年出題されている。語句の説明は日頃の学習の成果が問われる。不明な用語については調べる習慣を付けておくとよい。解剖については図で問われる場合と，文章で問われる場合とがある。いずれにも対応できるよう，解剖図で名称を答えられるようにするとともに，そのはたらきなどについてもまとめておくこと。また「過去5年間の出題傾向分析」では反映されていないが，近年では心身症，ストレス，ギャンブル等依存症などメンタルヘルスに関する出題が多くなっている。今後メンタルヘルス等を出題する自治体が増えることが予想されるため，児童生徒の心のケアなどについても学習するとよいだろう。

保健教育については，まず学習指導要領をしっかり理解すること。2024年度は出題がなかったが，2023年度には，保健の授業について，学年，単元を示され「どのような内容を指導するか」を問う記述問題が出題されている。対応できるように小学校，中学校，高等学校の全ての校種についておさえておこう。保健教育は小学校から高等学校までの12年間を見据え，学習内容が系統立てて構成されていることを踏まえると，概要が見やすくなるだろう。また，2023年度はがん教育からの出題があった。現在，教育や学校関連で何が注目され，課題とされているか，日々情報収集しておくことが大切である。

上述の通り，解答には記述式も多いので誤字・脱字への対策も含め，丁寧な学習が求められる。また，短文で解答する問題もあるので，文章解答に慣れていない受験生は実際に書く練習を十分に行っておきたい。そして，試験時間内に問題を解く，模試を活用するといった試験に近い形で学習を行うこともおすすめする。十分な準備によって，自信をつけて本試験に臨みたい。

過去5年間の出題傾向分析

☆：3題以上出題　●：2題出題　○：1題出題

分類	主な出題事項	2020年度	2021年度	2022年度	2023年度	2024年度
法規・答申	学校保健安全法	☆	☆	○	○	○
	法令					
	中央教育審議会答申					
	秋田県の学校教育の指針		☆			
保健管理	環境衛生検査	☆	☆	○	●	☆
	健康診断	☆	☆	☆	○	☆
	感染症	☆	☆		●	○
	学校保健(計画)					
	健康相談と保健指導					○
	健康観察	●	○			
	教育相談				●	
	歯科保健				☆	
保健室	保健室経営計画					●
	職務		☆	○	☆	
	救急処置			☆		
	心肺蘇生			☆		
	医薬品					☆
疾病等	語句の説明		☆	●	○	
	略語					
	疾病			●	☆	●
	虐待	☆			○	
	解剖	☆			○	
	アレルギー			☆		☆
	災害(PTSDを含む)				●	
	ノロウイルス					
	熱中症			☆	☆	
	発達障害					
	食中毒					
保健教育	学習指導要領	☆	○		●	
	がん教育				●	
	保健指導					
	性教育					
	薬物乱用				●	
	喫煙					

第2部

秋田県の
教員採用試験
実施問題

2024年度　実施問題

【中高共通】

【1】定期健康診断における身長の測定について，次の各問いに答えよ。

(1)　身長の測定を検査することについて，その意義を答えよ。

(2)　身長の測定の方法及び留意事項について，以下の(　ア　)〜(コ)に入る適語を，次の図を参考に答えよ。

> ①　測定の際は必ず(　ア　)で行う。
> ②　身長計の踏み台に上がらせ，(　イ　)をよくつけて(　ウ　)させる。
> ③　尺柱には，(　イ　)，(　エ　)，(　オ　)の一部が触れた状態とする。
> ④　上肢は(　カ　)に垂れさせる。
> ⑤　頭位を(　キ　)に保つため，軽く(　ク　)を引かせる。
> ⑥　正面から見ると，身体の(　ケ　)と尺柱が重なっていなければならない。
> ⑦　目盛は必ず視線を(　コ　)にして読む。

(3)　身長の発育を評価するために用いるものを答えよ。

(☆☆○○○○)

8

【2】「学校における薬品管理マニュアル　令和4年度改訂(令和5年3月公益財団法人日本学校保健会)」に示されていることについて，次の各問いに答えよ。

(1)　学校における一般用医薬品の常備の検討の流れについて，次の文の(ア)～(カ)に入る適語を答えよ。

---

①　一般用医薬品の必要性の把握

　(ア)及び養護教諭等は，(イ)までの児童生徒の傷病の状況，それに伴う一般用医薬品の使用状況を把握し，校長等と必要性を検討する。

②　救急処置への該当確認

　養護教諭等は，一般の医療の対象とならない程度の(ウ)な傷病の処置に該当する処置に使用する一般用医薬品であることを確認する。

③　一般用医薬品の選定

　校長は，学校医，学校歯科医又は(エ)の指導・助言を踏まえて，(オ)及び養護教諭とともに，常備する必要性を勘案し，一般用医薬品を選定する。

④　児童生徒・保護者等との(カ)

　養護教諭は，(オ)と協力して，教職員，児童生徒及び保護者等に対して，一般用医薬品の利用について(カ)を図る。

---

(2)　保健室の一般用医薬品の保管・管理のポイントについて3つ答えよ。

(☆☆☆☆◎◎)

【3】「保健室経営計画作成の手引　平成26年度改訂(平成27年3月公益財団法人日本学校保健会)」に示されていることについて，次の各問いに答えよ。

(1)　学校保健計画と保健室経営計画について，(①)～(⑨)に

9

入る適語を以下から選び記号で答えよ。

	学校保健計画	保健室経営計画
推進者	（　①　） ＊役割分担して（　②　）に活動を推進	養護教諭が中心
特徴	・学校保健活動の年間を見通して，「（　③　）」「（　④　）」「（　⑤　）」の3領域について立てる総合的な基本計画 ・単年度計画 ・（　⑥　）の評価に位置付け，評価を実施	・教育目標等を踏まえた上で，保健室経営の目標に対して，（　⑦　），（　②　）に運営するための計画 ・養護教諭の（　⑧　）と保健室の（　⑨　）を踏まえた計画 ・単年度計画 ・保健室経営目標に対する評価を実施

ア　保健部職員　　　イ　学級経営　　　ウ　教務主任

エ　校長　　　　　　オ　計画的　　　　カ　保健委員会

キ　保健教育　　　　ク　健康管理　　　ケ　機能

コ　継続的　　　　　サ　組織的　　　　シ　組織活動

ス　広さ　　　　　　セ　教頭　　　　　ソ　学校評価

タ　保健管理　　　　チ　職務(役割)　　ツ　全教職員

テ　学校経営　　　　ト　保健主事

(2)　次の文は，学校保健安全法の条文を一部抜粋したものである。
（　①　）～（　④　）に入る適語を答えよ。

> 第7条(保健室)
> 　学校には，（　①　），（　②　），（　③　），（　④　）その他の保健に関する措置を行うため，保健室を設けるものとする。

(3)　次の文は，保健室経営の評価方法について一部抜粋したものである。（　①　）～（　⑤　）に入る適語を答えよ。

> 　保健室経営計画の評価は，養護教諭による（　①　）と教職員等による（　②　）の両方で捉えることが重要である。（　①　）は，養護教諭自身が保健室経営をふり返り，（　③　）し，次年度の保健室経営に生かすための評価である。（　②　）は目標に対する達成の状況について，聞き取りや（　④　）で学級担任等の関係職員，保護者等の意見を聞いたり，児童生徒のふり返り

カードから読み取ったりして,(⑤)なデータ等で評価する。

(☆☆○○○○○)

【4】「学校環境衛生管理マニュアル『学校環境衛生基準』の理論と実践 平成30年度改訂版(平成30年文部科学省)」に示されている「ダニ又はダニアレルゲン」について,次の各問いに答えよ。

(1) 検査回数について,次の文の(①)～(④)に入る適語又は数字を答えよ。

> 毎学年(①)回教室等内の(②)及び(③)が高い時期に定期に行うが,どの時期が適切かは(④)の特性を考慮した上,学校で計画立案し,実施する。

(2) 検査する場所を2つ答えよ。

(3) ダニ又はダニアレルゲンの基準値及び基準値設定の根拠を答えよ。

(4) 基準値を超えた場合の事後措置と日常のダニ対策について答えよ。

(☆☆☆☆◎)

【5】「学校検尿のすべて 令和2年度改訂(令和3年3月公益財団法人日本学校保健会)」に示されていることについて,次の各問いに答えよ。

(1) 検尿方法について,正しいものには○を,誤っているものには×を記入せよ。

① 採尿する際は,排尿部周囲の汚れなどの影響を除くために,出始めの尿は捨て,途中の尿(中間尿)を提出する必要がある。

② 激しい運動を行うと運動性蛋白尿が出現して翌朝の検尿に影響が出る可能性がある。このため,検査前日は夜間に及ぶ部活動などの激しい運動は控え,就眠直前にトイレに行って完全に排尿する。

③　月経時に検尿を行うと，経血が尿に混入して高率に尿潜血が陽性になるため採尿を延期し，月経が終わったらすぐに提出させる。

(2)　ネフローゼ症候群の薬物療法で，ステロイド薬を使用している場合の副作用について，次の図も参考に5つ答えよ。

(3)　学校生活管理指導表の利用法について，下線部分が正しいものには○を，誤っているものには適語を答えよ。

　　学校生活管理指導表を腎臓病の子供達に用いる場合には，運動会，体育祭，球技大会，スポーツテストなどの①学校行事への参加の可否，②外遊びの可否の記載が必要になる。前者は運動種目によるものではなく，その運動種目への③取り組み方によって決める。通学が可能な子供で食事制限が必要な場合は稀だが，高血圧やネフローゼ症候群で④糖質制限や末期腎不全で⑤高蛋白食が指示されている子供などで②外遊びが制限，あるいは禁止される場合がある。

(☆☆☆◎◎◎◎)

【6】「学校保健安全法施行規則の一部を改正する省令の施行について(令和5年4月28日付け文部科学省初等中等教育局長通知)」に示されていることについて，次の(　①　)〜(　⑨　)に入る適語又は数字を答えよ。

> ・新型コロナウイルス感染症への感染が確認された児童生徒等に対する出席停止の期間は，「発症した後(　①　)日を経過し，かつ，症状が軽快した後(　②　)日を経過するまで」を基準とすること
> ※無症状の感染者に対する出席停止の期間の取扱いについては，

　　検体を採取した日から(③)日を経過するまでを基準とすること

・「症状が軽快」とは，従来の社会一般における療養期間の考え方と同様，解熱剤を使用せずに解熱し，かつ，(④)症状が改善傾向にあることを指すこと

・「発症した後(①)日を経過」や「症状が軽快した後(②)日を経過」については，発症した日や症状が軽快した日の(⑤)から起算すること

・出席停止解除後，発症から(⑥)日を経過するまでは，当該児童生徒に対してマスクの着用を(⑦)すること。児童生徒等の間で感染の有無やマスクの着用の有無によって(⑧)・偏見等がないよう，適切に指導を行うこと

・施行規則第19条第2号のただし書の規定により，同号で示す基準より出席停止の期間を(⑨)することは，新型コロナウイルス感染症においては，基本的に想定されないこと

(☆☆☆◎◎)

【7】アトピー性皮膚炎について，次の各問いに答えよ。

(1) 次の図のように，乳児期から幼児期，その後，アレルギー疾患が順番に発症してくる様子の名称を答えよ。

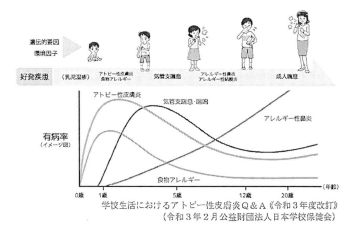

学校生活におけるアトピー性皮膚炎Q＆A《令和３年度改訂》
（令和３年２月公益財団法人日本学校保健会）

(2)　乳児期発症のアトピー性皮膚炎で，血液検査において高値を示す免疫グロブリンの種類を答えよ。

(3)　アトピー性皮膚炎はスキンケアが重要であるが，このスキンケアとはどのようなことか説明せよ。

(4)　アトピー性皮膚炎の学校生活における注意事項の説明について，正しいものには○を，誤っているものには×を記入せよ。

　　①　汗をかくとかゆみが出たり皮膚炎が悪化したりするため，なるべく汗をかかないように指導する。

　　②　汗をかいた後は，水道の流水で洗い流したり，おしぼりタオルで拭いたりすると良い。

　　③　夏，屋外で体育授業を行う場合，紫外線防御対策にも気を配る。

　　④　アトピー性皮膚炎患児に対しては，基本的にプールに入ることを禁止する必要はない。

（☆☆◎◎）

【８】「教職員のための子供の健康相談及び保健指導の手引－令和3年度改訂－（令和4年3月公益財団法人日本学校保健会）」に示されていることについて，次の各問いに答えよ。

(1)　心の健康問題の主な要因と特徴について，①～⑦に当てはまる発

達段階を以下のア～エから選び，記号で答えよ。

① ストレスを自分で自覚できるようになるとともに，不安や抑うつなど精神的な症状(内在化症状)や引きこもり，攻撃的行動，家出などの問題行動(外在化症状)が現れやすくなる。

② 心理面での訴えよりも，頭痛・腹痛・おう吐など体の症状や，落ち着きのなさなど行動面の変化，あるいは睡眠の障害などとなって現れやすい。

③ うつ病，双極性障害(躁うつ病)，統合失調症の頻度は高くなり，パーソナリティ障害(人格障害)が出現するのもこの時期である。また，手首自傷(リストカット)や多量服薬などの激しい症状や性の問題がみられやすくなる。

④ 広汎性発達障害の子供は，教室に入れない，登校を嫌がる，集団を怖がるなどの学校生活への不適応が強まることが多く，この時期になって初めて障害に気付かれることも少なくない。

⑤ 生命にかかわる危険や，死が取り返しのつかないものであるということが十分には認識できていない。

⑥ 同級生間の人間関係が複雑となるため，クラスにうまく適応できなかった場合，不登校となりやすい。

⑦ 教科の難度が高まるに伴い，通常の学級に在籍する学習障害あるいは知的障害のある子供が学習に困難を生じやすくなる。

ア　小学校低・中学年(第1～4学年)

イ　小学校高学年(第5～6学年)

ウ　青年前期(中学校)

エ　青年後期(高等学校)

(2) 次の疾病について，主な症状をそれぞれ3つずつ答えよ。また，その疾病の特徴を説明せよ。

① 起立性調節障害

② 過敏性腸症候群

(☆☆☆◎◎)

15

【9】てんかん発作時の口腔用液(ブコラム®)の投与について，次の各問いに答えよ。

(1) 「学校等におけるてんかん発作時の口腔用液(ブコラム®)の投与について(令和4年7月19日付け内閣府，文部科学省及び厚生労働省関係各部署の事務連絡)」に示されている，教職員が本人に代わりブコラム®を投与する場合の4つの条件について，下線部分が正しいものには〇を，誤っているものには適語を答えよ。

① 当該児童等及びその保護者が，事前に⑦薬剤師から，次の点に関して書面で指示を受けていること。
・学校等においてやむを得ずブコラム®を使用する⑦必要性が認められる児童等であること
・ブコラム®の使用の際の留意事項

② 当該児童等及びその保護者が，学校等に対して，やむを得ない場合には当該児童等にブコラム®を使用することについて，⑦具体的に依頼していること

③ 当該児童等を担当する教職員等が，次の点に留意してブコラム®を使用すること。
・当該児童等がやむを得ずブコラム®を使用することが認められる児童等本人であることを改めて確認すること
・ブコラム®の使用の際の留意事項に関する書面の記載事項を遵守すること

④ 当該児童等の保護者又は教職員等は，ブコラム®を使用した後，当該児童等を⑪可能な限り医療機関で受診させること。

(2) ブコラム®の投与時の手順について，(ア)～(オ)に入る適語を答えよ。

① シリンジを取り出す。投与対象者に(ア)や(イ)がある場合は，拭き取る。

② シリンジキャップを取り外す。万が一，内側の白色キャップが同時に外れていない場合は，(ウ)に取り外す。

③ 投与対象者の頬をつまみ広げる。シリンジ先端を下の(エ)

と頬の間に入れる。

④　ブコラム®をゆっくりと(　オ　)注入する。

⑤　プランジャーが固くて押しにくい場合は，少し強めに押して注入する。

（☆☆☆◎◎）

【10】次の事例について，生徒から相談を受けた場合の対応のポイントを具体的に5つ述べよ。

> 高校1年生の女子。交際相手(大学生)の過度な干渉や暴力を愛情表現と受け止め，なかなか逃れることができずにいたが，性に関する講話をきっかけに友人に連れられて，保健室に相談に来室した。性的関係を強要され困っていると泣き出した。

（☆☆☆☆◎◎）

解答・解説

【中高共通】

【1】(1)　(解答例)　身長は成長を評価する基本的な指標であり，測定結果を身長成長曲線として経年で評価することで，身長が正常に伸びていることの確認や，低身長の早期発見につながる。　(2)　ア　裸足　イ　両かかと　ウ　直立　エ　臀部　オ　背　カ　体側

　　キ　正位(眼耳水平位)　　ク　顎　　ケ　正中線　　コ　水平
　　※エ，オは順不同　　(3)　身長成長曲線
〈解説〉(1)　身長の成長には個人差があるため，一人ひとりその子なりの
　　成長をしているか確認すること。また，その身長の変化を児童生徒に
　　自覚させ，自らの身体に興味を持たせることも大切である。　　(2)　正
　　しい測定方法で測定結果になるべくばらつきが出ないようにする。な
　　お，キの正答である正位(眼耳水平位)とは，横から見たときの目と耳
　　の高さが水平である状態のこと。　　(3)　身長の成長には個人差があり，
　　測定値を単に数値として見るだけでは身長の伸びが正常であるのか異
　　常であるのか判定しにくいので，一人一人の身長成長曲線を用いて評
　　価することが大切である。

【２】(1)　ア　学級担任　　イ　前年度　　ウ　軽微　　エ　学校薬剤
　　師　　オ　保健主事　　カ　共通理解　　(2)　(解答例)・保管する場
　　所の温度，湿度などに注意する。　　・施錠できる薬品戸棚に保管す
　　る。　　・廃棄の方法は学校薬剤師に指導・助言を受ける。
〈解説〉(1)　一般用医薬品は原則として薬局やドラッグストアで薬剤師
　　等の助言を受けて購入し，自らの責任で使用する医薬品のことである。
　　第1類から第3類まで存在するが，第1類医薬品については学校で使用
　　することは適当ではない。第2類及び第3類医薬品についても，学校に
　　置くものは必要最小限とし，管理体制を整えるとともに安易に使用す
　　ることは控える。　　(2)　保健室における一般用医薬品の保管・管理に
　　ついては，学校医や学校歯科医，学校薬剤師の指導・助言のもとに行
　　う。また，一般用医薬品管理簿などを活用して管理する。

【３】(1)　①　ツ　　②　サ　　③　キ　　④　タ　　⑤　シ　　⑥　テ
　　⑦　オ　　⑧　チ　　⑨　ケ　　※③～⑤は順不同　　(2)　①　健康診
　　断　　②　健康相談　　③　保健指導　　④　救急処置　　(3)　①　自
　　己評価　　②　他者評価　　③　改善　　④　アンケート　　⑤　客
　　観的

〈解説〉(1)　中央教育審議会から出された答申「子どもの心身の健康を守り，安全・安心を確保するために学校全体としての取組を進めるための方策について」(平成20年1月)で，保健室経営計画の重要性が示唆され，養護教諭は保健室経営計画を立て，教職員に周知を図り連携していくことが求められるようになった。学校保健計画は，全教職員で学校保健活動を推進していくための計画である。このとき保健主事は，すべての教職員によって組織的に推進されるように連絡・調整の役割を担う。一方，保健室経営計画は，養護教師が中心となって作成する。学校の教育目標や学校保健目標を踏まえ，保健室の経営において達成されるべき目標を立てて，計画的・組織的に運営するためのものである。両者の違いを押さえておきたい。　(2)　学校保健安全法第7条は，保健室の法的根拠となるものであり，その役割が明示されている。その他，学校教育法施行規則第1条にも，学校の設備として保健室の設置が義務付けられている。養護教諭は保健室の機能を十分果たすために保健室経営計画を立てて，教職員に周知を図り連携していく必要がある。　(3)　保健室経営計画に基づいて適切に評価を行うことは，保健室経営の改善や発展の鍵となる。評価は，教職員や児童生徒，学校医等，関係機関等からの意見も含めて総合的に判断されるべきである。

【4】(1)　①　1　　②　温度　　③　湿度　　④　地域　　※②，③は順不同　(2)　・保健室の寝具　　・カーペット敷の教室等
(3)　基準値…100匹／m^2以下またはこれと同等のアレルゲン量以下であること　　根拠…1m^2あたりのダニが100匹以下になると喘息の発作が治ったという報告があることなどから定められている。
(4)　(解答例)　基準値を超えた場合は電気掃除機を用いて日常的に掃除を丁寧に行う等，掃除方法の改善を行う。日常的なダニ対策としてはこまめな清掃，保健室等の寝具は定期的に乾燥を行ったり，布団カバーやシーツをかけ適切に交換したりするなどし，ダニの好む餌を排除するとともに，高温多湿の環境を改善する。
〈解説〉(1)　ダニまたはダニアレルゲンはアレルギーを引き起こす要因

の一つであることから，ダニの発生しやすい場所について検査をする。検査時期についてはダニが高温多湿を好むため梅雨から初秋にかけて行われることが多いが，どの時期が適切かは実施する地域の特性を踏まえて決定する。　(2)　ダニは高温多湿で餌のある環境を好むため，はがれ落ちた皮膚や皮脂，フケ，アカなどが多い布団・マットレス・枕などや，食べこぼしの多いカーペット・じゅうたんの教室などのほか，布製のソファなどはダニ数を検査し，基準値以下に常時保つように心がける。　(3)　解答参照　(4)　解答参照

【5】(1)　①　○　　②　○　　③　×　　(2)　・満月様顔貌　　・中心性肥満　　・皮膚線条　　・皮膚紅潮　　・痤瘡(にきび)　　・細い四肢　　・筋萎縮　　・易感染性　　・血糖値の上昇　　・高血圧・骨密度の低下　　・骨粗しょう症　　・成長障害　　・緑内障・白内障　　・過食　から5つ　(3)　①　○　　②　給食　　③　○④　塩分　　⑤　低蛋白食

〈解説〉(1)　月経前後の採尿は尿潜血反応の信憑性が著しく低下するため，小・中学生では月経終了後10日〜2週間，高校生では1〜3週間延期するのが望ましいとされている。延期が困難であれば，中間尿を採取して提出させ，所見があった場合には2次検尿や3次精密健診に判定を委ねる。　(2)　ネフローゼ症候群は糸球体から非常に多くのタンパク質が漏れだすことで，血中のタンパク質が少なくなり，全身の浮腫をきたす疾患である。ステロイドを長期服用すると解答のような副作用が見られるため，骨折に注意し，背骨に負荷のかかる運動などは避ける方がよい場合もあるため，主治医の指示に従う。　(3)　どの腎臓病であっても，内服治療や透析治療で管理できない高血圧や浮腫，ミネラルの異常がある場合には，水分量や食事，運動などの厳密な管理が必要となるため，学校生活管理指導表B区分(登校はできるが運動は不可)またはA区分(在宅医療・入院が必要)となる。一方，腎臓の機能が低下していても症状が安定している場合は運動や食事の制限はなく，かえって有酸素運動は推奨される。子どもの成長・発達を妨げる

ことがないよう主治医の指示に従い生活を行うことが大切であるが，学校では学校生活管理指導表をもとに健康管理を行う。

【6】① 五　② 一　③ 5　④ 呼吸器　⑤ 翌日　⑥ 10
⑦ 推奨　⑧ 差別　⑨ 短縮

〈解説〉新型コロナウイルス感染症は2023(令和5)年5月8日に「新型インフルエンザ等感染症(いわゆる2類相当)」から「5類感染症」へ変更になった。これに伴い，学校保健安全法施行規則でも，第1種の感染症から第2種の感染症へ変更になり，解答のように出席停止期間等が定められたほか，濃厚接触者の取り扱いがなくなり，出席停止の対象とする必要がないことなども定められた。

【7】(1)　アレルギーマーチ　(2)　IgE　(3)　(解答例)　入浴やシャワーなどで肌を清潔に保ち，保湿剤などで皮膚のバリア機能を高めると同時に外的な刺激から皮膚を守ること。　(4)　①　×　②　○
③　○　④　○

〈解説〉(1)　アレルギー疾患のメカニズムは共通の部分が多く，反応の起きている場所の違いが疾患の違いになっていると考えることもできる。そのため，複数のアレルギー疾患を合併したり，新たなアレルギー疾患を発症したりしやすいとされている。　(2)　いわゆるアレルギー体質の人は，花粉や食べ物など本来無害なものに対してIgE抗体を作ってしまうため，アレルゲンが体内に入ることでアレルギー反応を起こしてしまう。　(3)　アトピー性皮膚炎の治療の3本柱は，「①塗り薬や内服薬による薬物療法，②スキンケア，③悪化因子への対策(室内の加湿，衣服の選択など)」である。治療によって症状が改善した後もスキンケアを継続することで，皮膚を健常な状態に維持することが大切である。　(4)　①　汗をかくことを制限するのではなく，かいた汗に対するケアで対処する。汗をかいたら拭くという習慣を身に付けることのほか，例えば体育の授業後などには，シャワーを浴びる，水道の流水で流す，湿ったおしぼりで拭く，体操服を着替える，などの効

果的な汗対策を実施する。なお，④について，基本的にプールへの入水に問題はないが，皮膚に滲出液を伴う症状がある場合は控える必要がある。

【8】(1)　①　ウ　②　ア　③　エ　④　イ　⑤　ア　⑥　ウ　⑦　イ　(2)　①　症状…　・立ちくらみ　・失神　・朝起き不良　・倦怠感　・動悸　・頭痛　・めまい　・気持ち悪い　・息切れ　・腹痛　から3つ　特徴…(解答例)　思春期に好発する自律神経機能不全の一つ。特に午前中の症状が強く，遅刻や欠席が多くなるため怠けていると誤解されやすい。　②　症状…腹痛，腹部膨満感及び便通異常(下痢，便秘，下痢と便秘を繰り返す)　から3つ　特徴…(解答例)　腸管に明らかな炎症や腫瘍などの器質的な病変はないが，腸管の働きに問題があり，腹痛や腹部不快感が2カ月以上繰り返される疾患。成長とともに有病率は高まる。原因はまだ完全に明らかにはなっていないが，ストレスとの関連が深いとされている。

〈解説〉(1)　小学校低・中学年期(第1～4学年)は自分自身の精神状態を十分には自覚できないため，身体症状，行動面の変化，睡眠障害となって現れるなど，ストレスの症状の現れ方がそれ以降の年代と異なることが特徴である。小学校高学年期(第5～6学年)では精神疾患を早期発症する場合もあるが，症状の現れ方は大人と異なることに留意する。不適応が出てきやすくなる。青年前期(中学校)は思春期の前半に相当し，性的関心が顕在化するとともに，人間関係を意識し，アイデンティティが育ち，社会的意識が発達する年齢である。青年後期(高等学校)になると，知識や行動範囲の広がりとともに，ほぼ成人同様のメンタルヘルスの問題が見られるようになる。これらの年代による特徴を踏まえた健康観察及び健康相談が必要となる。　(2)　青年前期(中学校)は，身体が急速に変化し自律神経の調節が崩れやすい時期である。よって，心身とも不安定となり，その不調を訴える生徒が多くなる。出題の起立性調節障害や過敏性腸症候群は，発症や経過に心理・社会的因子が大きく影響しているとされ，心理療法と身体の治療両面から

アプローチする必要がある。

【9】(1) ア 医師　イ ○　ウ ○　エ 必ず　(2) ア おう吐　イ よだれ　ウ 確実　エ 歯ぐき　オ 全量　※ア，イは順不同

〈解説〉(1)　ブコラム®は，口腔に含ませて使用する抗けいれん薬で，2020年に認可された比較的新しい薬剤である。てんかん重積状態(発作が5分以上続いたり，意識が回復しないうちに短い発作を繰り返し起こしたりする状態)の発作を止める効果が期待できる。通常，教職員が医薬品を投与することは医師法に違反する恐れがあるため許可されないが，アナフィラキシーに対応するためのエピペン®や出題のブコラム®のように，命の危険が差し迫った場合に緊急で使う医薬品として処方されている場合に限り，投与が可能となる。法的な違反を防ぎながら，児童生徒等の命を守るために留意点を押さえておこう。(2)　ブコラム®は頬の粘膜から吸収される薬のため，歯ぐきと頬の間に全量を投与できるようにする。万が一全量が投与できなかった場合は救急車を要請し，医療機関へ搬送する。その他，ブコラム®投与後10分以内に発作が治らない場合，また，呼吸症状や意識障害，胸痛などの症状が見られる場合も救急車を要請するとされている。

【10】(解答例)　・信頼関係を構築し，本人の気持ちを否定せずに寄り添う姿勢を見せる　・他の人に聞かれない，静かな落ち着いた場所で聴く　・感情的な対応をしない　・誘導や圧力をかけないように気を付ける　・生徒の説明や気持ちを確認しながら話を進める　・問題解決に向けた情報収集や教員の意見や助言を加えるが指導の面が強くならないようにする　・次に相談できる機会を提供する　・守秘義務について伝える　・デートDVについて正しい知識を持たせる　・疑問や不安が生じた際は自分だけで抱え込まず信頼できる大人や外部機関に相談することを伝える　・公的な相談窓口を紹介し，SNSなどには頼らないようにする　・養護教諭1人で抱え込まず守秘義務を

守りながら関係職員で支援計画を作成，体制づくりを行う　　・本人
承諾の上，保護者と対応を一緒に考える　　から5つ
〈解説〉デートDVは，DV被害や性暴力被害であることを本人が認識しづ
らく，教職員も把握しにくいことが多い。問題に気がついたときは信
頼関係を構築し，本人に寄り添いながら支援することが最も大切であ
る。その他，一般的な留意点については「教職員のための子供の健康
相談及び保健指導の手引き－令和3年度改訂」(公益財団法人日本学校
保健会)を参照のこと。

2023年度　実施問題

【1】次の文は，学校保健安全法施行令及び学校保健安全法施行規則の条文の一部を抜粋したものである。次の(①)～(⑧)に入る適語を答えよ。

> [学校保健安全法施行令]
> 第6条　校長は，法第(①)条の規定により出席を停止させようとするときは，その(②)及び(③)を明らかにして，幼児，児童又は生徒(高等学校(中等教育学校の後期課程及び特別支援学校の高等部を含む。以下同じ。)の生徒を除く。)にあつてはその(④)に，高等学校の生徒又は学生にあつては当該生徒又は学生にこれを指示しなければならない。
> 2　出席停止の期間は，感染症の種類等に応じて，(⑤)で定める基準による。
> 第7条　校長は，前条第1項の規定による指示をしたときは，(⑤)で定めるところにより，その旨を学校の(⑥)に報告しなければならない。
> [学校保健安全法施行規則]
> 第21条　校長は，学校内において，感染症にかかつており，又はかかつている疑いがある児童生徒等を発見した場合において，必要と認めるときは，(⑦)に診断させ，法第(①)条の規定による出席停止の指示をするほか，(⑧)その他適当な処置をするものとする。

(☆☆☆☆○○○○)

【2】小学校1年生の児童Aは，乳児期に川崎病と診断され，心臓に後遺症が残っている。定期的に受診しており，学校生活管理指導表の指導区分はDである。これに関して，次の各問いに答えよ。

(1) 次の図の①〜④について血管の名称を答えよ。また，⑤〜⑧について弁の名称を答えよ。

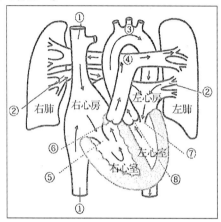

(2) 川崎病の主要症状を5つと，最も多い後遺症について答えよ。

(3) 学校生活管理指導表のア〜エの説明について，正しいものには○を，誤っているものには×を記入せよ。

ア　運動制限を必要とする児童生徒には，基礎疾患により個別の指導表を利用する。

イ　教科体育・保健体育の種目を列挙し，その種目への取り組み方によって運動強度を分類する。

ウ　教科体育・保健体育以外の各種行事への参加は，本人と保護者の気持ちを考慮して決定する。

エ　学校内の生活のみならず，日常の家庭や社会での生活も指導区分に従ったものとするように指導する。

(4) 学校管理下の心臓突然死を予防するために，学校関係者が注意することを3つ答えよ。

(☆☆☆○○○○○)

【3】「教職員のための子どもの健康相談及び保健指導の手引－令和3年度改訂－(平成4年3月公益財団法人日本学校保健会)」に示されていることについて，次の各問いに答えよ。

(1)　健康相談のプロセスを，「実施・評価」を除いて3つ答えよ。

(2)　健康相談実施上の留意点について，次の(　①　)～(　⑨　)に当てはまる適語を以下から選んで記号で答えよ。

・(　①　)に健康相談を位置付け，計画的に実施する。また，状況に応じて計画的に行われるものと(　②　)に行われるものとがある。

・学校医・学校歯科医・学校薬剤師等の医療的見地から行う健康相談・保健指導の場合は，事前の(　③　)を十分に行い，相談の結果について養護教諭，学級担任等と(　④　)を図り，連携して支援を進めていくことが必要である。

・健康相談の(　⑤　)について周知を図るとともに，児童生徒，保護者等が相談しやすい(　⑥　)を整える。

・相談場所は，相談者の(　⑦　)が守られるように十分配慮する。

・継続支援が必要な者については，(　⑧　)及び必要に応じて(　⑨　)と連携して実施する。

ア	共通理解	イ 環境	ウ 積極的
エ	PTA	オ 保健室経営計画	カ 校内組織
キ	学校保健計画	ク 打合せ	ケ 随時
コ	プライバシー	サ 意義	シ 健康状態
ス	関係機関	セ 実施	ソ カウンセリング

(☆☆☆☆○○○○○)

【4】「外部講師を活用したがん教育ガイドライン(平成28年4月　令和3年3月一部改訂　文部科学省)」に示されていることについて，次の各問いに答えよ。

(1)　がん教育の位置づけについて，次の(ア)〜(エ)に入る適語を答えよ。

> 　学校におけるがんに関する教育は，平成29年・30年に改訂された学習指導要領(以下，「新学習指導要領」という。)において，(ア)及び(イ)の保健体育でがんについて取り扱うことが明記されるとともに，がんの(ウ)や(エ)に関する内容の充実が図られた。

(2)　がん教育の進め方の基本方針として，「②学校教育活動全体で健康教育の一環として行う。」と示されている。健康教育の一環として行う上での留意点を簡潔に4つ答えよ。

(3)　小学6年生の体育科保健領域(3)病気の予防の授業において，「喫煙とがん」についてT・Tで指導をすることになった。あなたは養護教諭としてどのような内容について指導するか，具体的に答えよ。

(☆☆☆☆◎◎◎◎◎)

【5】「『生きる力』を育む学校での歯・口の健康づくり　令和元年度改訂(令和2年2月公益財団法人　日本学校保健会)」に示されていることについて，次の問いに答えよ。

(1)　次に示す歯列・咬合の不正について，(ア)〜(オ)の名称を答えよ。また，(カ)〜(コ)には，症状をA〜Eから選んで記号で答えよ。

(ア)	(イ)	(ウ)	(エ)	(オ)
(カ)	(キ)	(ク)	(ケ)	(コ)

 A 外傷を受けやすく，口唇閉鎖困難のため上顎前歯部が乾燥して歯肉炎になりやすい。機能面では咀嚼や構音へ影響する場合が多い。

 B 審美面及び咀嚼能力の低下や顎関節の不快事項の原因となることも多い。

 C 隣接面のむし歯や歯肉炎の危険因子となる。

 D 審美的な問題が生じやすく，発音にも影響しやすい。

 E 口のなかに食物を取り込む際に，前歯で嚙み切ることができない。審美性や発音にも影響する。

(2) 歯肉の健康状態による評価について，次の(①)～(⑥)に入る適語を答えよ。

> 歯肉炎とは，歯と接している歯肉の境目が炎症を起こしている状態である。その直接の原因は(①)である。(①)中の細菌が歯肉を刺激し，それに対する生体の(②)反応として歯肉に炎症症状(発赤，腫脹など)が起きる。したがって，ていねいに歯みがきをして(①)を落とすと，歯肉炎は短期間で(③)する。
>
> 歯肉炎かどうかをよく(④)することは，日頃の歯みがきの評価指標として有効であると同時に，自分の体を(④)し大切にする健康教育の(⑤)に見える学習材(教材)として最適なものである。
>
> 歯肉炎が顕著になりやすい時期に，子供が歯肉の自己(④)力を十分養い，よくみがけるような歯みがき技能の習得と，望ましい(⑥)を身に付けることが重要である。

(3) 次に示す表は小学校の歯科健康診断の結果である。4年，6年の一人平均DMF指数を答えよ。ただし，計算式も記し，DMF指数は小数点第2位まで求めること。

	4　年	6　年
受検者数	4 5	4 2
乳歯現在歯数	4 3 8	2 3
乳歯未処置歯数	2 6	1 0
乳歯処置歯数	5 0	4
永久歯現在歯数	6 2 2	9 1 5
永久歯未処置歯数	1 1	3 2
永久歯処置歯数	1 7	3 8
喪失歯数	0	1
要注意乳歯数	8	3
ＣＯ歯数	1 2	9

(☆☆☆○○○○○)

【6】「学校保健の課題とその対応－養護教諭の職務等に関する調査結果
から－令和2年度改訂(令和3年3月公益財団法人日本学校保健会)」に示
されていることについて，次の問いに答えよ。

(1)　これからの学校保健に求められている養護教諭の役割について，
(①)～(⑦)に入る適語を答えよ。

○学校内及び地域の医療機関等との連携を推進する上で(①)
の役割

○養護教諭を中心として関係教職員等と連携した組織的な
(②)，(③)，保健指導の充実

○学校保健センター的役割を果たしている(④)の充実[(④)
計画の作成]

○いじめや(⑤)など児童生徒等の心身の健康課題の早期発
見，早期対応

○学級(ホームルーム)活動における保健の指導をはじめ，Ｔ・Ｔ
や兼職発令による(⑥)への積極的な授業参画と実施

○健康・安全にかかわる(⑦)への対応
　　救急処置，心のケア，アレルギー疾患，感染症等

○専門スタッフ等との連携協働

(2)　(1)の(　⑤　)に関連する法律名を2つ答えよ。

(3)　「現代的な健康課題への対応」について，(　①　)～(　⑤　)に入る適語を答えよ。

> 　児童生徒等の健康課題を的確に早期発見し，課題に応じた
> (　①　)を行うのみならず，全ての児童生徒が(　②　)にわたっ
> て健康な生活を送るためには，規則正しい生活習慣を身に付け
> るとともに，日常的に起こる健康課題や(　③　)に適切に対処
> できる力など，自らの心身の健康の(　④　)を図るために必要
> な知識・(　⑤　)を身に付けることが必要である。

(☆☆☆○○○○○)

【7】次の「『ギャンブル等依存症』などを予防するために　生徒の心と体を守るための指導参考資料(平成31年3月文部科学省)」に示されていることについて，次の(　①　)～(　⑦　)に入る適語を以下から選んで記号で答えよ。

　脳には，美味しいものを食べる，試験に合格するなどによって快感や幸せを感じる機能があります。これは，(　①　)が生まれるプロセスに重要な役割を果たしています。

　ギャンブル等を行ったり，(　②　)物質を摂取したりすることにより，脳内で(　③　)という神経伝達物質が分泌されます。(　③　)が脳内に放出されることで(　④　)が興奮して快感・多幸感が得られます。この感覚を脳が「報酬(ごほうび)」と認識すると，その報酬(ごほうび)を求める回路が脳内にできあがります。

　しかし，その行為が繰り返されると次第に「報酬(ごほうび)」回路の機能が低下していき，「快感・喜び」を感じにくくなります。そのため，以前と同じ快感を得ようとして，(　②　)物質の使用量が増えたり，行動がエスカレートしたりしていきます。また，脳の思考や創造性を担う部位(　⑤　)の機能が低下し，自分の意思で(　⑥　)することが困難になります。特に子供は(　⑤　)が十分に発達していないため，(　⑦　)にのめり込む危険性が高いといわれています。

ア　努力　　　　イ　小脳　　　　ウ　ドーパミン

エ　行動嗜癖　　オ　末梢神経　　カ　コントロール

キ　前頭前野　　ク　嗜癖行動　　ケ　中枢神経

コ　ノルアドレナリン　　サ　依存　　シ　習慣

(☆☆☆☆○○○○○)

【8】次の学校環境衛生基準に関する問いに答えなさい。

(1)　次の表は，学校環境衛生基準の一部改正について，令和4年4月施行の改正のポイントをまとめたものである。(①)と(②)に適する組合せと(③)に入る適語を以下から選んで記号で答えよ。

検査項目	基準
温度	(①)以上，(②)以下であることが望ましい。
一酸化炭素	(③)以下であることが望ましい。

[温度]

ア　①　17℃　　②　28℃　　イ　①　18℃　　②　28℃

ウ　①　17℃　　②　27℃　　エ　①　18℃　　②　27℃

[一酸化炭素]

オ　③　6ppm　　　カ　③　8ppm

キ　③　10ppm　　ク　③　12ppm

(2)　学校環境衛生基準に示されていることについて，次の(①)〜(⑥)の中に入る適語を以下から選んで記号で答えよ。

検査項目	基準
照度	(ア) 教室及びそれに準ずる場所の照度の下限値は，(①)lx（ルクス）とする。また、教室及び黒板の照度は、(②)lx以上であることが望ましい。 (イ) 教室及び黒板のそれぞれの最大照度と最小照度の比は、(③)を超えないこと。また、(④)を超えないことが望ましい。 (ウ) コンピュータを使用する教室等の机上の照度は、(⑤)lx程度が望ましい。 (エ) テレビやコンピュータ等の画面の垂直面照度は、(⑥)lx程度が望ましい。 (オ) その他の場所における照度は、工業標準化法（昭和24年法律第185号）に基づく日本工業規格（以下「日本工業規格」という。）Z9110に規定する学校施設の人工照明の照度基準に適合すること。

A　20 : 1　　　B　500〜1000　　　C　15 : 1　　　D　300

E　500　　　　F　200　　　　　　G　400　　　　H　10 : 1

I　200〜400　　J　100〜500

(☆☆☆☆○○○○○)

【9】 脳脊髄液減少症について，次の各問いに答えよ。

(1)　病態及び症状について説明せよ。

(2)　平成28年4月から保険適用となった治療法を答えよ。

(☆☆☆☆○○○○○)

【10】「学校における感染症対策実践事例集(令和4年3月公益財団法人日本学校保健会)」に示されていることについて，(　①　)〜(　⑧　)の中に入る適語を以下から選んで記号で答えよ。また，消毒と除菌について「菌やウイルス」の語句を用いて簡潔に説明せよ。

　手洗いは(　①　)秒程度かけて，水と石けんで丁寧に洗います。特に，指先，(　②　)，親指の付け根などは洗い残す頻度が高いため，注意して洗うようにします。また，手を拭くタオルやハンカチ等は個人持ちとして，(　③　)はしないようにします。

　石けんは，(　④　)石けんの場合，前に使った人の汚れや菌が表面に付着することがあり，衛生面が懸念されることから，(　⑤　)石けんが望ましいです。

　手指用の消毒液は，流水での手洗いができない際に，補助的に用いられるものですので，基本的には流水と石けんでの手洗いを指導します。特に指先の手洗いをしっかり行うように指導します。

　また，石けんやアルコールを含んだ手指消毒剤に(　⑥　)に反応したり，(　⑦　)の心配があったりするような場合は，流水でしっかり洗うなど指導します。なお，児童生徒等に一律に消毒液の持参を求めることは適当ではありません。

　これらの取組は，児童生徒等のみならず，教職員や，学校に出入りする関係者の間でも(　⑧　)するようにします。

ア	30	イ	40	ウ	60	エ	徹底
オ	共用	カ	手のひら	キ	液体	ク	過敏
ケ	汚れ	コ	潤い	サ	積極的	シ	手荒れ
ス	固形	セ	肘	ソ	指の間	タ	手首
チ	爪の間	ツ	手の甲				

(☆☆☆○○○○○)

【11】 保健体育科教諭から，「中学校学習指導要領解説　保健体育編(平成29年7月文部科学省)」保健分野　内容　(1)健康な生活と疾病の予防の授業で，食事の役割と望ましい食生活について説明してほしいと依頼された。養護教諭として，生徒に理解させたい内容を答えよ。

(☆☆☆☆○○○○○)

解答・解説

【 1 】 ①　十九(19)　　②　理由　　③　期間　　④　保護者
⑤　文部科学省令　　⑥　設置者　　⑦　学校医　　⑧　消毒
〈解説〉学校保健安全法施行令第6条は「出席停止の指示」について定めている。条文中の空所①に該当する「法第19条」とは「出席停止」について定める学校保健安全法第19条のことである。このように関連のある法，施行令，施行規則は整理しておくとよい。同法施行令第7条は「出席停止の報告」について定めている。条文中の空所⑤に該当する「文部科学省令」とは，学校保健安全法施行規則のことである。同法施行規則第20条には，出席停止の報告をするときに必要な事項が定められているので，併せて確認しておこう。同法施行規則第21条は「感染症の予防に関する細目」について定めている。

【2】(1) ① 大静脈 ② 肺静脈 ③ 大動脈 ④ 肺動脈
⑤ 三尖弁 ⑥ 肺動脈弁 ⑦ 僧帽弁 ⑧ 大動脈弁
(2) (解答例) 主要症状…5日以上続く発熱,両側眼球結膜の充血,不定形発疹,口唇の紅潮・いちご舌・口腔咽頭粘膜のびまん性発赤,四肢末端の変化(手足の硬性浮腫・掌蹠ないし指趾先端の紅斑・指先からの膜様落屑),非化膿性頸部リンパ節腫張 から5つ 後遺症…冠動脈瘤 (3) ア × イ ○ ウ × エ ○ (4) (解答例) ・心疾患児の診断,指導区分,許容される身体活動の内容を,学校生活管理指導表を参照して個々の児童生徒ごとにチェックし,学校関係者に周知させる。 ・教科体育は学校生活管理指導表に沿ったものとする。 ・教科体育以外の学校行事への参加は,指導区分と,運動強度の定義によって判断し,場合によっては参加の可否を主治医等に相談する。

〈解説〉(1) 心臓の構造は血液循環の流れを頭に入れておくと理解しやすい。全身に酸素を運び終えた静脈血は大静脈を通って右心房,右心室へと流れ,肺動脈から肺に流れ込み酸素を受け取り動脈血となる。動脈血は肺静脈を通って左心房,左心室へと流れ,大動脈から体全身に流れ込み酸素を運搬する。心臓には血液の逆流を防ぐ弁が備わっており,右心房と右心室の間に三尖弁,右心室と肺動脈の間に肺動脈弁,左心房と左心室の間に僧帽弁,左心室と大動脈の間に大動脈弁がある。(2) 川崎病は,主として4歳以下の乳幼児に起こる原因不明の炎症性疾患である。一部,心臓に後遺症を残す場合があり,最も多いのは冠動脈瘤である。冠動脈瘤を合併した児童生徒では突然死のリスクがある。症状は様々であるが,主要症状のうち5つが認められれば川崎病と診断する。(3) ア 基礎疾患を問わず同一の指導表を使用する。ウ 行事への参加は運動強度分類の定義と指導区分を考慮して決定する。(4) 学校管理下における心臓突然死は,事前に心疾患を指摘されていなかった例も多い。学校では,心臓突然死を予防すること,心疾患の発見や早期診断をすること,心疾患をもつ児童生徒に適切な治療を受けるよう指示すること,心疾患児に日常生活の適切な指導を行

うこと，児童生徒が生涯を通じて健康な生活を送れるよう援助することを目的に，心臓検診を実施している。心臓検診の詳細については「学校心臓検診の実際 スクリーニングから管理まで〈令和2年度改訂〉」(公益財団法人日本学校保健会)を参照されたい。

【3】(1) 健康相談対象者の把握，課題の背景の把握，支援方針・支援方法 (2) ① キ ② ケ ③ ク ④ ア ⑤ セ ⑥ イ ⑦ コ ⑧ カ ⑨ ス

〈解説〉(1) 健康相談の対象者は，健康診断の結果や保健室来室状況等から把握できる。課題の背景の把握については，近年児童生徒の心身の健康問題の背景が多様化していることを考慮し，多角的・総合的な視点から行う。支援方針・支援方法については，組織で対応できるように関係職員で連携していくことが大切である。 (2) 健康相談を実施するに当たっては，カウンセリングで解決できるものと医療的な対応が必要なものとを区別し見極めることである。健康観察をはじめ情報の収集に当たり，養護教諭や学校医等と連携して的確な問題把握に努めることが大切である。

【4】(1) ア 中学校 イ 高等学校 ウ 予防 エ 回復 (2) (解答例) ・保健体育科を中心に学校の実情に応じて教育活動全体を通じて適切に行う。 ・家庭や地域社会との連携を図りながら，生涯にわたって健康な生活を送るための基礎が培われるよう配慮する。 ・学級担任や教科担任，保健主事等が中心となって企画し，必要に応じて養護教諭とも連携する。 ・効果的な指導を行うために，学校保健計画に位置付ける等して計画的に実施する。 (3) (解答例) 喫煙をすると，咳が出たり心拍数が増えたりし，呼吸や心臓の働きに対する負担の影響がすぐに現れること，さらに，受動喫煙により周囲の人々の健康にも影響を及ぼすこと，また，喫煙を長い間続けると，がん等の病気にかかりやすくなることについて指導する。

〈解説〉(1) がんに関する教育は，保健体育科が中心となるが，特別活

動や道徳科等も含め，学校教育全体を通じて行われる健康教育に位置付けて推進されるものである。 (2) がん教育の進め方の基本方針として他に「講師の専門性やこれまでの経験が十分に活かされるよう工夫する」等が挙げられている。問題出典元の資料を確認しておこう。(3) 小学校学習指導要領解説体育編(2018(平成29)年7月)には，対象学年，単元により扱うべき内容が示されているので，一読されたい。

【5】(1) ア 正中離開 イ 上顎前突 ウ 開咬 エ 叢生 オ 下顎前突 カ D キ A ク E ケ C コ B
(2) ① 歯垢 ② 防御 ③ 改善 ④ 観察 ⑤ 目 ⑥ 生活習慣 (3) 4年生 計算式…$\dfrac{11+17+0}{45}$ DMF歯数…0.62 6年生 計算式…$\dfrac{32+38+1}{42}$ DMF歯数…1.69

〈解説〉(1) 学齢期の子どもは歯列や咬合が発育途上にあるため異常と判断することは難しい。特に小学生の時期は歯の交換期に当たるため，一時的に歯列不正の状態を呈しやすい。歯列や咬合の不正に対する対応については，遺伝による場合も多く努力では改善が難しい点を考慮し，具体的な治療手段は示唆しないようにする。直接原因となる吸指癖や舌突出癖，口呼吸，頬杖の改善を指導することは重要である。(2) 健康な歯肉と歯肉炎の歯肉を見分けるポイントは，色(薄いピンク色か，赤っぽい赤紫色か)，感触(引き締まっているか，ブヨブヨしているか)，形態(歯と歯の間にしっかりと入り込んでいるか，丸く厚みがあり膨らんでいるか)，出血(出血しないか，軽い刺激で出血するか)である。 (3) DMFとは，Decayed(未治療の)，Missing(欠損している)，Filled(治療済みの)の頭文字を取ったもの。DMF指数とは，う蝕経験がある永久歯の合計数を示しており，「未処置歯」と「処置歯」と「喪失歯」の数を合わせたものが，その人のDMF指数となる。本問の場合，学年別の一人平均DMF指数を求めるには，「永久歯未処置歯数＋永久歯処置歯数＋喪失歯」を学年の受検者数で割ればよい。

【6】(1)　①　コーディネーター　　②　健康相談　　③　健康観察
④　保健室経営　　⑤　児童虐待　　⑥　保健教育　　⑦　危機管理
(2)　児童虐待防止法，児童福祉法　　(3)　①　支援　　②　生涯
③　ストレス　　④　保持増進　　⑤　技能
〈解説〉(1)　養護教諭が求められる役割は年々広がっている。中央教育
審議会答申「子どもの心身の健康を守り，安全・安心を確保するため
に学校全体としての取組を進めるための方策について(2008(平成20)年
1月)」の養護教諭の役割に関する部分を読むと理解が深まるだろう。
(2)　「児童虐待防止法(児童虐待の防止等に関する法律)」及び「児童
福祉法」は条文に目を通しておくとよい。特に，児童虐待防止法第5
条(児童虐待の早期発見等)及び第6条(児童虐待に係る通告)は重要であ
る。　(3)　健康な生活を送るために児童生徒に必要な力として，「心
身の健康に関する知識・技術」，「自己有用感・自己肯定感(自尊感情)」，
「自ら意思決定・行動選択する力」，「他者と関わる力」の4つが挙げら
れている。問題出典元の資料と併せて，「現代的健康課題を抱える子
供たちへの支援～養護教諭の役割を中心として～」(2018(平成29)年3
月，文部科学省)も確認しておきたい。

【7】①　エ　　②　サ　　③　ウ　　④　ケ　　⑤　キ　　⑥　カ
⑦　ク
〈解説〉アルコール，ギャンブル等を「やめたくてもやめられない」状態
を，医学的には「嗜癖」という。「嗜癖」の対象は，アルコール，薬
物等の「物質」と，ギャンブル等の「行動」に分けられ，対象が物質
の場合は「物質依存」といい，対象が行動の場合は「行動嗜癖」とい
う。行動嗜癖は誰でもなる可能性があり，開始年齢が低いほど，陥り
やすい傾向がある。

【8】(1)　温度…イ　　一酸化炭素…オ　　(2)　①　D　　②　E
　　③　A　　④　H　　⑤　B　　⑥　J

〈解説〉2022(令和4)年4月1日に学校環境衛生基準の一部が改正され，教
　　室等の環境について「温度：18℃(以前は17℃)～28℃以下であること
　　が望ましい」，「一酸化炭素：6ppm(以前は10ppm)」と基準値が変わっ
　　た。理由はWHO(世界保健機関)の「住宅と健康ガイドライン」を踏ま
　　え建築物環境衛生基準が見直されたことに伴い，学校環境衛生基準も
　　改正されたためである。常に最新の情報を捉えておきたい。
　(2)　「照度」は，毎学年2回定期に検査をするが，どの時期が適切かは
　　地域の特性を考慮した上，学校で計画し，実施する。検査場所や方法
　　についても問われることがあるため，文部科学省の『学校環境衛生管
　　理マニュアル「学校環境衛生基準」の理論と実際』(平成30年度改訂
　　版)を確認しておこう。ただし，前述のように，本資料発行後，学校環
　　境衛生基準は一部改正がなされているので注意すること。

【9】(1)　(解答例)　病態…スポーツ外傷等の後に，脳脊髄液が外に漏れ
　　出し減少することによって，様々な症状を呈する疾患　　症状…起立
　　性頭痛(立位によって増強する頭痛)等の頭痛，頸部痛，めまい，倦怠，
　　不眠，記憶障害　　(2)　ブラッドパッチ療法(硬膜外自家血注入療法)

〈解説〉(1)　脳脊髄液減少症は，周囲から怠けていると思われてしまう
　　ことがあるため，脳脊髄液減少症に関する正しい理解をするとともに，
　　必要に応じて養護教諭を含む教職員等が連携して学校生活の様々な面
　　で配慮することが求められている。文部科学省平成29年3月21日事務
　　連絡「学校におけるスポーツ外傷等による脳脊髄液減少症への適切な
　　対応について」を参照されたい。　　(2)　ブラッドパッチ療法(硬膜外
　　自家血注入療法)とは，硬膜から髄液が漏出している部位を，注入した
　　血液で塞ぐ方法である。保険診療として治療を受けるには条件がある
　　ため，医療機関に相談が必要である。

【10】　①　ア　　②　チ　　③　オ　　④　ス　　⑤　キ　　⑥　ク
　　　　⑦　シ　　⑧　エ　　消毒…菌やウイルスを無毒化すること　　除菌
　　　…菌やウイルス等の病原体の数を減らすこと

〈解説〉問題出典元の資料は，新型コロナウイルス感染症対策に関する各
　　　学校の好事例を全国的に共有していくことで，学校等における感染症
　　　対策の取組の充実に寄与することを目的に作成された事例集である。
　　　「消毒」や「殺菌」という文言は，「医薬品，医療機器等の品質，有効
　　　性及び安全性の確保等に関する法律」(昭和35年施行，令和4年改正)に
　　　基づき厚生労働大臣が品質・有効性・安全性を確認した医薬品・医薬
　　　部外品にしか使用できない。一方，「除菌」は，「医薬品・医薬部外品」
　　　以外の製品に記される。なお，「殺菌」は菌を殺すことを意味するの
　　　に対し，「消毒」の意味は菌の無毒化やウイルスの不活性化なので，
　　　菌やウイルスを死滅させる必要はない。

【11】(解答例)　食事には，健康な身体をつくり，運動等によって消費さ
　　　れたエネルギーを補給する役割があること，健康を保持増進するため
　　　には，毎日適切な時間に食事をすること，年齢や運動量等に応じて栄
　　　養素のバランスや食事の量等に配慮することが必要であることを理解
　　　させる。

〈解説〉保健の授業は，中学校，高等学校においても，小学校とおおむね
　　　同様の内容を繰り返し学習する。そのため，対象となる児童生徒等の
　　　発達段階や学年に即した授業内容になるように工夫しなければならな
　　　い。同一内容であっても発達段階や校種別にどのような差異があるか，
　　　学習指導要領解説を確認しておくとよいだろう。

2022年度　実施問題

【1】次の文は学校保健安全法の条文の一部を抜粋したものである。次の
（　①　）〜（　⑧　）に当てはまる適語を以下から選んで記号で答えよ。

第13条　学校においては，毎学年（　①　）に，児童生徒等（通信による
　　　　教育を受ける学生を除く。）の健康診断を行わなければならない。

　　　2　学校においては，必要があるときは，（　②　）に，児童生徒等
　　　　の健康診断を行うものとする。

第14条　学校においては，前条の健康診断の結果に基づき，疾病の
　　　　（　③　）を行い，又は（　④　）を指示し，並びに運動及び作業を
　　　　軽減する等適切な措置をとらなければならない。

第27条　学校においては，児童生徒等の（　⑤　）を図るため，当該学
　　　　校の施設及び設備の安全点検，児童生徒等に対する（　⑥　）を
　　　　含めた学校生活その他の日常生活における安全に関する指導，
　　　　職員の（　⑦　）その他学校における安全に関する事項について
　　　　（　⑧　）を策定し，これを実施しなければならない。

　　ア　対策　　　イ　研修　　　ウ　定期　　　　エ　安全の確保
　　オ　訓練　　　カ　手順　　　キ　放課後　　　ク　身の安全
　　ケ　通学　　　コ　臨時　　　サ　予防処置　　シ　適切
　　ス　治療　　　セ　随時　　　ソ　計画

（☆☆☆☆◎◎◎◎）

【2】「学校における水泳プールの保健衛生管理　平成28年度改訂（平成29
年3月公益財団法人日本学校保健会）」に示されていることについて，
次の各問いに答えよ。

　(1)　プールの水質検査について，（　ア　）（　イ　）に入る検査項目と
　　　（　ウ　）〜（　シ　）に入る数値又は語句を答えよ。

検査項目	基　準
①遊離残留塩素	（　ウ　）mg/L以上であること。また，（　エ　）mg/L以下であることが望ましい。
②pH値	pH値（　オ　）以上（　カ　）以下であること。
③（　ア　）	検出されないこと。
④一般細菌	1 mL中（　キ　）コロニー以下であること。
⑤有機物等	（　ク　）消費量として12mg/L以下であること。
⑥濁度	（　ケ　）度以下であること。日常点検では（　コ　）に常に留意し，プール水は水中で3 m離れた位置からプール壁面が明確に見える程度に保たれていること。
⑦（　イ　）	0.2mg/L以下であることが望ましい。
⑧循環ろ過装置の処理水	循環ろ過装置の出口における濁度は，（　サ　）度以下であること。また，（　シ　）度以下であることが望ましい。

(2)　光線過敏症の発生要因と症状について答えよ。

(☆☆☆◎◎◎◎◎)

【3】「学校保健の課題とその対応－養護教諭の職務等に関する調査結果から－令和2年度改訂(令和3年3月公益財団法人日本学校保健会)」に示されている養護教諭の職制の向上に関する歴史について，次の（　ア　）～（　ソ　）に入る適語又は数字を答えよ。

○　平成5年：養護教諭の複数配置が認められ，（　ア　）学級以上の学校に複数配置されることになった。

○　平成7年3月：学校教育法施行規則の一部改正が行われ，（　イ　）に幅広く人材を求める観点から，（　イ　）には，教諭に限らず，養護教諭も充てることができるようになった。これにより，養護教諭が学校全体の(　ウ　)対策においてより積極的な役割が果たせるようにしたものである。

○　平成9年9月：保健体育審議会答申「生涯にわたる心身の健康の保持増進のための今後の健康に関する教育及びスポーツの振興の在り方について」においては，深刻化する児童生徒等の心の健康課題への対応に当たって，養護教諭の行う（　エ　）が重要視されるとともに期待が高まった。

○　平成10年6月：教育職員免許法の一部改正が行われ，養護教諭の免許状を有し，（　オ　）年以上の勤務経験がある者で，現

に養護をつかさどる主幹教諭又は養護教諭として勤務しているものは，(カ)の教科の領域に係る事項の教授を担任する教諭又は講師となることができるようになった。

○ 平成12年1月：学校教育法施行規則の一部改正により，幅広く人材が確保できるよう校長及び教頭の資格要件が緩和され，養護教諭の(キ)の道が開けた。現在，各都道府県において徐々に登用が増えている状況にある。

○ 平成13年：第7次義務教育諸学校教員配置改善計画等において，小学校は児童(ク)人以上，中学校・高等学校は生徒(ケ)人以上，特別支援学校には(コ)人以上の学校に，養護教諭の複数配置が進められることになった。

○ 平成20年1月：中央教育審議会答申「子どもの心身の健康を守り，安全・安心を確保するために学校全体としての取組を進めるための方策について」においては，養護教諭をはじめとする教職員の役割の明確化が図られた。長年にわたり，教諭の(サ)的な役割を求められてきた経緯があったことから，この答申において，学校保健活動の(シ)を担う役割が求められた意義は大きい。

○ 平成20年6月：学校保健法の一部改正が行われ，名称も学校保健安全法に改称された。主な改正内容は，①養護教諭を中心として関係教職員等と連携した組織的な(ス)，健康観察，(エ)の充実，②地域の医療機関等との連携による児童生徒等の(セ)の充実，③学校の(ソ)を確保するための全国的な基準の法制化などである。法においても養護教諭の役割の明確化が図られた。

(☆☆☆○○○○○)

【4】「児童生徒等の健康診断マニュアル　平成27年度改訂(平成28年3月公益財団法人日本学校保健会)」及び「学校における色覚に関する資料

(平成28年3月公益財団法人日本学校保健会)」に示されていることについて，次の各問いに答えよ。

(1)　色覚検査の意義と学校における進め方について答えよ。

(2)　色覚異常者の特性として色の判別が困難な条件について，（　ア　）～（　ウ　）に入る適語を答えよ。

　①　（　ア　）環境　　②　（　イ　）の低い色　　③　小さな（　ウ　）

(3)　先天色覚異常の分類について，（　ア　）～（　ウ　）に入る適語を答えよ。

　①　先天（　ア　）色覚異常　　②　先天（　イ　）色覚異常

　③　（　ウ　）

(☆☆☆◎◎◎◎)

【5】「『生きる力』をはぐくむ学校での安全教育(平成31年3月改訂2版文部科学省)」に示されていることについて，次の各問いに答えよ。

(1)　「第1章　第1節　学校安全の意義」のポイントについて，次の（　①　）～（　③　）に入る適語を答えよ。

> 　学校管理下における児童生徒等の事故に関し，死亡事故の発生件数については限りなく（　①　）とすることを目指すとともに，負傷・（　②　）の発生率については障害や重度の負傷を伴う事故を中心に（　③　）傾向にすることを目指す。

(2)　「第3章　第3節　事故等の発生に備えた安全管理」に示されている応急手当を行う際の留意点について，次の（　①　）～（　④　）に入る適語を答えよ。

> ○　被害児童生徒等の生命に関わる緊急事案については，（　①　）への報告よりも救命処置を優先させ迅速に対応する。
>
> ○　教職員は事故等の状況や被害児童生徒等の様子に（　②　）せず，またその他の児童生徒等の（　③　）を軽減するように対応する。

○ 応急手当を優先しつつも，事故等の(　④　)や事故等発生後の対応及びその結果について，適宜メモを残すことを心掛け，対応が一段落した時点でメモを整理する。

(3) 「第4章　第1節　事故等発生時における心のケア」に示されている急性ストレス障害について，次の①〜⑤に当てはまる症状を以下から選んで記号で答えよ。

① 再体験症状(侵入症状)　　② 陰性気分　　③ 解離症状

④ 回避症状　　　　　　　　⑤ 過覚醒症状

> ア　否定的，悲観的な感情に支配される。
> イ　体験した出来事を繰り返し思い出し，悪夢を見たりする。
> ウ　よく眠れない，イライラする，怒りっぽくなる，落ち着かない，集中できない，極端な警戒心をもつ，ささいなことや小さな音で驚く。
> エ　体験した出来事と関係するような話題などを避けようとする。
> オ　自分自身や周囲に現実感を得ることができない。

(☆☆☆○○○○)

【6】「喫煙，飲酒，薬物乱用防止に関する指導参考資料－令和2年度改訂－中学校編(令和3年3月公益財団法人日本学校保健会)」に示されていることについて，次の各問いに答えよ。

(1) 「薬物乱用」「薬物依存」「薬物中毒」について，それぞれ説明せよ。

(2) 薬物乱用防止教育に必要な内容について，次に示した例を除いて4つ答えよ。

(例)　「法律及び社会的ルールを守ることの大切さを明確な表現で伝えること。

(☆☆☆○○○○)

【7】「救急蘇生法の指針2015市民用(厚生労働省)」及び「新型コロナウイルス感染症の流行を踏まえた市民による救急蘇生法について(指針)(一般財団法人日本救急医療財団心肺蘇生法委員会)」に示されていることについて，次の各問いに答えよ。

(1)　一次救命処置(BLS)の手順について，次の(①)～(⑫)に入る適語又は数字を答えよ。

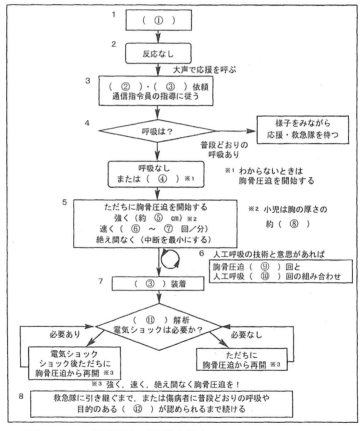

(2)　電気ショックが必要な不整脈を答えよ。

(3)　新型コロナウイルス感染症が流行している状況での傷病者への一次救命処置の留意点について，次に示した例にならって4つ答えよ。

(例) | 確認や観察の際に, | 傷病者の顔と救助者の顔があまり近づき
すぎないようにする。

エアロゾルの飛散を防ぐため,
成人に対しては,
子どもに対しては,
傷病者を救急隊員に引き継いだあとは,

(☆☆☆☆☆○○○○○)

【8】「学校の危機管理マニュアル作成の手引(平成30年2月文部科学省)」
及び「熱中症環境保健マニュアル2018(平成30年3月改訂環境省)」等に
示されていることについて, 次の各問いに答えよ。
(1) 頭頸部外傷の事故発生後の対応について, 次の(①)～
(⑦)に入る適語又は数字を答えよ。

> 決してすぐには立たせずに, (①)の有無等をチェックし
> ます。(①)が継続する場合は, 直ちに救急車を要請します。
> また, (②)の一項目である意識消失(気を失う)から回復
> した場合も, 速やかに受診し医師の指示を仰ぐことが重要で
> す。頭部打撲の場合, その後, (③)時間くらいは急変の可
> 能性があるため, 帰宅後の家庭での観察も必要となります。
> 頭髄・頸椎の損傷が疑われる場合は, 平らな床に速やかに寝
> かせた後, 意識の状態, (④), (⑤), (⑥)の状態
> の4つを確認することが必要であり, 動かさないで速やかに救

急車を要請するのが原則です。動かすことによって(⑦)に
してしまう危険性があるので，できるだけ救急隊に搬送して
もらうようにしましょう。

(2)　熱中症の予防について，次の(①)～(⑥)に入る適語又は
数字を答えよ。

　　水分補給は，(①)～(②)%程度の食塩水を補給する
のが望ましいとされています。(③)傾向の人は熱中症にな
りやすいので，トレーニングの軽減，水分補給，休憩など十
分な予防措置をとる必要があります。また，運動前の体調チ
ェックや健康観察を行い，体調の悪い人は暑い中で無理に運
動させないようにしましょう。(④)明けなど急に暑くなっ
たときは，体が暑さに慣れていないので，暑さに慣れるまで
の(⑤)週間くらいは，(⑥)時間で軽めの運動から始め
徐々に慣らしていきましょう。

(3)　次のような症状を示す熱中症の病型を答えよ。
①　めまい・失神
②　筋肉痛・筋肉の硬直
③　頭痛・吐き気・嘔吐・倦怠感・虚脱感
④　上記③の症状に加え，意識障害・けいれん・手足の運動障害

(4)　令和3年4月28日より全国で運用開始された，環境省・気象庁が提
供する暑さへの「気づき」を呼びかけるための情報を答えよ。

(☆☆☆☆◎◎◎◎◎)

【9】小学校4年生の男子児童が，学習発表会の予行練習中に倒れ，顔面
を強打し歯を脱臼した。歯の脱臼の応急手当の留意点を3つ答えよ。

(☆☆☆☆☆◎◎◎◎◎)

【10】 アニバーサリー反応について説明せよ。

(☆☆☆☆○○○○○)

解答・解説

【1】① ウ ② コ ③ サ ④ ス ⑤ エ ⑥ ケ
⑦ イ ⑧ ソ
〈解説〉学校保健安全法第13条は児童生徒等の健康診断について，第14条
は健康診断の事後措置について，第27条は学校安全計画の策定につい
て定めている。学校保健安全法は養護教諭にとって重要な法規の1つ
であるため，条文の空欄補充を出題されても対応できるように備えた
い。

【2】(1) ア 大腸菌 イ 総トリハロメタン ウ 0.4 エ 1.0
オ 5.8 カ 8.6 キ 200 ク 過マンガン酸カリウム
ケ 2 コ 透明度 サ 0.5 シ 0.1 (2) (解答例) 日光
にさらされると，浴びた部位の皮膚が異常な反応を起こす状態。症状
としては蕁麻疹や湿疹があり，日光を浴びるだけで現れる場合や，薬
を使用して日光曝露が加わることで現れる場合もある。また，紫外線
に当たるだけで皮膚がんができる体質であることもある。
〈解説〉(1) 飲料用の水道水や雑用水はこれとは異なる検査項目，基準
になるため，しっかりと区別して覚えておきたい。 (2) 補足として，
膠原病は，紫外線により全身の症状が悪化することがある。光線過敏
症のある児童生徒のプールについては配慮を要する。特に屋外のプー
ルを使用する場合は，主治医(皮膚科医)の指示を仰ぎ，当該者には日
焼け止めクリームやラッシュガードの使用を許可する等の対応が求め
られる。

【3】ア　30　　イ　保健主事　　ウ　いじめ　　エ　健康相談
　　オ　3　　カ　保健　　キ　管理職登用　　ク　851　　ケ　801
　　コ　61　　サ　補助　　シ　中核　　ス　保健指導　　セ　保健管理
　　ソ　環境衛生水準
〈解説〉養護教諭の職制の向上について，平成以降の主な歴史からの出題
　　である。養護教諭の始まりは，明治38年，岐阜県の小学校で学校看護
　　婦が採用されたことである。現在では，学校教育法第37条第12項にお
　　いて「養護教諭は児童の養護をつかさどる」と規定され，この条文は
　　第49条で，中学校に準用されており，小学校，中学校においてはその
　　配置が義務付けられている。養護教諭の役割は，児童生徒等の心身の
　　健康課題の変化とともに大きくなっている。特に平成20年の中央教育
　　審議会答申については出題されることがあるため，内容を確認してお
　　くとよい。

【4】(1)　(解答例)　児童生徒等が自身の色覚の特性を知らないまま進
　　学・就職等で不利益を受けることがないように，学校医による健康相
　　談等において，必要に応じ個別に検査を行う。　　(2)　ア　暗い
　　イ　彩度　　ウ　面積　　(3)　ア　赤緑　　イ　青黄　　ウ　全色盲
　　※アイは順不同
〈解説〉(1)　色覚の検査は健康診断の必須項目ではないが，児童生徒等
　　が将来的に不利益を被らないように，希望者を対象として検査を実施
　　する。実施の際には，保護者の事前の同意が必要である。学校での色
　　覚の検査はスクリーニングであり，「色覚異常の疑い」の所見があっ
　　た者について眼科受診を勧める。色覚による制限が設けられている主
　　な資格には，航空関係，鉄道関係のものがある。　　(2)　解答参照。
　　(3)　人の網膜には，赤，緑，青のそれぞれの色に反応する3種類の錐
　　体細胞が存在し，先天色覚異常はこの錐体細胞のいずれか，または全
　　てに異常が生じた状態である。先天色覚異常の中でも先天赤緑色覚異
　　常は，学校で検出される色覚異常のほとんどを占める。赤または緑を
　　感じる錐体細胞に異常がみられるもので，日本では男子の約5％，女

子の約0.2％にみられる。

【5】(1) ① ゼロ　② 疾病　③ 減少　(2) ① 管理職
② 動揺　③ 不安　④ 発生状況　(3) ① イ　② ア
③ オ　④ エ　⑤ ウ

〈解説〉(1)　児童生徒等が生き生きと活動し，安全に学べるようにする
ためには，学校において児童生徒等の安全が確保されていなければな
らない。　　(2)　　学校内で事故等が発生した場合には，原則として，
その場に居合わせた教職員が速やかに応急手当を行い，必要に応じて
救急車等を手配する。状況によっては救急車が到着するまでの間の一
次救命処置が求められ，一刻を争う状況であることを理解し，行動す
る必要がある。　　(3)　急性ストレス障害(ASD)は時間とともに自然
治癒することが多い。もし，急性ストレス障害の症状が1か月以上持
続した場合は，心的外傷後ストレス障害(PTSD)と呼ぶ。心的外傷後ス
トレス障害は医療機関との連携が必要となるため，周囲が早期に気付
くことが重要である。

【6】(1)　(解答例)　薬物乱用…薬物等の物質を社会的許容から逸脱した
目的や方法で自己使用すること。　薬物依存…薬物乱用の繰り返しの
結果，その薬物の使用に対する自己コントロールを失った状態。身体
に薬物がなくなると禁断症状が現れる「身体依存」と，薬物を使いた
いという渇望をコントロールできなくなる「精神依存」がある。　薬
物中毒…薬物による健康被害のこと。急性中毒と慢性中毒がある。
(2)　(解答例)　・薬物乱用は限られた人や特別な場合の問題ではなく，
誰の身近にも起こりうる問題であること。　・対象となる生徒の興
味・関心や理解力など，発育・発達段階を十分考慮した内容や指導方
法であること。　・害や怖さのみを強調するのではなく，「薬物等の
誘惑に負けない気持ちをもつことが充実した人生につながる」という
積極的なメッセージが含まれること。　・生徒がおかれている地域や
家庭環境を非難したり，酒やたばこを販売する職業を悪と決めつけた

りするようなことはしないなど，生徒や家族を傷つける可能性のある
内容は避けること。

〈解説〉(1)　「薬物乱用」は，覚せい剤や大麻の使用はもちろん，未成年
者の喫煙や飲酒，医薬品の本来の目的から逸脱した使用や，用法用量
を守らない服用も当てはまる。「薬物依存」の身体依存では，手指の
振戦等の「禁断症状」が見られる。「薬物中毒」の「急性中毒」とは，
依存とは関係なく，乱用することで陥る可能性のある一過性の病態で
ある。例えば，急性アルコール中毒がある。一方，「慢性中毒」は，
依存に陥っている人が，その薬物の使用をさらに繰り返すことによっ
て生じる異常のことである。　(2)　解答参照。

【7】(1)　①　安全確認　　②　119番通報　　③　AED　　④　死戦期
呼吸　⑤　5　　⑥　100　　⑦　120　　⑧　3分の1　　⑨　30
⑩　2　　⑪　心電図解析　　⑫　仕草　　(2)　心室細動　　(3)　(解
答例)　・(エアロゾルの飛散を防ぐため，)胸骨圧迫を開始する前に，
ハンカチ，マスク，衣類などを傷病者の鼻と口にかぶせる。　・(成人
に対しては，)人工呼吸は実施せず，胸骨圧迫のみを続ける。　・(子ど
もに対しては，)人工呼吸の必要性が比較的高いため，講習を受けてお
り技術を身につけていて，行う意思がある場合には，胸骨圧迫に人工
呼吸を組み合わせて実施する。その際，手元に人工呼吸用の感染防護
具があれば使用する。　・(傷病者を救急隊員に引き継いだあとは，)速
やかに石けんと流水で手と顔を十分に洗う。傷病者の鼻と口にかぶせ
たハンカチなどは，直接触れないようにして廃棄するのが望ましい。

〈解説〉(1)　一次救命処置(BLS)の手順は全国的にも頻出であるため必ず
おさえておくこと。　(2)　「心室細動」は心臓が細かく震え，血液循
環がうまくできなくなっている状態である。電気ショックによる「除
細動」を流すことによって，心臓の動きが元に戻ることがある。
(3)　「新型コロナウイルス感染症の流行を踏まえた市民による救急蘇
生法について(指針)」によると，新型コロナウイルス感染症が流行し
ている状況においては，すべての心停止傷病者に感染の疑いがあるも

のとして対応することとしている。本指針を確認しておくとよい。

【8】(1) ① 意識障害　② 脳振盪　③ 6　④ 運動能力
⑤ 感覚異常　⑥ 呼吸　⑦ 重症　※④⑤は順不同
(2) ① 0.1　② 0.2　③ 肥満　④ 梅雨　⑤ 1
⑥ 短　(3) ① 熱失神　② 熱けいれん　③ 熱疲労
④ 熱射病　(4) 熱中症警戒アラート

〈解説〉(1)　頭頸部外傷が発生する可能性がある活動として，ラグビーや柔道，サッカー，飛び込みを伴う競技等がある。頭頸部外傷事故は男子に多く，特に部活動等では競技経験の浅い初心者に起こりやすい。発達段階や技量に応じた活動計画を立てることが予防につながる。頭頸部外傷の対応については，独立行政法人日本スポーツ振興センターの「スポーツ事故防止ハンドブック」にフローチャートが記載されているので，本手引きと同時に確認しておくとよい。　(2)　熱中症は，気温，気流，湿度，輻射熱を合わせた暑さ指数(WBGT)が28℃以上になると発生数が特に高くなる。また，7月下旬〜8月上旬の急に暑くなる時期には特に注意を要する。肥満の人，暑さに慣れていない人，下痢・発熱・疲労等体調の悪い人は熱中症を起こしやすいので無理をしないように指導する。　(3)　熱失神，熱けいれんは重症度Ⅰ度，熱疲労はⅡ度，熱射病はⅢ度である。熱射病の症状が見られたら救急車要請が必要となる。　(4)　熱中症アラートは，暑さ指数が33℃以上になると予測された場合に発表される。

【9】・脱落した歯は，歯冠部を持つように注意し，歯根を持たないようにする。　・脱落した歯は，保存液や生理食塩水，牛乳に入れて保管する。　・脱落した歯を持ってすぐに歯科医を受診する。

〈解説〉歯の脱臼は，小学校低学年に比較的多く発生する。これは，永久歯の歯根の発育が十分でないためである。脱落した歯の歯根膜が生きている場合，抜け落ちた穴(抜歯窩)に歯を戻すこと(再植)が可能である。そのためには，歯根に触れないようにし，また，乾燥を防ぐために保

存液等に入れておくことが重要である。

【10】災害や事件・事故などが契機としてPTSDとなった場合，それが発生した月日になると，いったん治まっていた症状が再燃すること。日付は必ずしも年単位の同月同日とは限らず，月単位の同日などで起きることもある。

〈解説〉アニバーサリー反応が起こるおそれがある場合には，事前に，当該児童生徒等や保護者に伝えておき，その場合でも心配しなくても良いことを伝えておく。そうすることで，反応が起きた際に冷静に対応ができ，混乱や不安感の増大を防ぐことができる。

2021年度　実施問題

【1】「学校環境衛生管理マニュアル『学校環境衛生基準』の理論と実践[平成30年度改訂版](文部科学省)」に示されていることについて，次の各問いに答えよ。

(1) 教室等の環境に係る学校環境衛生基準に関して，検査項目と基準が正しいものを①～⑥から全て選び答えよ。

	検査項目	基　準
換気及び保温等	①換気	換気の基準として，二酸化炭素は，1500ppm以下であることが望ましい。
	②温度	17℃以上，28℃以下であることが望ましい。
	③相対湿度	30%以上，70%以下であることが望ましい。
	④浮遊粉じん	0.10mg/㎡以下であること。
	⑤気流	0.5m/秒以下であることが望ましい。
	⑥一酸化炭素	1ppm以下であること。

(2) 温度に関して留意する事項が二つ示されている。次に示されている内容以外のものを答えよ。

> ヒトの温度感は，単に教室内の温度に影響されるのではなく，相対湿度や気流の状況等により影響を受けること，また，個人差があることに留意する必要がある。

(3) 教室及び黒板のそれぞれの最大照度と最小照度の比は20：1を超えないこととしている理由を説明せよ。

(☆☆☆◎◎)

【2】学校保健安全法の条文を読み，下線部が正しければ○を，誤っている場合は適語を答えよ。

第7条　学校には，健康診断，健康相談，保健指導，救急処置その他の保健に関する措置を行うため，保健室を設けるものとする。

第9条　養護教諭その他の職員は，相互に連携して，健康相談又は児童生徒等の健康状態の日常的な観察により，児童生徒等の心身

の状況を把握し，健康上の問題があると認めるときは，遅滞なく，当該児童生徒等に対して必要な指導を行うとともに必要に応じ，その保護者(学校教育法第16条に規定する保護者をいう。第24条及び第30条において同じ。)に対して必要な<u>指導</u>を行うものとする。

第11条　市(特別区を含む。以下同じ。)町村の教育委員会は，<u>学校教育法第17条</u>第1項の規定により翌学年の初めから同項に規定する学校に就学させるべき者で，当該市町村の区域内に住所を有するものの就学に当たつて，その健康診断を行わなければならない。

第19条　校長は，感染症にかかつており，かかつている疑いがあり，又はかかるおそれのある児童生徒等があるときは，<u>文部科学省令</u>で定めるところにより，出席を停止させることができる。

(☆☆☆◯◯◯)

【3】定期健康診断における脊柱及び胸郭の疾病及び異常の有無並びに四肢の状態について，次の各問いに答えよ。

(1)　検査の方法について，次のキーワードを用いて説明せよ。
　　　情報　　側わん症　　四肢の状態　　注意　　チェック

(2)　背骨の検査について，重点的に診る①〜④の視点を答えよ。

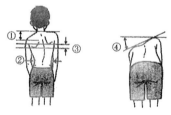

(3)　次の①〜④の動作でチェックする部位と内容について例(チェックする部位…チェックする内容)にならって答えよ。なお，③と④のチェックする部位は同じである。

56

例　腰…屈曲時の痛み

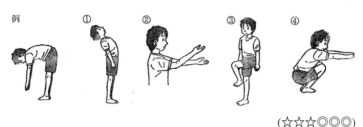

例　　　①　　　②　　　③　　　④

(☆☆☆○○○)

【4】「学校保健の課題とその対応－養護教諭の職務等に関する調査結果から－(平成24年3月財団法人　日本学校保健会)」に示されていることについて，次の(　①　)～(　⑩　)に入る適語を答えよ。

感染症予防の3原則は，「感染源の除去」，「(　①　)の遮断」，「(　②　)を高める」である。

ア　感染源の除去とは，患者の(　③　)，(　④　)の排除，消毒などにより感染源となるものを除去することである。学校においては，(　⑤　)の把握や健康観察等による感染症の兆候の早期発見，早期治療勧告，有症者の管理，(　⑥　)の適切な処理などにより感染源となるものを遠ざけることである。

イ　(　①　)の遮断とは，日頃から，手洗いや咳エチケット，(　⑦　)，(　⑧　)の衛生管理などを徹底させ，体内に感染源(病原体)を入れないようにすることである。

ウ　(　②　)を高める(感受性対策)とは，バランスがとれた食事，適度な運動，規則正しい生活習慣を身に付けたり，(　⑨　)を受けるなどして(　⑩　)を高めることである。

(☆☆☆○○○)

【5】「現代的健康課題を抱える子供たちへの支援～養護教諭の役割を中心として～(平成29年3月文部科学省)」に示されていることについて，

次の各問いに答えよ。

(1)　心身の健康の保持増進に関して，課題を抱える児童生徒を学校で確実に把握するための体制整備の留意点について，（　①　）～（　⑦　）に入る適語を答えよ。

<留意点>
・　全ての教職員は，緊急時に状況の（　①　）と（　②　）を適切にできるようにするため，日頃の児童生徒をよく観察し（　③　）をもっておく。
・　養護教諭や学級担任は，児童生徒の状況を必ず（　④　）に残し，学年の移行期には確実に引き継ぎを行う。また，（　⑤　）で得た情報についても組織で共有する。なお，引き継ぎについては，本人・保護者の（　⑥　）を得ることが原則である。引き継ぎを望まない場合であっても，その理由を聞きつつ，引き継ぐことの（　⑦　）やどのような内容であれば可能かについて，話し合うなど丁寧に対応することが求められる。

(2)　学校における児童生徒の心身の健康課題解決に向けた体制整備として，養護教諭の役割を四つ答えよ。

(☆☆☆◎◎◎)

【6】「発達障害を含む障害のある幼児児童生徒に対する教育支援体制整備ガイドライン(平成29年3月文部科学省)」に示されている児童等の健康相談等を行う専門家としての養護教諭の役割について，次の（　①　）～（　⑦　）に入る適語を答えよ。②，③は順不同とする。

　　養護教諭は，日々の（　①　）や（　②　）及び（　③　）等から一人一人の健康状態を把握しています。また，児童等が保健室に来室した際の何気ない会話や悩み相談等から，児童等を取り巻く日々の生活状況，他の児童等との関わり等に関する情報を得やすい立場にあります。
　　養護教諭は，障害のある児童等に対しては，（　④　）を念頭に置き，（　⑤　）に話を聞ける状況を活用しつつ，児童等に寄り添った（　⑥　）や支援を行うことが重要になります。
　　また，児童等から収集した情報については，必要に応じて各学級の担任や他の関係する教職員と（　⑦　）することが大切です。

（☆☆◎◎◎）

【7】「『ギャンブル等依存症』などを予防するために　生徒の心と体を守るための指導参考資料(平成31年3月文部科学省)」に示されていることについて，下の各問いに答えよ。

　　WHOが作成するICD-11(最終草案)では，「（　①　）」が「物質及び（　②　）による障害」に位置付けられました。

(1)　（　①　）と（　②　）に入る適語を答えよ。
(2)　2018年6月に公表されたICD-11(最終草案)では，四つの臨床的特徴が12か月続く場合，「（　①　）」に該当するとされている。この四つの臨床的特徴を答えよ。

（☆☆◎◎◎）

【8】「令和2年度学校教育の指針(令和2年4月秋田県教育委員会)」第Ⅱ章全教育活動を通して取り組む教育課題及び「性同一性障害や性的指向・性自認に係る，児童生徒に対するきめ細かな対応等の実施について(教職員向け)(文部科学省)」に示されていることについて，次の各問いに答えよ。

(1)　人権教育の目標について，次の(　①　)～(　⑤　)に入る適語を答えよ。④，⑤は順不同とする。

○　人権の意義・内容や(　①　)について理解する

○　(　②　)の大切さとともに，(　③　)の大切さを認める

○　具体的な(　④　)や(　⑤　)に表れるようにする

(2)　性的指向・性自認とは何か，それぞれ答えよ。

(3)　性同一性障害に係る児童生徒についての特有の支援として，次の(　①　)～(　⑤　)に当てはまる適切な語句をア～コから選び，記号で答えよ。

○　性同一性障害に係る児童生徒の支援は，最初に相談(入学等に当たって児童生徒の保護者からなされた相談を含む。)を受けた者だけで抱え込むことなく，(　①　)に取り組むことが重要であり，学校内外に「(　②　)」を作り，「(　③　)」(校内)やケース会議(校外)等を適時開催しながら対応を進めること。

○　教職員等の間における情報共有に当たっては，児童生徒が自身の性同一性を可能な限り(　④　)しておきたい場合があること等に留意しつつ，一方で，学校として効果的な対応を進めるためには，教職員等の間で情報共有しチームで対応することは欠かせないことから，当事者である児童生徒やその(　⑤　)に対し，情報を共有する意図を十分に説明・相談し理解を得つつ，対応を進めること。

ア　保護者　　　　イ　公開　　　　ウ　組織的

エ　支援委員会　　オ　コミュニティ　カ　学校保健委員会

キ　主治医　　　　ク　秘匿　　　　ケ　構成的

コ　サポートチーム

(☆☆☆◎◎◎)

【9】「小学校学習指導要領(平成29年告示)解説　体育編(平成29年7月文部科学省)」第2章体育科の目標及び内容G保健に示されていることについて，次の(　①　)～(　⑨　)に入る適語を答えよ。

> 保健領域については，身近な生活における健康・安全に関する基礎的な内容を重視し，健康な生活を送る資質や能力の基礎を培う観点から，小学校においては，これまでの内容を踏まえて，「健康な生活」，「体の(　①　)」，「心の健康」，「けがの防止」及び「(　②　)の予防」の五つの内容とした。
>
> (2)　けがの防止について，(　③　)を見付け，その(　④　)を目指した活動を通して，次の事項を身に付けることができるよう指導する。
> 　ア　けがの防止について理解するとともに，けがなどの簡単な(　⑤　)をすること。
> 　　(ア)　(　⑥　)や身の回りの生活の危険が原因となって起こるけがの防止には，周囲の危険に気付くこと，的確な(　⑦　)の下に安全に行動すること，(　⑧　)を安全に整えることが必要であること。
> 　　(イ)　けがなどの簡単な(　⑤　)は，速やかに行う必要があること。
> 　イ　けがを防止するために，危険の予測や回避の方法を考え，それらを(　⑨　)すること。

(☆☆☆◎◎◎)

【10】「熱中症環境保健マニュアル2018(平成30年3月改訂環境省)」及び「夏季のイベントにおける熱中症対策ガイドライン2019(平成31年3月改訂環境省)」に示されていることについて，次の各問いに答えよ。

(1)　次の(　①　)～(　⑤　)に入る適語又は適する数値を答えよ。

暑さ指数 （WBGT）	注意すべき生活活動の目安	日常生活における注意事項	熱中症予防運動指針
（ ① ）℃ 以上	すべての生活活動でおこる危険性	高齢者においては安静状態でも発生する危険性が大きい。 外出はなるべく避け，涼しい室内に移動する。	運動は原則中止 特別の場合以外は運動を中止する。 特に子どもの場合には中止すべき。
28～ （ ① ）℃		外出時は炎天下を避け，室内では室温の上昇に注意する。	厳重警戒（激しい運動は中止） 熱中症の危険性が高いので，激しい運動や持久走など（ ② ）が上昇しやすい運動は避ける。（ ③ ）分おきに休憩をとり水分・塩分の補給を行う。暑さに弱い人は運動を軽減または中止。
25～28℃	中等度以上の生活活動でおこる危険性	運動や激しい作業をする際は（ ④ ）に充分に休息を取り入れる。	警戒（積極的に休憩） 熱中症の危険が増すので，積極的に休憩をとり適宜，水分・塩分を補給する。激しい運動では，（ ⑤ ）分おきくらいに休憩をとる。
21～25℃	強い生活活動でおこる危険性	一般に危険性は少ないが激しい運動や重労働時には発生する危険性がある。	注意（積極的に水分補給） 熱中症による死亡事故が発生する可能性がある。熱中症の兆候に注意するとともに，運動の合間に積極的に水分・塩分を補給する。

(2) 子どもの熱中症を防ぐポイントについて，四つ答えよ。

(3) 熱中症の応急処置について，次の各問いに答えよ。

　① 呼びかけをした後に反応がない場合の対応について答えよ。

　② 熱中症の疑いがあり，体を冷やす場合，集中的に冷やす部位を答えよ。

（☆☆☆○○○）

【11】「学校のアレルギー疾患に対する取り組みガイドライン《令和元年度改訂》(令和2年3月公益財団法人　日本学校保健会)」に示されていることについて，次の各問いに答えよ。

(1) アナフィラキシーの定義を述べよ。

(2) 緊急時の学校内での役割分担について，次の(①)～(⑤)に入る適語を答えよ。

学校内での役割分担

発見者 「観察」 　　　　　　　　　　　　　管理職 「管理」

教職員A 「準備」

- □ 「緊急時対応マニュアル」を持ってくる
- □ （ ① ）の準備
- □ （ ② ）の準備
- □ （ ① ）の使用または介助
- □ 心肺蘇生や（ ② ）の使用

教職員B 「連絡」

- □ 救急車を要請する（119番通報）
- □ 管理者を呼ぶ
- □ （ ③ ）への連絡
- □ さらに人を集める（校内放送）

教職員C 「記録」

- □ 観察を開始した時刻を記録
- □ （ ① ）を使用した時刻を記録
- □ 内服薬を飲んだ時刻を記録
- □ 5分ごとに（ ④ ）を記録

教職員D～F「その他」

- □ ほかの（ ⑤ ）への対応
- □ 救急車の誘導
- □ （ ① ）の使用または介助
- □ 心肺蘇生や（ ② ）の使用

(3) 食物アレルギーの三つの病型を答えよ。

(4) 緊急性が高いアレルギー症状への対応として，①～③の場合の安静を保つ体位について説明せよ。

① ぐったり，意識もうろうの場合

② 吐き気，おう吐がある場合

③ 呼吸が苦しくあお向けになれない場合

(☆☆☆○○○)

【12】次の語句の意味と特徴を説明せよ。

(1) 強迫性障害

(2) 広汎性発達障害

(3) トゥレット症候群(トゥレット障害)

(☆☆☆○○○)

解答・解説

【1】(1)　①，②，④，⑤　　　(2)　(解答例)　室内温度と外気温度の差を無視した過度の冷房は体調を崩す要因となることから，室内温度と外気温度の差は著しくしないこと。　　　(3)　(解答例)　授業中，児童生徒は黒板を見たり，机の上の教科書やノートを見たりすることを繰り返している。このとき教室及び黒板の明暗の差が大きすぎる場合，そのたびに明るさに目を順応させなければならないと，目の疲労の原因となるため。

〈解説〉学校環境衛生基準に関する設問は，頻出傾向がある。教室等の環境，照度，プール水，飲料水については，出題されることが多いので内容を把握しておきたい。また「学校環境衛生基準」が一部改正された(平成30年4月施行)。旧版と比較して，変更された点についても確認しておきたい。

【2】第7条…○　　第9条…助言　　第11条…○　　第19条…政令
〈解説〉学校保健安全法，学校保健安全法施行令，学校保健安全法施行規則については，よく出題される法律なので，内容を読み込み，把握しておきたい。また教育関連の法律，答申などで，養護教諭に関連したものについては，あわせて読み込んでおきたい。

【3】(1)　(解答例)　養護教諭は，保健調査票，学校での日常の健康観察等の整理された情報を，健康診断の際に学校医に提供する。提供された情報を参考に，側わん症の検査を行う。四肢の状態等については，入室時の姿勢・歩行の状態に注意を払い，伝えられた保健調査でのチェックの有無等により，必要に応じて，留意事項を参考に，検査を行う。　　　(2)　①　肩の高さ　　②　ウエストライン(脇線)　　③　肩甲骨の位置　　④　肋骨隆起

(3)　(解答例)

	チェックする部位	チェックする内容
①	腰	伸展時の痛み
②	上肢，肘関節	両腕を伸ばすと，片方だけ まっすぐ 伸びない。
③	骨盤，背骨	片脚立ちが5秒以上できない。
④		ふらつく。後ろに転ぶ。しゃがむと 痛みがある。

〈解説〉近年，健康診断に関する設問は頻出傾向にある。実際の検査方法，判定だけでなく，「疾病及び異常を早期に発見することにより，心身の成長・発達と生涯にわたる健康づくり」の目標実現のためにも，日ごろの保健観察も含めた事前準備等も把握しておきたい。「児童生徒等の健康診断マニュアル(平成27年改訂)」(平成27年8月，日本学校保健会)の熟読をおすすめしたい。

【4】① 感染経路　② 抵抗力　③ 隔離　④ 汚染源　⑤ 流行情報　⑥ 汚染物　⑦ うがい　⑧ 食品　⑨ 予防接種　⑩ 免疫力

〈解説〉病名，感染経路，症状，予防方法，出席停止日数などについては必ずまとめておきたい。吐物処理において感染を広げないための処理のしかた，処理時の準備，清掃，消毒および処理後の手順についても，出題されることが多い。「教職員のための子どもの健康相談及び保健指導の手引」(平成23年　文部科学省)等についても参照されたい。

【5】(1)　① 判断　② 働きかけ　③ 関わり　④ 記録　⑤ 校種間連携　⑥ 同意　⑦ 利点　(2)　(解答例)・児童生徒，保護者，教職員等が，いつでも相談できる保健室経営を行う。・医学的な情報や現代的な健康課題等について，最新の知見を学ぶ。・地域の関係機関とも連携できるような関係性を築く。　・地域の関係機関をリスト化し，教職員等に周知する。

〈解説〉(2)の解決に向けた体制をふまえ，校内では養護教諭はコーディ

ネーター的な役割を果たし，児童生徒の健康観察で把握しなければならない基本的な項目について，全教職員および保護者に対して周知を行う(プライバシー等には十分に配慮をする)。学校内および地域の関係機関(教育関係機関・医療機関等)との連携について，学校として体制を整備しておく。

【6】①　健康観察　　②　保健調査　　③　健康診断結果　　④　特別支援教育　　⑤　個別　　⑥　対応　　⑦　共有　　＊②③は順不同
〈解説〉養護教諭には，「児童等の健康相談等を行う専門家としての役割」「特別支援教育コーディネーターとの連携と校内委員会への協力」「教育上特別の支援を必要とする児童等に配慮した健康診断及び保健指導の実施」「学校医への相談及び医療機関との連携」が，役割として求められている。「チームとしての学校の在り方と今後の改善方策について(答申)」(平成27年　中央教育審議会)にもあるように，教職員，専門職が連携して，児童生徒の抱える問題に対応することが求められている。

【7】(1)　①　ゲーム障害　　②　嗜癖行動　　(2)　・ゲームの使用を制御できない。　　・ゲームを最優先する。　　・問題が起きてもゲームを続ける。　　・ゲームにより個人や家庭，学習や仕事などに重大な問題が生じている。
〈解説〉小・中学生などの場合，(2)の症状が，ゲームを始めて3〜4か月でも深刻な状況となるケースがあり，重症の場合は12か月未満でもゲーム障害に該当する場合がある。またゲームを有利に進めるアイテムを得ることができる「ガチャ」についても，ギャンブル等に似た性質(射幸性)があるため，注意する必要がある。

【8】(1)　①　重要性　　②　自分　　③　他者　　④　態度　　⑤　行動　　＊④⑤は順不同　　(2)　(解答例)　性的指向…恋愛対象が誰であるかを示す概念とされている。　　性自認…性同一性障害とは，生

物学的な性と性別に関する自己意識が一致しないため，社会生活に支障がある状態とされる。　(3)　①　ウ　②　コ　③　エ　④　ク　⑤　ア

〈解説〉本問の資料は，秋田県公式サイト(美の国あきたネット)から検索，ダウンロードができる。「性的指向」と「性自認」は異なるものである。対応にあたっては，混同しないことが必要である。まずは教職員が，偏見等でとらえることなく，理解を深めることが必要である。「人権の擁護(最新版は令和2年度版)」(法務省)を参照されたい。

【9】①　発育・発達　②　病気　③　課題　④　解決　⑤　手当　⑥　交通事故　⑦　判断　⑧　環境　⑨　表現

〈解説〉「学習指導要領」「学習指導要領解説」は，ほぼ毎年，関連した内容が出題される傾向にある。「チーム学校」として他職種との連携をとるためにも，小学校から高等学校まで学習指導要領(解説)を把握しておくことは重要である。

【10】(1)　①　31　②　体温　③　10〜20　④　定期的　⑤　30

(2)　・顔色や汗のかき方を十分に観察　　・適切な飲料行動を学習　・日ごろから暑さに慣れさせる　　・適切な服装を選ぶ

(3)　①　(解答例)　呼びかけに対して反応がない等の場合は，危険な状況にあると判断し，救急車をよぶ。　　②　首，腋の下，太腿のつけ根

〈解説〉汗腺をはじめとした体温調節能力がまだ十分に発達していないため，思春期前の子どもは高齢者と同様に熱中症のリスクが高くなる。またスポーツなどで，多量の発汗を伴う場合は，自由飲水に慣れるまでは，状況に応じて水分補給タイムを設けるなど，水分補給を指導することが望ましい。「熱中症を予防しよう」(平成31年　日本スポーツ振興センター)，また環境省では熱中症に関連したサイトを設置している。

【11】(1)　(解答例)　アレルギー反応で，じんましんなどの皮膚症状，腹痛や嘔吐などの消化器症状，ゼーゼー，呼吸困難などの呼吸器症状が，複数同時にかつ急激に出現した状態。　　(2)　①　エピペン®(アドレナリン自己注射薬)　②　AED　③　保護者　④　症状　⑤　子供　(3)　①　即時型　②　口腔アレルギー症候群　③　食物依存性運動誘発アナフィラキシー　　(4)　(解答例)　①　血圧が低下している可能性があるため，あお向けで足を15〜30㎝高くする。②　おう吐物等での窒息を防ぐため，体と顔を横に向ける。　　③　呼吸を楽にするため，上半身を起こし後ろによりかからせる。

〈解説〉アレルギー疾患に関する対応は，迅速性が求められる。日ごろから，アレルギーに関する知識，(2)の表の役割分担，エピペン®，AED(Automated External Defibrillator，自動体外式除細動器)の保管場所などについて，情報の共有を行いたい。

【12】(1)　(解答例)　「不必要でやめたい」という自分の意思に反して，不合理な考え・イメージが頭に繰り返し浮かび(強迫観念)，それを振り払おうと同じ行動を繰り返してしまう(強迫行為)症状。
(2)　(解答例)　自閉症，アスペルガー症候群，特定不能の発達障害が含まれる。対人交流や集団への適応に苦労し(対人性/社会性の障害)，こだわりや固執が強いのが特徴である。環境の刺激に過敏で，予期せぬ状況に遭遇すると激しく動揺，泣き出すなどのパニックを起こす場合がある。　　(3)　(解答例)　音声チックを伴い複数の運動チックが1年以上，症状が継続していること。

〈解説〉解答参照。

2020年度　実施問題

【1】「学校環境衛生管理マニュアル(平成30年度改訂版文部科学省)」に示されていることについて，次の問いに答えよ。

(1) 第5　日常における環境衛生に係る学校環境衛生基準　2　飲料水等の水質及び施設・設備の基準について，次の表の(①)～(⑮)に入る適語又は適する数値を答えよ。

検査項目	基準
飲料水等の水質及び施設・設備 (5) 飲料水の水質	(ｱ)給水栓水については，(①)が(②)mg/L以上保持されていること。ただし，水源が(③)によって著しく汚染されるおそれのある場合には，(①)が(④)mg/L以上保持されていること。 (ｲ)給水栓水については，(⑤)，(⑥)，(⑦)等に異常がないこと。 (ｳ)冷水器等飲料水を貯留する(⑧)から供給されている水についても，給水栓水と同様に(①)されていること。
(6) 雑用水の水質	(ｱ)給水栓水については，(①)が(②)mg/L以上保持されていること。ただし，水源が(③)によって著しく汚染されるおそれのある場合には，(①)が(④)mg/L以上保持されていること。 (ｲ)給水栓水については，(⑤)，(⑥)に異常がないこと。
(7) 飲料水等の施設・設備	(ｱ)(⑨)，洗口，(⑩)及び(⑪)並びにその周辺は，排水の状況がよく，(⑫)であり，その設備は破損や故障がないこと。 (ｲ)(⑬)，給水栓，給水ポンプ，(⑭)及び浄化設備等の給水施設・設備並びにその周辺は，(⑮)であること。

(2) 日常点検はいつ行うものとするか答えよ。

(3) 検査の結果，飲料水の水質が基準を満たさない場合の事後措置を答えよ。

(4) 検査の結果，飲料水等の施設・設備が基準を満たさない場合の事後措置を3つ答えよ。

(☆☆☆☆◎◎◎)

【2】学校保健安全法施行規則について答えよ。

(1) 次の(①)～(⑩)に入る適語を答えよ。

> (学校歯科医の職務執行の準則)
> 第(①)条　学校歯科医の職務執行の準則は，次の各号に掲げるとおりとする。
> 一　(ｱ)学校保健計画及び(ｲ)学校安全計画の立案に参与すること。
> 二　法第(②)条の(③)に従事すること。

　　三　法第(④)条の(⑤)に従事すること。

　　四　<u>(ウ)法第13条の健康診断</u>のうち歯の検査に従事すること。

　　五　法第14条の疾病の(⑥)のうち齲歯その他の歯疾の
　　　(⑥)に従事すること。

　　六　(⑦)の求めにより，<u>(エ)法第11条の健康診断</u>のうち歯
　　　の検査に従事すること。

　　七　前各号に掲げるもののほか，必要に応じ，学校における
　　　保健管理に関する(⑧)に関する指導に従事すること。

　2　学校歯科医は，前項の職務に従事したときは，その状況の
　　概要を(⑨)に記入して(⑩)に提出するものとする。

(2)　下線部(ア)の策定の義務は，学校保健安全法の第何条に示されて
　　いるか答えよ。

(3)　下線部(イ)の策定の義務は，学校保健安全法の第何条に示されて
　　いるか答えよ。

(4)　下線部(ウ)の健康診断の種類を答えよ。

(5)　下線部(エ)の健康診断の種類を答えよ。

(☆☆◎◎◎◎)

【3】筋組織について次の問いに答えよ。

(1)　筋組織は，骨格筋，心筋，平滑筋に分類される。それぞれの筋組
　　織について，構造の特徴を説明せよ。

(2)　骨格筋の主な機能を3つ答えよ。

(3)　次の骨格筋収縮による体の動きについて説明せよ。

　①　回旋　　②　背屈　　③　内転

(4)　次の働きをする骨格筋の名称を答えよ。

　①　上腕の屈曲　　②　上腕の外転
　③　前腕の伸展　　④　大腿の伸展
　⑤　足の底屈

(☆☆☆☆☆◎)

【4】『「生きる力」をはぐくむ学校での安全教育(平成31年3月改訂2版文部科学省)』の第4章 第1節 事故等発生時における心のケアに示されていることについて,次の問いに答えよ。

(1) 事故等発生時におけるストレス症状への対応について,次の図の①には語句を,②〜④にはその役割について,それぞれ答えよ。

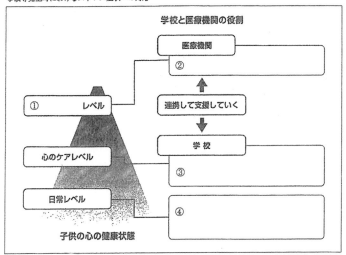

事故等発生時におけるストレス症状への対応

学校と医療機関の役割

医療機関
②

① レベル

連携して支援していく

学校
③

心のケアレベル

日常レベル

④

子供の心の健康状態

「学校における子供の心のケアーサインを見逃さないためにー」(文部科学省 平成26年)

(2) 『「生きる力」をはぐくむ学校での安全教育(平成22年3月改訂版文部科学省)』では,事件・事故災害時における心のケアの留意点として6点示されているが,平成31年3月改訂2版では,事故等発生時における心のケアの留意点となり,内容の一部が追加修正されている。その追加修正された内容を答えよ。

(☆☆☆◎◎)

【5】「学校・教育委員会等向け虐待対応の手引き(令和元年5月9日文部科学省)」に示されていることについて,次の問いに答えよ.

(1) 虐待の種類を4つ答えよ。

(2) 虐待が及ぼす子供への影響を3つ答え,それぞれの特徴を説明せよ。

(3)　学校・教職員の役割，責務を4つ答えよ。

(4)　次の場合の児童虐待への対応における養護教諭の役割について答えよ。

①　通常時　　②　通告時，通告後

(☆☆○○○○)

【6】高等学校学習指導要領解説　保健体育編・体育編(平成30年7月文部科学省)について，次の問いに答えよ。

(1)　「科目保健」　2　目標について，次の(①)〜(⑧)に入る適語を答えよ。

　　保健の(①)・(②)を働かせ，(③)，計画的な解決に向けた学習過程を通して，生涯を通じて(④)が自らの健康や(⑤)を適切に管理し，改善していくための資質・能力を次のとおり育成する。

(1)　個人及び社会生活における健康・安全について理解を深めるとともに，(⑥)を身に付けるようにする。

(2)　健康についての自他や社会の課題を発見し，(③)，計画的な解決に向けて思考し判断するとともに，(⑦)や状況に応じて他者に伝える力を養う。

(3)　生涯を通じて自他の健康の保持増進やそれを支える(⑧)を目指し，明るく豊かで活力ある生活を営む態度を養う。

(2)　「高等学校学習指導要領解説　保健体育編・体育編(平成21年12月文部科学省)」の「科目保健」の内容構成は「現代社会と健康」，「生涯を通じる健康」及び「社会生活と健康」の3項目であったが，高等学校学習指導要領解説　保健体育編・体育編(平成30年7月文部科学省)では4項目に増えた。「現代社会と健康」，「安全な社会生活」，「生涯を通じる健康」以外の項目を1つ答えよ。

(3)　「科目保健」　3　内容　(2)　「安全な社会生活」について，次の[　]に入る内容を答えよ。

　　「安全な社会生活」については，小学校，中学校の系統性及び安

72

全に関する指導を重視する観点から，新たに示すこととした。その際，従前「現代社会と健康」に示されていた交通安全と応急手当に関する内容を重視するとともに，高等学校の個人及び社会生活に関する健康・安全を重視する観点から，交通安全を含めた安全な社会づくりを明確にした。また，[　　]の内容を明確にした。

(☆☆☆◎◎)

【7】「学校において予防すべき感染症の解説(平成30(2018)年3月公益財団法人日本学校保健会)」に示されていることについて，次の問いに答えよ。

(1) 平成27(2015)年，学校保健安全法施行規則に規定する，学校において予防すべき感染症の種類に，中東呼吸器症候群と特定鳥インフルエンザが追加された。その理由となる社会的な背景を答えよ。

(2) ノロウイルスによる感染性胃腸炎について，潜伏期間，感染経路及び登校の目安を答えよ。

(3) ノロウイルス感染者の吐物処理について，準備，清掃，消毒及び処理後の手順を具体的に答えよ。

(4) 第三種の感染症に分類されている「その他の感染症」の出席停止の取り扱いについて答えよ。

(☆☆◎◎◎◎)

【8】定期健康診断における視力検査について，次の問いに答えよ。

(1) 視力検査の意義を答えよ。

(2) 視力判定の手順について，次の表の①〜⑬に入る適語を答えよ。

	使用指標	判定の可否	判定結果	次の手順	備考（事後措置等）
視力の判定	0.3	判別できない	①	⑤	⑪
		正しく判別	−	⑥	
	0.7	判別できない	②	⑦	⑫
		正しく判別	−	⑧	
	1.0	判別できない	③	⑨	⑬
		正しく判別	④	⑩	

73

(3)　(2)の表の「正しく判別」とはどのような場合かを説明せよ。

(4)　(2)の表の「判別できない」とはどのような場合かを説明せよ。

(5)　屈折異常の3種類を答え，それぞれの状態を説明せよ。

(☆○○○○○)

解答・解説

【1】(1)　①　遊離残留塩素　②　0.1　③　病原生物　④　0.2　⑤　外観　⑥　臭気　⑦　味　⑧　給水器具　⑨　管理　⑩　水飲み　⑪　手洗い場　⑫　足洗い場　⑬　清潔　⑭　配管　⑮　貯水槽(⑤と⑥，⑩～⑫，⑭と⑮は，それぞれ順不同)　(2)　毎授業日　(3)　遊離残留塩素濃度が基準を満たさない場合は，高置水槽，受水槽から直接採水する等，給水経路をさかのぼって遊離残留塩素濃度を追跡し，何らかの汚染が生じていないか点検すること。　(4)　・排水の状態が悪いときは，排水口や排水溝等の清掃をすること。　・汚れていたり，滑りやすくなっていたりするときは，清掃を徹底して行い，滑らないための適切な措置をとること。　・施設・設備に故障があるときは，修理をする等適切な措置をとること。

〈解説〉(1)・(2)　環境衛生に関しては，「学校環境衛生マニュアル　『学校環境衛生基準』の理論と実践[平成30年度改訂版]」(平成30年5月，文部科学省)を熟読しておくこと。本資料の「第Ⅱ章　学校環境衛生基準　第5　日常における環境衛生に係る学校環境衛生基準」では，学校環境衛生の維持を図るために次の1～4の検査項目について，毎授業日に点検を行うものと示されている。検査項目「1　教室等の環境，2　飲料水等の水質及び施設・設備，3　学校の清潔及びネズミ，衛生害虫等，4　水泳プールの管理」のうち，「2　飲料水等の水質及び施設・設備」からの出題である。本検査項目における点検は，官能法に

よるもののほか，定期検査の「第2　飲料水等の水質及び施設・設備に係る学校環境衛生基準」に掲げる検査方法に準じた方法で行うものとされている。　問題文中の「(5)　飲料水の水質」の検査については，給水系統の末端で給水栓で行い，複数の高置水槽がある場合は，その系統ごとに行う。なお，直結給水についても検査を行う。給水栓で遊離残留塩素が検出されない場合は，5～10分間程度水を流して，給水管の中の溜まり水を捨ててから再び測定する。夏期，冬期休業等で長期間使用しなかった場合には，特に多めに放水した後，遊離残留塩素の測定及び色，濁り，臭い，味を点検する。冷水器等，飲料水を貯留する給水器具についても，その供給する水について，同様の点検を行う。遊離残留塩素測定はDPD法の場合，以下に手順例を示す。末端給水栓で2～3分間飲料水を流す。残留塩素測定器の試験管に試薬(DPD試薬)を入れる。その残留塩素測定器の試験管に標線まで飲料水を入れて振る。直ちに飲料水の発色を比色板の標準色と比較する。最も近い標準色の数値を読み取る。外観(色と濁り)の点検は以下に手順例を示す。飲料水を試験管に取る。試験管を白紙又は黒紙の上に置く。上方や側方から透かして見て無色透明かどうか調べる。臭気，味の点検は以下に手順例を示す。飲料水を試験管に取る。臭いは臭覚によって調べる。味は舌で確かめる(必ず吐き出し，清浄な水で口をすすぐこと)。　問題文中の「(6)　雑用水の水質」についてであるが，まず雑用水とは，散水，修景用水，便所の洗浄水などの飲用目的ではない水を指す。近年，水道代の削減や環境への配慮から，雑用水に雨水や井戸水等を利用する場合が増えている。飲み水ではないが，身近に使われているために誤飲の恐れがあり，雑用水の水質検査は，環境衛生上の問題が生じないよう，遊離残留塩素，外観，臭気の検査を行う。遊離残留塩素は，飲料水の日常点検と同様に行う。外観については，雑用水を給水栓からガラス容器に取り，目視により色，濁り，泡立ち等の程度を調べる。臭気については，給水栓からガラス容器に取り，臭覚によって調べる。　問題文中の「(7)　飲料水等の施設・設備」の検査は，水飲み場，洗口，手洗い場及び足洗い場並びにその周辺の排水の状況が良

好か，清掃がよく行われ清潔であるか，施設・設備に故障がないことを毎授業日に点検することである。排水口や排水溝が詰まっていないか，排水の状況は良好かを点検する。水飲み，洗口，手洗い場及び足洗い場並びにその周辺は，水が飛散して汚れやすく滑りやすいので，清掃が行われて清潔で安全な状態になっているかを点検する。排水管の亀裂やパッキン等の消耗による水漏れ等，その施設・設備に故障がないかを点検する。　(3)・(4)　受水槽と高置水槽を総称して貯水槽という。貯水槽を通して給水している場合，貯水槽に流入する時点で遊離残留塩素濃度が確保されていても，貯水槽に貯留している間，遊離残留塩素は次第に減少する。貯水槽の容量が過大で滞留時間が長すぎる場合や，連休等で長時間使用されなかった場合には，遊離残留塩素の減少により，細菌の繁殖を抑制できなくなるおそれがある。雑用水についても，検査の結果，基準を満たさない場合は，塩素消毒装置や雨水の貯水槽等の設備の状況を点検すること。

【2】(1)　①　23　　②　8　　③　健康相談　　④　9
⑤　保健指導　　⑥　予防処置　　⑦　市町村の教育委員会
⑧　専門的事項　　⑨　学校歯科医執務記録簿　　⑩　校長
(2)　第5条　　(3)　第27条　　(4)　児童生徒等の健康診断　　(5)　就学時の健康診断
〈解説〉(1)　学校医，学校歯科医，学校薬剤師は非常勤講師として位置付けられ，職務は，学校保健安全法施行規則により規定されている。学校医の職務執行の準則は第22条，学校歯科医の職務執行の準則は第23条，学校薬剤師の職務執行の準則は第24条に規定されており，設問は第23条からの出題である。学校歯科保健は，従来，むし歯の予防と早期発見・治療勧告を中心とした取組が行われ，大きな成果をあげてきた。しかし，近年，口腔の疾病の増加や咀嚼・口腔機能の未発達，食育の重要性が指摘されており，その指導や対策に一層の充実が求められている。現在，ヘルスプロモーションの考え方に基づき，CO(要観察歯)，GO(歯周疾患要観察者)が取り入れられていることや生活習

慣との関わりを念頭においた活動が展開されるなど，子供にとっても身近な健康問題として保健教育が展開されている。養護教諭が学校歯科医と連携し，有効な歯科保健活動の展開が期待されている。

(2)・(3)　昭和33年(1958年)に制定された学校保健法は，後に大幅な改正に伴い改称され，学校保健安全法として平成21年(2009年)4月1日に施行された(昭和33年法律第56号，平成27年法律第46号最終改正)。これにより，旧学校保健法に基いて作成されていた「学校保健安全計画」は，「学校保健計画」と「学校安全計画」をそれぞれ別に策定し，実施することになった。学校保健安全法第5条では，「学校においては，児童生徒等及び職員の心身の健康の保持増進を図るため，児童生徒等及び職員の健康診断，環境衛生検査，児童生徒等に対する指導その他保健に関する事項について計画を策定し，これを実施しなければならない」とし，新たに児童生徒等に対する指導に関する事項を必ず盛り込むこととした。同法第27条では，施設設備の安全点検，児童生徒等に対する通学を含めた学校生活その他の日常生活における安全に関する指導，職員研修に関する事項を新たに学校安全計画に記載し，実施すべき事項として規定している。　(4)・(5)　学校保健安全法は，第11条，第12条で就学時の健康診断について，第13条，第14条で児童生徒等の健康診断について，第15条，第16条で職員の健康診断についてそれぞれ規定している。学校保健安全法は頻出問題である。一つひとつの条文はもちろんのこと，それぞれの関連についても見ておこう。

【3】(1)　・骨格筋…骨に結合している。横紋筋，随意筋とも呼ばれる。随意的に運動させることができる。　　・心筋…横紋はもつが，不随意筋で，心臓の壁を構成する。収縮を意識的には調節できない。・平滑筋…非横紋筋あるいは不随意筋ともよばれる。横紋はなく，血管などの管状の器官に認められる。　　(2)　運動，姿勢，熱産生(3)　①　回旋…長軸の周りの動きのこと。物事を否定する際に首を振るような，頭を左右に動かすこと。　　②　背屈…足の動きのこと。足の甲を持ち上げる，つまりつま先を上に向ける動きのこと。

③　内転…正中線に向かう動きのこと。挙げた手を元に戻すときの動きのこと。　　(4)　①　大胸筋　　②　三角筋　　③　上腕三頭筋　④　大殿筋　　⑤　ヒラメ筋

〈解説〉(1)　骨格筋は運動器官に，心筋は心臓に，平滑筋は全身の様々な器官の中に含まれている。筋肉の細胞はいずれも細長い細胞からできているので，筋肉の細胞を骨格筋繊維，心筋繊維，平滑筋繊維ということも多い。骨格筋の最大の特徴は，神経による刺激に反応して収縮をおこし，刺激が終わると元の長さに戻っていく(弛緩)ことである。そのため，骨格筋が行う運動は，収縮と弛緩の繰り返しである。神経による刺激とは，骨格筋に分布する運動神経繊維によるもので，自分の意思に従って司令を骨格筋に伝え，それにより収縮が行われている。自分の意思によって運動するため，骨格筋は随意筋とよばれ，自分の意思では動かせない不随意筋(心筋，平滑筋)と区別されている。平滑筋は消化管や気道などの内臓壁，血管壁等，様々な器官の中に見られる。骨格筋や心筋とは違い，横紋は見られない。また，平滑筋は心筋と同じように，自律神経の支配を受けている。　(2)　骨格筋には運動，姿勢(保持)，関節安定の他に熱産生の機能がある。筋肉が収縮すると，その副産物として熱が発生する。筋肉を収縮させる動力源としてATP(Adenosine tri-phosphate：アデノシン三リン酸)が使われると，そのエネルギーの4分の3が熱となって放出される。こうして発生した熱は，正常な体温を維持するために使われる。骨格筋は，最大の熱供給源でもある。　(3)　体幹や四肢をその長軸に沿って回転させる運動を回旋という。回旋には外旋と内旋がある。例えば，立位で前方を向いていたつま先を外側に向ける運動は下肢の外旋であり，元に戻すのは内旋になる。体幹や四肢の垂直な軸に対して屈曲させる運動とそれを元に戻す伸展運動があるが，足首の場合は後方へ曲げる(屈曲する)運動を底屈といい，元に戻す(伸展する)運動を背屈という。体を前方から見て上・下肢を外方(体幹あるいは体軸から遠ざかる方向)へ向けた運動を外転，その逆に内方へ向けた運動を内転という。例えば，脚を開くのが外転で，開いていた脚を閉じる方向への運動が内転である。

(4)　①　上腕の伸展では主に広背筋，三角筋の後部等が使われる。
②　上腕外転は，上腕を側面に上げる動作である。三角筋は体幹と上腕を接合しており，三角筋が収縮することで上腕を真横に上げる。
③　上腕三頭筋は，肘を伸ばす(＝腕の伸展)，腕を後ろに引く(＝肩の伸展)動作に使われる。　④　大殿筋は臀部最大の筋肉で，股関節伸展(脚を後方に伸ばす動作)，股関節外旋(膝を外側に向けて捻る動作)に使われる。　⑤　ヒラメ筋と腓腹筋を合わせて下腿三頭筋と呼ぶ。ヒラメ筋は足関節の底屈，腓腹筋は足関節の底屈だけでなく膝関節の屈曲にも作用する。

【4】(1)　①　治療(キュア)　②　トラウマや精神症状に焦点を当てた専門的治療を行う。　③　日常性と安全感を取り戻し，子供が安定した学校生活をおくれるように支援し，健康の回復を促進する。
④　・ふだんの様子を把握する。　・異変に気付く。　・正しい知識を啓もうする。　(2)　事故等に遭遇・目撃した児童生徒等のみならず，その保護者や兄弟姉妹にも精神的な症状が発現することにも配慮しておく必要があること。

〈解説〉(1)　PTSD(Post Traumatic Stress Disorder：心的外傷後ストレス障害)やASD(Acute Stress Disorder：急性ストレス障害)のようなストレス症状を抱えた児童生徒等に対応する際，まず学校と医療機関の役割の違いをはっきりと理解しておく必要がある。原則として，医療機関が担うのは専門的治療(キュア)であり，いくつかの治療法がある。一方，事故等発生時におけるストレス症状のある児童生徒等に対するケアは，基本的には平常時と同じである。すなわち，健康観察等により速やかに児童生徒等の異変に気付き，問題の性質(「早急な対応が必要かどうか」,「医療を要するかどうか」等)を見極め，必要に応じて保護者や主治医等と連携を密に図り，学級担任等や養護教諭を含む校内体制を整えて組織的に支援に当たることである。健康観察では，事故等発生時における児童生徒等のストレス症状の特徴を踏まえた上で，健康観察を行い，児童生徒等が示す心身のサインを見過ごさないようにす

ることが重要である。　(2)　事故等発生時における心のケアの留意点
としては，平成22年3月改訂版も平成31年3月改訂2版も共に6点挙げら
れ，ほぼ同じ内容であるが，3点目の留意点である「③　命にかかわ
るような状況に遭遇したり，それを目撃したりした場合などには，通
常のストレスでは生じない精神症状と身体症状が現れることがある。
その代表は先述のASDやPTSDであるが，事故等発生の直後には現れ
ず，しばらくたってから症状が現れる場合があることを念頭に置く必
要がある。」という文章に続けて，「また，事故等に遭遇・目撃した児
童生徒等のみならず，その保護者や兄弟姉妹にも精神的な症状が発現
することにも配慮しておく必要がある。」という一文が追加修正され
た。同資料では，適切な心のケアの基盤となるのは，「毎日の健康観
察」，「メンタルヘルスを担う校内組織体制の構築」，「心のケアに関す
る教職員等の研修」，「心身の健康に関する支援」，「心身の健康に関す
る指導」，「医療機関をはじめとする地域の関係機関等との連携」等，
平常時からの取組であり，危機管理マニュアルに心のケアを位置付け，
実効性のあるマニュアルにするためには，定期的に見直しを図ること
が大切であると示されている。心のケアは養護教諭の専門分野である。
文部科学省の刊行物等は必ず確認しておこう。

【５】(1)　身体的虐待，性的虐待，ネグレクト，心理的虐待
(2)　・身体的影響…外傷のほか，栄養障害や体重増加不良，低身長な
どが見られる。愛情不足により成長ホルモンが抑えられた結果，成長
不全を呈することもある。　　　・知的発達面への影響…安心できない
環境で生活することや，学校への登校もままならない場合があり，そ
のために，もともとの能力に比しても知的な発達が十分得られないこ
とがある。　　　・心理的影響…他人を信頼し愛着関係を形成すること
が困難となるなど対人関係における問題が生じたり，自己肯定感が持
てない状態となったり，攻撃的・衝動的な行動をとったり，多動など
の症状が表れたりすることがある。　　(3)　・虐待の早期発見に努め
ること。　　　・虐待を受けたと思われる子供について，市町村(虐待対

応担当課)や児童相談所等へ通告すること。　　・虐待の予防・防止や虐待を受けた子供の保護・自立支援に関し，関係機関への協力を行うこと。　　・虐待防止のための子供等への教育に努めること。

(4)　①　通常時…健康相談，健康診断，救急処置等における早期発見　②　通告時，通告後…関係機関との連携(定期的な情報共有)，幼児児童生徒の心のケア

〈解説〉(1)　同資料による定義は次の通り。身体的虐待とは，「幼児児童生徒の身体に外傷(打撲傷，あざ(内出血)，骨折，刺傷，やけどなど様々)が生じ，又は生じるおそれのある暴行を加えること」。外傷は外側からは見えないような場所にあることが多いため，健康診断時等には身体状況に注意することが大切である。性的虐待とは，「直接的な性行為だけでなく，性的な満足を得るためにしたりさせたりする行為などより広い行為」とあり，子供を被写体とする性的な写真・動画の撮影なども含まれる。ネグレクトとは，「心身の正常な発達を妨げるような著しい減食または長時間の放置，保護者以外の同居人による身体的虐待や性的虐待の放置，その他保護者としての監護を著しく怠ること」であり，子供が病気になっても病院に連れて行かなかったり，子供を学校に通学(園)させなかったりすることもネグレクトである。心理的虐待とは，「子供の心に長く傷として残るような経験や傷を負わせる言動を行うこと」であり，代表例は，子供の存在を否定するような言動である。また，配偶者に対するドメスティックバイオレンス(DV)等も，子供に対する心理的虐待である。　(2)　虐待は種類によって，心身への影響には異なる面があるが，いずれにおいても子供の心身に深刻な影響をもたらす。虐待の影響は，虐待を受けていた期間，その態様，子供の年齢や性格等により様々だが，身体的影響，知的発達面への影響，心理的影響について，いくつかの共通した特徴が見られる。　(3)「虐待の早期発見に努めること」は努力義務として「児童虐待の防止等に関する法律」第5条第1項に，「虐待を受けたと思われる子供について，市町村(虐待対応担当課や児童相談所等)へ通告すること」は義務として同法第6条に，「虐待の予防・防止や虐待を受けた

子供の保護・自立支援に関し，関係機関への協力を行うこと」は努力義務として同法第5条第2項に，「虐待防止のための子供等への教育に努めること」は努力義務として同法第5条第3項に規定されている。

(4)　個々の教員だけで虐待に関する問題に対処することは極めて困難である。このため，教職員は虐待と疑われる事案を発見・見聞きした場合は一人で抱え込まず，直ちに校長等管理職に相談・報告し，組織的な対応につなげていくというチームとしての早期対応が重要である。近年，児童虐待の問題が頻繁に報道されるようになっている。厚生労働省のホームページ等で，虐待の現状や内訳，推移等を確認しておこう。

【6】(1)　①　見方　　②　考え方　　③　合理的　　④　人々
　　⑤　環境　　⑥　技能　　⑦　目的　　⑧　環境づくり　　(2)　健康
を支える環境づくり　　(3)　心肺蘇生法等の応急手当についての技能
〈解説〉新高等学校学習指導要領等は，令和元年(2019年)度から一部を移
　行措置として先行して実施し，令和4年(2022年)度から年次進行で実施
　することとしている。　　(1)　「目標」からの出題である。保健では，生
　徒が保健の見方・考え方を働かせて，課題を発見し，その解決を図る
　主体的・協働的な学習過程を通して，心と体を一体として捉え，生涯
　を通じて心身の健康を保持増進するための資質・能力を育成すること
　を目指して，保健の知識及び技能，思考力，判断力，表現力等，学び
　に向かう力，人間性等の三つの柱で目標が設定されている。学習指導
　要領で詳細を確認しておこう。　　(2)　内容構成からの出題である。
　「現代社会と健康」，「生涯を通じる健康」，「健康を支える環境づくり」
　の3項目は，「ア知識，イ思考力，判断力，表現力等」で構成されてお
　り，「安全な社会生活」は，「ア知識及び技能，イ思考力，判断力，表
　現力等」で構成されている。　　(3)　「安全な社会生活」の内容は，安全
　な社会生活について，自他や社会の課題を発見し，その解決を目指し
　た活動を通して，次の事項を身に付けることができるよう指導するこ
　とである。「高等学校学習指導要領解説　保健体育編・体育編」(平成

30年7月)では，「このため本内容は，様々な事故等の発生には人的要因や環境要因が関わること，交通事故などの事故の防止には，周囲の環境などの把握や適切な行動が必要であること，安全な社会の形成には，個人の安全に関する資質の形成，環境の整備，地域の連携などが必要であること，また，個人が心肺蘇生法を含む応急手当の技能を身に付けることに加え，社会における救急体制の整備を進める必要があることなどを中心に構成している」と示されている。

【7】(1) 最近の海外における感染症の発生状況，国際交流の進展，保健医療を取り巻く環境の変化等を踏まえ，感染症予防対策の推進を図るとともに感染症のまん延を防止するため。 (2) ・潜伏期間…12〜48時間 ・感染経路…飛沫感染，接触感染，経口(糞口)感染，貝などの食品を介しての感染，空気(塵埃)感染 ・登校の目安…下痢，嘔吐症状が軽減した後，全身症状が良いこと。 (3) ・準備…ゴム手袋，マスク，ビニールエプロン，ゴーグル，靴カバーを着用する。・清掃…中心部から半径2mの範囲を外側から内側に向かって，周囲に拡げないようにしてペーパータオルや使い捨ての雑巾で静かに拭き取る。拭き取ったものはビニール袋に二重に入れて密閉して破棄する。・消毒…吐物の付着した箇所は，0.1%(1,000ppm)次亜塩素酸ナトリウム消毒液で消毒する。 ・処理後…石鹸，流水で必ず手を洗う。(4) 学校で通常見られないような重大な流行が起こった場合に，その感染拡大を防ぐために，必要があるときに限り，学校医の意見を聞き，校長が第三種の感染症として緊急時に措置をとることができるものとして定められているものであり，あらかじめ特定の疾患を定めてあるものではない。「その他の感染症」として出席停止の指示をするかどうかは，感染症の種類や各地域，学校における感染症の発生・流行の態様等を考慮の上で判断する必要がある。

〈解説〉(1) 学校は，児童生徒等が集団生活を営む場であり，感染症が発生した場合，大きな影響を及ぼすこととなる。感染症対策は，予防可能な感染症については適切に予防策を講じること，そして感染症が

発生した場合には，重症化させないように早期発見し早期に治療することと，まん延を防ぐことが重要となる。令和2年(2020年)1月28日付で「新型コロナウイルス感染症を指定感染症として定める等の政令」(令和2年政令第11号)が公布された。当該政令により，新型コロナウイルス感染症は，学校保健安全法(昭和33年法律第56号)に定める第一種感染症とみなされる。各学校(専修学校を含み，各種学校を含まない。)の校長は，当該感染症にかかった児童生徒等があるときは，治癒するまで出席を停止させることができる。平成27年の中東呼吸器症候群，特定鳥インフルエンザ等のように，近年新しい感染症が世界的に流行する事例が増えているため，養護教諭志望者として，常に知識や情報をアップデートしていくことが必要である。　(2)・(3)　感染性胃腸炎は，ウイルスや細菌などによる感染症で，嘔吐と下痢が突然始まることが特徴である。ノロウイルス感染症は秋～冬に多く，ロタウイルス感染症は冬～春に多く，アデノウイルス感染症は年間を通じて発生する。ロタウイルスやアデノウイルスによるものは乳幼児が多く，ノロウイルス感染症は乳幼児～高齢者まで幅広い年齢層に見られる。ノロウイルスにはワクチンはない。速乾性すり込み式手指消毒剤やアルコール消毒は有効性が十分ではなく，流水での手洗いが最も重要である。食器などは，熱湯(1分以上)や0.05～0.1％次亜塩素酸ナトリウムを用いて洗浄することが勧められる。食品は85℃，1分以上の加熱が有効である。一方，ロタウイルスに対してはワクチンがあり，投与する場合には乳児期早期に接種する(任意接種)。経口(糞口)感染，接触感染，飛沫感染予防を励行することが重要である。ウイルスが含まれた水や食物，ウイルスが付いた手を介して，又はそこから飛び散って感染するので，患者と接触した場合は手洗いを励行する。　(4)　第三種の感染症とは，学校教育活動を通じ，学校において流行を広げる可能性がある感染症を規定しているが，特定の疾患を定めたものではない。停止期間の基準は，病状により学校医その他の医師において感染のおそれがないと認めるまでである。

【8】(1)　学校生活に支障のない見え方であるかどうかを検査する。
(2)　①　D　②　C　③　B　④　A　⑤　終了　⑥　0.7で
検査　⑦　終了　⑧　1.0で検査　⑨　終了　⑩　終了
⑪　視力C，Dの場合は眼科への受診を勧める。　⑫　視力Bの場合，
幼稚園の年中，年少児を除く児童生徒等には受診を勧める。年中，年
少児には受診の勧めは不要。　⑬　受診の勧めは不要。　(3)　上
下左右4方向のうち3方向以上を正答した場合。　(4)　上下左右4方
向のうち2方向以下しか正答できない場合。　(5)　・遠視…無調節
状態で，網膜より後ろに焦点を結ぶ眼のこと。　・近視…無調節状
態で，網膜の前で焦点を結ぶ眼のこと。　・乱視…無調節状態で，
平行光線が網膜の1点に像を結ばない状態のこと。

〈解説〉(1)〜(4)　視力検査の実施学年は，幼稚園から高等学校3年生まで
全学年が対象となるが，眼鏡やコンタクトレンズを常用している者に
ついては，裸眼視力の検査を省略することができる。視力検査の準備，
実際，事後措置等は頻出問題である。「児童生徒等の健康診断マニュ
アル(平成27年改訂)」(平成27年8月，日本学校保健会)で，隅々まで確
認しておこう。また，平成27年9月11日付文部科学省スポーツ・青少
年局学校健康教育課からの事務連絡「児童，生徒，学生，幼児及び職
員の健康診断の方法及び技術的基準の補足的事項及び健康診断票の様
式例の取扱いについて」では，視力の検査に当たっては，下記に留意
して実施することとされている。「(1)　被検査者を立たせる位置は，
視力表から正確に5メートルの距離とし，これを床上に明示すること。
ただし5メートルの距離が取れない場合は，3メートル用視力表を使用
してもよく，同様に被検査者を立たせる位置を床上に明示すること。
(2)　視力表は，字ひとつ視力表又は字づまり視力表を用い，測定には
原則としてランドルト環を視標とするものを使用し，汚損したもの，
変色したもの，しわのあるものなどは使用しないこと。また，視標の
掲示は，字ひとつ視力表にあっては被検査者の目の高さとし，字づま
り視力表にあっては視標1.0を被検査者の目の高さにすること。
(3)　視力表の照度の標準は，おおむね500ルクスから1,000ルクスとす

ること。　(4)　検査場の照度は，視力表の照度の基準を超えず，また，その基準の10分の1以上であることが望ましいこと。なお，被検査者の視野の中に明るい窓や裸の光源等，まぶしさがないことが望ましいこと。　(5)　検査は，検査場に被検査者を入れてから2分以上経過した後，開始すること。　(6)　検査は，右眼及び左眼それぞれの裸眼視力について，次の要領で実施すること。　ア　検査は右眼から始めること。まず，両眼を開かせたまま遮眼器等で左眼を遮閉し，右眼で，目を細めることなく視標を見させ，同一視力の視標において上下左右の4方向のうち3方向が正答できれば，その視力はあるものとすること。この場合，視力を1.0以上(A)，1.0未満0.7以上(B)，0.7未満0.3以上(C)，0.3未満(D)の区分を用いて判定して差し支えないこと。なお，被検査者の表現力不足によって生ずる判定誤差を避けるため，小学校低学年以下においてはランドルト環の切れ目が上下左右にあるものにとどめ，小学校高学年以上においては斜め方向も加える等の配慮が望ましいこと。　イ　右眼の検査が終わった後，左眼についても同様の方法により検査すること。　ウ　コンタクトレンズを使用している者に裸眼視力検査を行う場合は，検査を始める30分前までにコンタクトレンズを外させておくこと」。　(5)　遠視は，眼軸(眼球の奥行き)が短いか，眼の光学系(角膜や水晶体)の屈折が弱いことによる。児童生徒等はピントを合わせる調節力が強いため，軽度の遠視の場合は視力がよい。しかし，遠視は近方のみならず遠方を見るときにも常に調節力を使うために，眼精疲労になりやすく，眼鏡を使用した方がよい。また，中等度以上の遠視は，弱視や調節性内斜視の原因となることがある。近視は，眼軸が長いか，眼の光学系の屈折力が強いことによる。遠方はよく見えないが，近くはよく見える。小学校高学年頃から裸眼視力が低下することが多く，近くを長時間見ること，つまり調節の持続が眼軸の延長に関与しており，家庭でのゲーム機，スマートフォンなどの使用については保護者への注意喚起も必要である。近視の度が強くなると，将来，黄斑部出血・網膜剥離・緑内障等の病的変化が生じる場合があるので注意が必要である。乱視は，主に角膜が球面でなく，歪

んでいるためである。乱視には正乱視と不正乱視がある。正乱視は，円柱レンズで矯正される。幼児期の中等度以上の乱視は屈折性弱視を招く可能性がある。不正乱視は角膜の表面が凹凸で不正があり，円錐角膜などがある。ハードコンタクトレンズにより矯正できることが多いが，角膜移植の適応になることもある。眼科関連のその他の疾患についても「児童生徒等の健康診断マニュアル(平成27年改訂)」(平成27年8月，日本学校保健会)の「第2章　健康診断時に注意すべき疾病及び異常」で必ず確認しておこう。

2019年度　実施問題

【1】学校保健安全法第6条第1項の規定に基づき，学校環境衛生基準(平成21年文部科学省告示第60号)の一部が改正されたことについて，次の問いに答えよ。

(1)　施行年月日を答えよ。

(2)　次の対照表の(　①　)～(　⑩　)に入る適語又は適する数値を答えよ。

第1　教室等の環境に係る学校環境衛生基準

1　教室等の環境(換気，保温，採光，照明，騒音等の環境をいう。以下同じ。)に係る学校環境衛生基準は，次表の左欄に掲げる検査項目ごとに，同表の右欄のとおりとする。

検査項目		基　準	
		改　正　前	改　正　後
換気及び保温等	(2)温度	(　①　)℃以上，(　②　)℃以下であることが望ましい。	(　③　)℃以上，(　④　)℃以下であることが望ましい。
採光及び照明	(10)照度	(ウ)(　⑤　)の机上の照度は，500～1000 lx程度が望ましい。	(ウ)(　⑥　)の机上の照度は，500～1000 lx程度が望ましい。

2　1の学校環境衛生基準の達成状況を調査するため，次表の左欄に掲げる検査項目ごとに，同表の右欄に掲げる方法又はこれと同等以上の方法により，検査項目(2)及び(3)については，毎学年2回定期に検査を行うものとする。

検査項目		方　法	
		改　正　前	改　正　後
換気及び保温等	(2)温度	(　⑦　)を用いて測定する。	(　⑧　)を用いて測定する。
	(3)相対湿度	(　⑦　)を用いて測定する。	(　⑨　)を用いて測定する。

第3　学校の清潔，ネズミ，衛生害虫等及び教室等の備品の管理に係る学校環境衛生基準

1　学校の清潔，ネズミ，衛生害虫等及び教室等の備品の管理に係

る学校環境衛生基準は，次表の左欄に掲げる検査項目ごとに，同
表の右欄のとおりとする。

検　査　項　目		
	改　正　前	改　正　後
教室等の備品の管理	(5)　(　⑩　)	(5) 黒板面の色彩
	(6) 黒板面の色彩	

(☆☆☆◎◎)

【2】就学時健康診断における予防接種歴の確認について，次の問いに答
えよ。

(1)　「学校保健安全法施行規則の一部改正等について(平成27年1月21
日文部科学省)」において，就学時健康診断票(第1号様式)が改正さ
れた。予防接種法の規定に基づく定期の予防接種の接種状況につい
て，就学時健康診断の際に確認する必要がある対象疾病を3種混合
(百日咳，ジフテリア，破傷風)のほかに8つ答えよ。

(2)　「予防接種法施行令の一部を改正する政令及び予防接種法施行規
則及び予防接種実施規則の一部を改正する省令の公布について(平
成28年6月22日厚生労働省)」において，定期の予防接種に追加され
た対象疾病がある。そのため，2021年以降の就学時健康診断の際に
確認する必要がある対象疾病を答えよ。

(☆☆☆◎◎)

【3】「現代的健康課題を抱える子供たちへの支援～養護教諭の役割を中
心として～(平成29年3月文部科学省)」に示されていることについて，
次の問いに答えよ。

(1)　様々な健康課題を抱える児童生徒が，どの学校においても課題解
決に向けた支援を確実に受けるため，次の4つのステップを基本に
養護教諭が果たす役割を　①　～　⑧　に答えよ。なお，解答
①と②，③と④，⑤と⑥，⑦と⑧は順不同とする。

ステップ1：対象者の把握

| ① 体制整備 |
| ② 気付く・報告・対応 |

・養護教諭は，　①

・養護教諭は，児童生徒や保護者の変化に気付いたら，管理職や学級担任等に報告・連絡・相談するとともに，他の教職員や児童生徒，保護者，学校医等からの情報も収集する。

・養護教諭は，　②

ステップ2：課題の背景の把握

| ① 情報収集・分析 |
| ② 校内委員会におけるアセスメント |

・養護教諭は，　③

・養護教諭は，　④

・養護教諭は，分析をした結果を校内委員会でわかりやすく報告する。（出席状況や保健室利用状況などをグラフに表すなどの工夫をする）

ステップ3：支援方針・支援方法の検討と実施

| ① 支援方針・支援方法の検討 |
| ② 支援方針・支援方法の実施 |

・養護教諭は，　⑤

・養護教諭は，　⑥

ステップ4：児童生徒の状況確認及び支援方針・支援方法等の再検討と実施

| 児童生徒の状況確認及び支援方針・支援方法等の再検討と実施 |

・養護教諭は，　⑦

・養護教諭は，特に支援後，状況に変化がない，悪化している場合は，【ステップ2】で把握した児童生徒の課題が正確であったか，その他の原因は考えられないか，新たな要因が生じていないかなど，情報収集及び分析を行う。

・養護教諭は，　⑧

・養護教諭は，再検討された支援方針・支援方法に沿って，支援を実施する。

(2)　児童生徒が生涯にわたって健康な生活を送るために必要な力を4つ答えよ。

(☆☆☆◎◎◎)

【4】次の図は，内分泌腺の分布を示している。下の問いに答えよ。

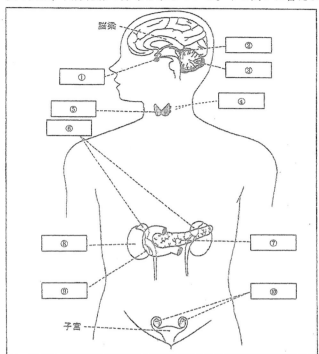

(1)　空欄①〜⑩の名称を漢字で答えよ。

(2)　①から放出される分泌液とその主要作用を7つ答えよ。なお，完全解答とする。

(☆☆☆◎◎◎)

【5】「子供たちを児童虐待から守るために－養護教諭のための児童虐待対応マニュアル－(平成26年3月公益財団法人日本学校保健会)」に示されていることについて，次の問いに答えよ。

(1)　児童虐待対応の3つの段階とそれぞれの学校の役割を答えよ。なお，完全解答とする。

(2)　次の身体的虐待による外傷について，特徴のある外傷所見を説明

せよ。
①　スラッピング・マーク　　②　シガレット・バーン
③　鏃(やじり)マーク
(3)　学校における児童虐待対応の留意点を4つ答えよ。

(☆☆☆◎◎◎)

【6】「学校の危機管理マニュアル作成の手引(平成30年2月文部科学省)4章　事後の危機管理　4－2　心のケア」に示されていることについて，次の問いに答えよ。
(1)　心の健康状態を把握するための手立てを「保護者等の情報」のほかに3つ答えよ。
(2)　非常災害時の心のケアが，効果的に行われるために大切なことを答えよ。

(☆☆☆◎◎◎)

【7】「健康な生活を送るために(平成30年度版)【高校生用】(平成29年3月文部科学省)」に示されていることについて，次の問いに答えよ。
(1)　ストレスへの対処法を4つ答えよ。
(2)　携帯電話やスマートフォンを介した犯罪被害に遭わないためのポイントを3つ答えよ。

(☆☆☆◎◎◎)

【8】「中学校学習指導要領(平成29年告示)解説保健体育編(平成29年7月文部科学省)第2章　保健体育科の目標及び内容〔保健分野〕」に示されていることについて，次の問いに答えよ。
(1)　次の文は，「1　目標」の一部である。(　①　)～(　⑦　)に入る語句を答えよ。

　　(3)の生涯を通じて心身の健康の保持増進を目指し，明るく豊かな生活を営む(　①　)を養うとは，保健の学びに向かう力，人間性等に関する(　②　)・(　③　)の育成についての目標である。(　④　)の健康に関心をもち，現在だけでなく生涯を通じて健康の保持増進や(　⑤　)を目指す(　⑥　)の基礎を育てることによって，生徒が現在及び将来の生活を健康で(　⑦　)に満ちた明るく豊かなものにすることを目指したものである。

(2)　「2　内容　(1)　健康な生活と疾病の予防」について，(　①　)～(　⑥　)に入る内容又は項目を答えよ。なお，解答③と④は順不同とする。

単元	観点	内　容	項　目
(1)健康な生活と疾病の予防	ア　知識	(ｱ)健康の成り立ちと疾病の発生要因	・健康の成り立ち ・主体と環境の要因の関わりによって起こる疾病
		(ｲ)生活習慣と健康	・(　①　)
		(ｳ)(　②　)	・(　③　) ・(　④　)
		(ｴ)(　⑤　)	・心身への様々な影響 ・健康を損なう原因 ・個人の心理状態や人間関係，社会環境などの要因に対する適切な対処
		(ｵ)感染症の予防	・病原体が主な原因となって発生する感染症 ・発生源，感染経路，主体への対策による感染症の予防
		(ｶ)個人の健康を守る社会の取組	・個人の健康と社会的な取組との関わり ・健康の保持増進や疾病予防の役割を担っている保健・医療機関とその利用 ・(　⑥　)

(3)　「2　内容　(3)　傷害の防止」について，「ア　知識及び技能」の内容を4つ答えよ。

(☆☆☆◎◎)

【9】麻しんについて，次の問いに答えよ。
(1)　「学校における麻しん対策ガイドライン第二版(平成30年2月国立感染症研究所感染症疫学センター作成　文部科学省，厚生労働省監修)」に示されていることについて，1名の麻しん患者(又は疑い者)の発生から終息宣言までの期間を何というか答えよ。
(2)　学校における麻しんの流行を防ぐためには，麻しんの発症が疑われる児童生徒・職員等が1名でも発生したらすぐ対応を開始するこ

とが重要である。麻しんが疑われる児童生徒が発生したと家庭から
連絡が入ったとき，養護教諭の対応について380字程度で答えよ。

(☆☆☆◎◎◎)

解答・解説

【1】(1)　平成30年4月1日　　(2)　①　10　　②　30　　③　17
④　28　　⑤　コンピュータ教室等　　⑥　コンピュータを使用する
教室等　　⑦　アスマン通風乾湿計　　⑧　0.5度目盛の温度計
⑨　0.5度目盛の乾湿球湿度計　　⑩　机，いすの高さ

〈解説〉(1)・(2)　学校保健安全法第6条第1項の規定に基づき，環境衛生
に関する新たな知見や児童生徒等の学習環境等の変化を踏まえて検討
が行われ，「学校環境衛生基準」が一部改正された(平成30年4月1日施
行)。改正の概要は，次の通りである。「1　教室等の環境に係る学校環
境衛生基準関係では，(1)温度の基準について，望ましい温度の基準を
『17℃以上，28℃以下』に見直したこと。(2)温度，相対湿度及び気流
の検査方法について，最低限必要な測定器の精度を示すよう見直した
こと。(3)浮遊粉じんの検査方法について，検査の結果が著しく基準値
を下回る場合には，以後教室等の環境に変化が認められない限り，次
回からの検査について省略することができる規定を設けたこと。(4)照
度の基準について，近年，普通教室においてもコンピュータを利用す
る授業が行われていることを踏まえ，規定を見直したこと。　2　飲
料水等の水質及び施設・設備に係る学校環境衛生基準関係では，有機
物等の検査項目から『過マンガン酸カリウム消費量』を削除し，『有
機物(全有機炭素(TOC)の量)』のみとしたこと。　3　学校の清潔，ネ
ズミ，衛生害虫等及び教室等の備品の管理に係る学校環境衛生基準関
係では，検査項目から，『机，いすの高さ』を削除したこと。　4　水
泳プールに係る学校環境衛生基準関係では，総トリハロメタンの検査

について，プール水を1週間に1回以上全換水する場合は，検査を省略することができる規定を設けたこと。　5　日常における環境衛生に係る学校環境衛生基準関係では，1の(1)に準じ，温度の基準を見直したこと」。

【2】(1)　・ポリオ　　・結核(BCG)　　・麻しん　　・風しん　　・日本脳炎　　・インフルエンザ菌b型(Hib)　　・小児肺炎球菌(肺炎球菌)　　・水痘　　(2)　B型肝炎
〈解説〉(1)　就学時健康診断票を確認のこと。平成27年度以降の様式には，ポリオ，BCG，3種混合(百日咳，ジフテリア，破傷風)，麻しんI期・II期，風しんI期・II期，日本脳炎，Hib，肺炎球菌及び水痘が記載されている。　　(2)　ワクチンの定期接種にはA類疾病とB類疾病とがある。前者は主に集団予防や重篤な疾患の予防に重点を置いており，国の積極的な勧奨があり，本人または保護者に接種の努力義務がある。B類疾病は主に個人予防に重点を置き，国の積極的な勧奨はなく，本人または保護者に努力義務がない。B型肝炎は平成28年の改正において，A類疾病に追加された。

【3】(1)　①　(解答例)　保健室だけにとどまらず，校内を見回ることや部活動等での児童生徒の様子や声かけなどを通して，日頃の状況などを把握するよう努める。　　②　(解答例)　児童生徒の健康課題に速やかに対応するとともに，児童生徒の状況の変化を丁寧に把握する。③　(解答例)　校内委員会に参加し，疑問点等については必要に応じ発言し，確認する。　　④　(解答例)　児童生徒の健康課題の背景について組織で把握する際，養護教諭の専門性を生かし，的確に意見を述べる。　　⑤　(解答例)　健康課題を抱える児童生徒の心身の状態を把握し，必要に応じ，健康相談や保健指導を行う。　　⑥　(解答例)　保健室登校の場合は，養護教諭が中心となり，児童生徒の指導に当たることになるが，支援内容については，必ず，管理職，学年主任，学級担任，保護者と協議した上で決定し，組織的に支援する。　　⑦　(解

答例)　支援前と支援後の心身の状態の変化などについて把握し，時系列で整理する等，客観的に理解できるように資料をまとめた上で，定期的に校内委員会や職員会議等で報告を行う。　⑧　(解答例)　支援方針・支援方法を再検討・実施するに当たり，再検討した支援方針・支援方法が児童生徒にとって有効なものになるか，専門性を生かし助言する。　(2)　・心身の健康に関する知識・技能　・自己有用感・自己肯定感(自尊感情)　・自ら意思決定・行動選択する力　・他者と関わる力

〈解説〉(1)　本問は，様々な健康課題を抱える児童生徒が，どの学校でも課題解決に向けた支援を確実に受けるため，養護教諭，管理職，学級担任等，教職員以外の専門スタッフが果たす役割をまとめたものである。なお，これは学校における基本的な流れを示したものであり，障害のある児童生徒への教育支援や，学校独自の手順が示されている場合，あるいは，いじめや児童虐待など法令等で対応方法が定められているものについては，別途その手順に従って対応しなければならない。　(2)　児童生徒が生涯にわたって健康な生活を送るためには，規則正しい生活習慣を身に付けるとともに，日常的に起こる健康課題やストレスに適切に対処できる力など，自らの心身の健康の保持増進を図るために必要な知識・技能を身に付けることが必要である。また，心身の健康にとって望ましい行動を選択するためには，自分自身を大切にすることや，物事を様々な角度から慎重に考え判断すること，目標を決めて実現のために努力すること，家族や仲間と良い人間関係を保つことなどが必要である。これらの「心身の健康に関する知識・技能」，「自己有用感・自己肯定感(自尊感情)」，「自ら意思決定・行動選択する力」，「他者と関わる力」を児童生徒に育成するために，養護教諭は他の教職員や学校医等の専門スタッフと連携し，学校において様々な取組を行うとともに，家庭や地域における取組を促すことが求められる。

【4】(1) ① 下垂体　　② 松果体　　③ 小脳　　④ 上皮小体
⑤ 甲状腺　　⑥ 副腎　　⑦ 膵臓　　⑧ 腎臓　　⑨ 十二指腸
⑩ 卵巣　　(2)　・分泌液…成長ホルモン(STH)　　主要作用…(解答
例)　筋肉や骨の成長を促進し，肝臓や脂肪等の内臓における代謝を促
進する。　　・分泌液…催乳ホルモン(プロラクチン)　　主要作用…(解
答例)　乳腺を刺激して乳汁の生成を促進する。　　・分泌液…甲状腺
刺激ホルモン(TSH)　　主要作用…(解答例)　甲状腺を刺激して甲状腺
ホルモンの分泌を促す。　　・分泌液…副腎皮質刺激ホルモン(ACTH)
主要作用…(解答例)　副腎皮質に作用して，副腎皮質ホルモンの生成
及び分泌を促進する。　　・分泌液…性腺刺激ホルモン(ゴナドトロピ
ン)　　主要作用…(解答例)　卵巣・精巣等の性腺を刺激して性ホルモ
ンの生成・分泌を促進する。　　・分泌液…ヴァゾプレッシン(抗利尿
ホルモン)　　主要作用…(解答例)　腎臓の遠位尿細管における水の再
吸収を促進し，腸管平滑筋に作用してこれを収縮させる。　　・分泌液
…オキシトシン　　主要作用…(解答例)　乳腺の筋肉を収縮させて乳
汁を排出させるほか，分娩時の子宮収縮に作用する。
〈解説〉内分泌腺とは，泌尿・生殖器系・神経系などの器官系に付属する
　腺で，主に下垂体，甲状腺・副甲状腺，副腎，膵臓のランゲルハンス
　島，性腺などであるが，唾液腺，十二指腸などにも存在するといわれ
　る。内分泌腺には導管がないため，産生された分泌物(ホルモン)は直
　接血管やリンパ管に放出され，全身を循環する。一方，外分泌腺では，
　汗腺や乳腺などのように，それぞれの導管を通して外界に分泌される。

【5】(1)　・第1段階…発生予防　　学校の役割…(解答例)　虐待が起き
　ないような予防のための対応，地域の子育て支援の充実，課題を抱え
　た家族が虐待に至らないための支援，子育ての仕方や虐待の予防を目
　的とした教育など　　・第2段階…早期発見と介入　　学校の役割…
　(解答例)　虐待が生じている場合，周囲が早く気付き，市区町村の対
　応機関や児童相談所に連絡(通告)することや，通告を受けた機関が中
　心になって，子供の安全を確保するため家庭に介入し，子供を保護す

るなど，子供の安全を確保すること　　　・第3段階…介入後の支援　学校の役割…(解答例)　虐待は子供の心身に重大な影響をもたらすため，介入後に安全が保障された後，子供の心身の回復と健康な育ちを促すための支援を行うこと，課題を抱えている家族に対して解決に向けた支援を行うこと　　　(2)　①　(解答例)　平手打ちによってできる皮下出血で，平手で打ち付けられた部分のうち指と指との間の箇所に痕が残るもの　　②　(解答例)　紙巻きたばこを押しつけられた際にできる，直径が約8mmで境界鮮明な円形を呈した，中央部分に周辺部分よりも深い火傷が認められるもの，単一の場合よりも複数個まとまって認められることが多いもの　　③　(解答例)　熱した液体を浴びせられたときにできる，液体が重力によって流れると先端が下向きに鏃やじり状を呈する現象によってできる液体熱傷　　(3)　(解答例)・情報だけでなく悩みも教職員間で共有し，担当者が一人で抱え込まないようにすること　　　・教職員は日頃から，子供や保護者との信頼関係を築けるように努めるとともに，相談しやすい環境づくりをすること　　　・不自然な外傷などによって児童虐待が疑われる子供を発見したとき，連携すべき専門家は学校医や学校歯科医であり，医師による指導助言を受けること　　　・スクールカウンセラーやスクールソーシャルワーカー等の専門家と連携すること

〈解説〉(1)　児童虐待の対応は，虐待を未然に防ぐための「発生予防」，虐待を早期に発見し，子供の安全確保のための「早期発見と介入」，その後の子供と家族の回復，改善に向けた「介入後の支援」の3つの段階で対応するのが基本となる。　　(2)　児童身体的虐待による特徴のある外傷所見には，他に，ループ状の傷(電気コードやロープをループ状に曲げてむち打つように打ち付けたときにできる傷)，上眼瞼の皮下出血(まぶたをげんこつで殴られたときに多くできる)，噛み傷(左右の犬歯と犬歯の距離が3cm以上ある場合は，大人による噛み傷である)，脱毛(抜けた毛の毛根が発赤しているなどの場合は，頭髪を引き抜かれたことが疑われる)，水平線サイン(液体熱傷のうち，熱した液体に浸された場合，液体の上縁に一致して水平線が形成されて，熱傷の上縁

を縁取る)がある。　(3)　学校における対応については，解答例にある留意点に気を付けて組織で対応をすることが大切である。

【6】(1)　(解答例)　・日常生活の健康観察　　・質問紙による調査　・保健室の来室状況　　(2)　(解答例)　事故等に現れる心身の反応は誰にでも起こり得ることと心得て，日頃から教育相談や健康相談が学校の教育活動に明確に位置付けられ，円滑に運営されていること。学校内では，教職員，学校医，スクールカウンセラー等の連携を図ること。

〈解説〉(1)　平成30年2月に文部科学省より発行された「学校における危機管理マニュアル作成の手引」は，出題された第4章だけでなく全体を通して精読しておきたい。　(2)　児童生徒が災害や事故等に遭遇すると，恐怖や喪失体験などにより災害や事故の記憶が鮮明によみがえったり，情緒不安定や睡眠障害などが現れたりするなど，生活に大きな支障を来すことがある。このような状態が災害や事故等の遭遇後3日から1か月持続する場合を「急性ストレス障害(ASD：Acute Stress Disorder」，1か月以上長引く場合を「心的外傷後ストレス障害(PTSD：Post Traumatic Stress Disorder)」という。心のケアは，長期にわたって必要になることがあるため，被害児童生徒等が進学や転校した場合でも支援体制等を継続できるよう，学校間で引継ぎ等の連携を図る必要がある。

【7】(1)　(解答例)　・自分自身がいくら努力しても解決できない問題もあることからストレスの原因を除去すること　　・避けることが難しいものもあることからストレスの原因となっている問題のとらえ方を変えること　　・自分一人で不安や悩みを抱え込まずに身近な人や専門家に相談すること　・コミュニケーションやリラックスする方法などを身に付けること　　(2)　(解答例)　・重大な犯罪に巻き込まれる可能性がますます大きくなるため，サイトで知り合った相手に「会わない」こと　　・サイトに出会いを求める書き込みや，怪しいメール

が届くきっかけとなることを「書き込まない」こと　　・悪用される恐れがあるため個人情報が分かるような書き込みや写真を一度でも「掲載しない」こと。

〈解説〉(1)　本資料には，「自分なりのストレスへの対処法を身に付けることが心の健康のために大切」であるとして，「①ストレスの原因を除去する，②ストレスの原因となっている問題のとらえ方を変える，③身近な人や専門家に相談する，④コミュニケーションやリラックスする方法などを身に付ける」の4つが記載されている。近年児童生徒の心のケアが重視されていることを踏まえ，児童生徒がストレスへの有効な対処法を身に付けられるよう指導することが望まれている。

(2)　本資料は，心の健康，喫煙・飲酒・薬物乱用，感染症などについて，保健学習及び保健指導を実施するにあたり，効果的な指導及び自己学習が行えるよう文部科学省により作成されたものである。近年の犯罪被害については，「コミュニティサイト等に起因した被害児童数が増加していること」，「スマートフォンを利用し，チャットや同時に複数の人と交流ができるようなアプリなどを通じて，面識のない人と出会い，児童買春や児童ポルノなどの犯罪被害に遭うケースが多くみられること」，「被害に遭ってしまった場合には，一人で悩まず，家族や教員，警察などに相談すること」等が述べられている。また，犯罪被害に遭わないための3つのポイントとして「会わない」(＝サイトで知り合った相手に会うと，重大な犯罪に巻き込まれる可能性がますます大きくなる)，「書き込まない」(＝サイトに出会いを求める書き込みはしない。また，怪しいメールが届いても絶対に開かない)，「掲載しない」(＝個人情報が分かるような書き込みや，写真を一度でも掲載すると，その情報や写真を悪用される恐れがある)が示されている。

【8】(1)　①　態度　　②　資質　　③　能力　　④　自他　　⑤　回復　　⑥　実践力　　⑦　活力　　(2)　①　運動，食事，休養及び睡眠の調和のとれた生活の継続　　②　生活習慣病などの予防　　③　生活習慣の乱れと生活習慣病などとのつながり　　④　がんの予

防　⑤　喫煙，飲酒，薬物乱用と健康　　⑥　医薬品の正しい使用
(3)　・交通事故や自然災害などによる傷害の発生要因　　・交通事故
などによる傷害の防止　　・自然災害による傷害の防止　　・応急手
当

〈解説〉(1)　平成29年3月告示の中学校学習指導要領では，各教科とも，
生徒が保健の見方・考え方を働かせて課題を発見し，その解決を図る
主体的・協働的な学習過程を通して心と体を一体として捉え，生涯を
通じて心身の健康を保持増進するための資質・能力を育成することを
目指して「知識及び技能」，「思考力，判断力，表現力等」，「学びに向
かう力，人間性等」の三つの柱で目標を設定している。問題文は，こ
の中の三番目にあたる。これら三つの柱を踏まえた保健分野における
目標は，「①個人生活における健康・安全について理解するとともに，
基本的な技能を身に付けるようにする，②健康についての自他の課題
を発見し，よりよい解決に向けて思考し判断するとともに，他者に伝
える力を養う，③生涯を通じて心身の健康の保持増進を目指し，明る
く豊かな生活を営む態度を養う」である。併せて覚えておくこと。
(2)　「中学校学習指導要領解説保健体育編」(平成29年7月)の「第2章
2　内容　(1)健康な生活と疾病の予防」の項の解説では，「健康の保持
増進や生活習慣病などを予防するためには適切な運動，食事，休養及
び睡眠が必要であること，生活行動と健康に関する内容として喫煙，
飲酒，薬物乱用を取り上げ，これらと健康との関係を理解できるよう
にすること，また，疾病は主体と環境が関わりながら発生するが，疾
病はそれらの要因に対する適切な対策，例えば，感染症への対策や保
健・医療機関や医薬品を有効に利用することなどによって予防できる
こと，社会的な取組も有効であることなどの知識と健康な生活と疾病
の予防に関する課題を解決するための思考力，判断力，表現力等を中
心として構成している」と述べられている。なお，「2　内容」には，
本問である「(1)　健康な生活と疾病の予防」の他に，「(2)　心身の機
能の発達と心の健康」，「(3)　傷害の防止」，「(4)　健康と環境」がある。
また，観点「ア　知識」以外に，「イ　思考力，判断力，表現力等」

及び項目「・健康な生活と疾病の予防について，課題を発見し，その解決に向けて思考し判断するとともに，それらを表現すること」があるので併せて学習しておくこと。　(3)「交通事故や自然災害などによる傷害の発生要因」は「人的要因や環境要因などの関わりによる傷害の発生」，「交通事故などによる傷害の防止」は「安全な行動，環境の改善による傷害の防止」，「自然災害による傷害の防止」は「自然災害発生による傷害と二次災害による傷害，自然災害への備えと傷害の防止」，「応急手当」は「応急手当による傷害の悪化防止，心肺蘇生法」から構成されている。

【9】(1)　厳重監視期間　　(2)　(解答例)　養護教諭は，麻しん患者の発生を管理職に報告し，学校医や保健所または保健センターに連絡するための情報資料を提供し，学校の対応を相談する。麻しん発症の早期発見，早期対応と拡大防止を図るため，患者発生情報を学校・家庭・地域と共有する。校内では，欠席者の中に麻しんと診断されている者はいないか，在籍者の中に麻しんを疑わせる症状のある者はいないか，麻しん罹患歴・予防接種歴のない者，接触した可能性のある者を把握し，健康観察を強化する。児童生徒や保護者に向けて，登校前に検温を行うこと，37.5℃以上の発熱を認めた場合は，理由を報告の上学校を欠席し，速やかに受診すること，受診の結果を速やかに学校等に知らせること，医師の診断を踏まえ校長が学校保健安全法に基づき出席停止の措置をとることを周知する。さらに，予防のための保健だよりの配布や，学級担任と連携した保健指導を行う。(383字)

〈解説〉(1)　学校における麻しんの流行を防ぐためには，麻しんの発症が疑われる児童生徒・職員等が1名でも発生したらすぐ対応を開始することが重要である。遅れれば遅れるほど流行が拡大し，その対応に一層のエネルギーを要する。終息宣言までの間(厳重監視期間)は対応を継続する必要がある。　(2)　1名でも麻しん患者，あるいは疑いの者が発生した時には，関係者・関係機関への連絡，感染拡大防止策の策定・決定・実施(情報の収集・児童生徒及び保護者への情報提供・児

童生徒の出席停止及び学校の閉鎖措置の決定など)を行う。養護教諭の対応については，①患者発生及び，在籍する児童生徒・職員等，接触者に関する情報の収集と報告，②早期発見・早期対応のための健康観察の強化，③麻しん拡大防止のための情報提供と保健指導と，大きく3つの内容を含むとよい。詳細は「学校における麻しん対策ガイドライン第二版」(平成30年2月，国立感染症研究所感染症疫学センター)を参照されたい。

【1】「児童生徒等の健康診断マニュアル　平成27年度改訂(平成27年8月公益財団法人日本学校保健会)」に示されていることについて，次の問いに答えよ。

(1)　健康診断結果の活用について具体的に答えよ。なお，解答①と②，③〜⑤，⑥と⑦は順不同とする。

保健管理における活用	①	
	②	
保健教育における活用	③	
	④	
	⑤	
組織活動における活用	⑥	
	⑦	

(2)　児童生徒等の発育を把握する上で，成長曲線を描くことの意義について4つ答えよ。

(☆☆☆◎◎◎)

【2】学校環境衛生管理について次の問いに答えよ。
(1)　学校保健安全法第6条に示されている学校環境衛生基準の内容について，次の(①)〜(⑩)に当てはまる語句を答えよ。

(学校環境衛生基準)
第6条　(①)は，学校における(②)，(③)，照明，(④)，清潔保持その他環境衛生に係る事項(学校給食法(昭和29年法律第160号)第9条第1項(夜間課程を置く高等学校における学校給食に関する法律(昭和31年法律第157号)第7条及び特別支援学校の幼稚部及び高等部における学校給食に関する法律(昭和32年法律第118号)第6条において準用す

104

る場合を含む。)に規定する事項を除く。)について，児童生徒等及び(⑤)の健康を(⑥)する上で維持されることが望ましい基準(以下この条において「学校環境衛生基準」という。)を定めるものとする。

2 (⑦)は，学校環境衛生基準に照らしてその設置する学校の適切な環境の維持に努めなければならない。

3 (⑧)は，学校環境衛生基準に照らし，学校の環境衛生に関し(⑨)を欠く事項があると認めた場合には，(⑩)なく，その改善のために必要な措置を講じ，又は当該措置を講ずることができないときは，当該(⑦)に対し，その旨を申し出るものとする。

(2) 「[改訂版]学校環境衛生管理マニュアル『学校環境衛生基準』の理論と実践(平成22年3月文部科学省)」には，環境衛生活動の実施に関する関係教職員等の役割が示されている。「環境衛生検査実施前の事前打合せ」，「定期検査の実施」，「定期検査実施後の報告」の他に役割を5つ答えよ。

(☆☆☆◎◎)

【3】「学校歯科保健参考資料『生きる力』をはぐくむ学校での歯・口の健康づくり(平成23年3月文部科学省)」に示されていることについて，次の問いに答えよ。

(1) 学校における歯科保健活動は，教育活動の一環として行われ，子どもの生涯にわたる健康づくりの基盤を形成し，心身ともに健全な国民の育成を期す活動である。学校における歯・口の健康づくりの目標を具体的に3つ答えよ。

(2) 歯の外傷の種類を4つ答えよ。

(☆☆☆◎◎)

【4】学校におけるがん教育について，次の問いに答えよ。
　(1)　「高等学校学習指導要領解説保健体育編・体育編(平成21年12月文
　　　部科学省)」には，「(1)現代社会と健康　イ健康の保持増進と疾病の
　　　予防」に「がん」に関する内容が示されている。次の(　①　)〜
　　　(　⑤　)に当てはまる語句を答えよ。

> (ア)　生活習慣病と日常の生活行動
> 　　生活習慣病を予防し，健康を保持増進するには，適切な
> (　①　)，(　②　)，休養及び睡眠など，(　③　)のとれた健
> 康的な生活を実践することが必要であることを理解できるよう
> にする。その際，悪性新生物，(　④　)，脂質異常症，(　⑤　)
> などを適宜取り上げ，それらは日常の生活行動と深い関係が
> あることを理解できるようにする。(抜粋)

　(2)　「学校におけるがん教育の在り方について　報告(平成27年3月
　　　「がん教育」の在り方に関する検討会)」で示されているがん教育の
　　　実施に当たって，授業を展開する上で配慮が必要な事項を4つ答え
　　　よ。

(☆☆☆◎◎◎)

【5】「教職員のための子どもの健康相談及び保健指導の手引(平成23年8
　　月文部科学省)」に示されていることについて，次の問いに答えよ。
　(1)　保健室登校の受け入れに当たっては，どのような事項を確認した
　　　上で実施することが大切か5つ答えよ。
　(2)　健康相談を実施するに当たり，最も留意しなければならない点を
　　　答えよ。

(☆☆☆◎◎◎)

【6】「子どもの心身の健康を守り，安全・安心を確保するために学校全
　　体としての取組を進めるための方策について(平成20年1月中央教育審
　　議会答申)」を受け，「保健室経営計画作成の手引　平成26年度改訂(平

成27年2月公益財団法人日本学校保健会)」に示されていることについて，次の問いに答えよ。

(1) 保健室経営計画の主な内容を7つ答えよ。

(2) 課題解決型の保健室経営計画マネジメントサイクルについて説明せよ。

(☆☆☆◎◎◎)

【7】人体の内分泌系における血中のホルモンレベルの制御は，「負のフィードバック」とよばれる高度に特殊化した恒常性機構で行われる。ホルモン分泌の制御において，食事の後，糖分の吸収が行われてからの「負のフィードバック」調節メカニズムについて説明せよ。

(☆☆☆◎◎◎)

【8】「平成29年度学校教育の指針(平成29年4月秋田県教育委員会)」の第Ⅲ章重点施策等に示されていることについて，次の問いに答えよ。

(1) 重点施策等「心と体を鍛えます」には学校保健に関する取組として，【保健教育の充実】，【校内体制の充実】，【家庭・地域社会との連携】の3つの視点で内容が示されている。学校保健における取組について，次の①〜③に当てはまる内容を答えよ。

【保健教育の充実】

○ [　　　　　　　　①　　　　　　　　]

○ 生涯にわたり健康な生活を送るための望ましい生活習慣の確立

○ 各種研修会を通した教職員の資質能力の向上

【校内体制の充実】

○ 保健主事や養護教諭を中心とした組織的な活動の推進

○ [　　　　　　　　②　　　　　　　　]

【家庭・地域社会との連携】

○ [　　　　　　　　③　　　　　　　　]

○ 地域の保健・医療機関や関係団体等との連携強化

　　　　○　関係機関と連携した薬物乱用防止教育，がん教育等の推
　　　　　進

(2)　秋田県が策定した学校保健における関連計画として，「健康長寿
　　あきた」の実現に向けた「第2期健康秋田21計画(平成25年3月秋田
　　県)」がある。本計画を推進するために，実施主体の一つである幼
　　稚園・保育所・学校に期待される役割について，次の(　①　)～
　　(　④　)に当てはまる語句を答えよ。なお，解答①と②，③と④は
　　順不同とする。

> 第2期健康秋田21計画　(抜粋)
> ○　健全な生活習慣を身に付けるための(　①　)や(　②　)を
> 　行います。
> ○　未成年者の(　③　)や(　④　)防止のための教育を推進し
> 　ます。
> ○　保護者や地域の医療関係機関との連携により，乳幼児・
> 　児童・生徒の健康づくりを進めます。

(☆☆☆◎◎◎)

【9】「薬物乱用防止教室推進マニュアル～教育委員会における取組事例～
　　(平成24年2月文部科学省)」に示されている薬物乱用防止教育に不必要
　　な情報を5つ答えよ。

(☆☆☆◎◎◎)

【10】次の語句の意味を説明せよ。
　(1)　性同一性障害
　(2)　重症熱性血小板減少症候群(SFTS)
　(3)　インクルーシブ教育システム

(☆☆☆◎◎◎)

108

【11】「教職員のための子どもの健康観察の方法と問題への対応(平成21年3月文部科学省)」に示されている健康観察の重要性について300字程度で答えよ。

(☆☆☆◎◎◎)

解答・解説

【1】(1) ① 児童生徒等の健康課題を把握し,共通理解を図るとともに学校保健計画の立案に役立てる。また,配慮を要する児童生徒等について把握するとともに,個々の配慮事項についての共通理解を図り,学習・運動・学校行事等について,個々に応じた措置(軽減,停止等)を行う。 ② 机,いすの適正,低視力者に対する座席の変更など必要な配慮を行い学習環境を整える。 ③ 個人・集団の健康診断結果等を体育・保健体育等の教科指導に活用する。 ④ 特別活動においては,望ましい集団活動を通して,児童生徒等の心身の健康を増進し健全な生活態度を育成するために保健指導等に活用を図る。 ⑤ 健康診断結果でスクリーニングされた個々の健康問題に対して,定期的かつ継続的に,健康観察・保健指導・健康相談を行う。 ⑥ 学校全体の結果を集計・分析することにより,当該学校としての傾向や課題等を明らかにし,健康教育の推進に生かす。児童生徒等自らが生涯を通しての健康づくりに取り組むための重要な教材として活用する。 ⑦ 生涯にわたっての健康づくりを考えたとき,学校保健は地域保健等と密接な関わりを持っていることから,地域の関係機関等との連携を図る。 (2) ・一人一人の児童生徒等特有の成長特性を評価できる。 ・「肥満」や「やせ」といった栄養状態の変化,それに加えて低身長,高身長,特に性早熟症といって一時的に身長の伸びがよく,児童生徒等本人や保護者も急速に伸びる身長のことを喜んでいると,早期に身長の伸びが止まって,最終的には極端な低身長

になるといった病気等を早期に見つけることができる。　・成長曲線パターンの変化は目で見て分かるので，児童生徒等及び保護者がその変化の様子を容易に理解できる。　・成長曲線と肥満度曲線を併せ用いることで，肥満ややせの状態を分かりやすく評価できる。

〈解説〉(1)　「児童生徒等の健康診断マニュアル　平成27年度改訂」(平成27年8月，日本学校保健会)における「第1章　9　健康診断結果の活用」には，「1　保健管理における活用(ア心身の健康における活用，イ環境の管理における活用)」「2　保健教育における活用(ア教科指導における活用，イ特別活動における活用，ウその他の指導における活用)」「3　組織活動における活用(ア学校保健委員会，イ関係機関との連携)」について述べられている。　(2)　児童生徒等の発育を評価する上で，成長曲線等を積極的に活用することが重要である。

【2】(1)①　文部科学大臣　　②　換気　　③　採光　　④　保温　⑤　職員　　⑥　保護　　⑦　学校の設置者　　⑧　校長　　⑨　適正　　⑩　遅滞　　(2)　・学校保健計画の策定　　・日常点検の実施　・定期検査結果の設置者への報告　　・学校保健委員会　　・臨時検査の実施

〈解説〉(1)　学校安全保健法第6条は頻出であるので暗記しておくことが望ましい。　(2)　環境衛生活動の実施に関する関係教職員等の役割は，8つ示されている。学校環境衛生活動を円滑に推進するに当たっては，学校の教職員(学校医及び学校薬剤師を含む)が児童生徒等及び職員の心身の健康の保持増進を図るために必要な活動であることを共通理解するとともに，それぞれの職務の特性を生かした役割について，学校保健計画や校務分掌等により明確にする必要がある。

【3】(1)　・歯・口の健康づくりに関する学習を通して，自らの健康課題を見つけ，それをよりよく解決する方法を工夫・実践し，評価して，生涯にわたって健康の保持増進ができるような資質や能力を育てる。・歯・口の健康づくりの学習を通じて，友人や家族など他人の健康に

も気を配り，自他ともに健康であることの重要性が理解できるようにする。　・健康な社会づくりの重要性を認識し，歯・口の健康づくりの活動を通じて，学校，家庭及び地域社会の健康の保持増進に関する活動に進んで参加し，貢献できるようにする。　(2)　・亀裂(エナメル質の不完全破折)　・歯冠破折　・歯根破折　・完全脱臼(歯の脱落)　・不完全脱臼(歯が下方にめり込んだ陥入〔埋入〕状態，上方に飛び出した挺出状態)　・歯槽骨骨折　から4つ

〈解説〉(1)　学校における歯・口の健康づくりの目標は，子どもが発達の段階に応じて自分の歯・口の健康課題を見つけ，課題解決のための方法を工夫・実践し，評価できるようにし，生涯にわたって健康な生活を送る基礎を培うとともに，自ら進んで健康な社会の形成に貢献できるような資質や能力を養うことにある。　(2)　学校生活において不測の事故による歯・口部位の外傷は発生件数が多く，頭部の損傷を伴う重篤な症状や歯の保存・修復が困難な場合もある。学校保健安全法第26条では「事故，加害行為，災害等により児童生徒等に生ずる危険を防止し，及び事故等により児童生徒等に危険又は危害が現に生じた場合において適切に対処することができるよう，当該学校の施設及び設備並びに管理運営体制の整備充実その他の必要な措置を講ずるよう努めるものとする」と定めている。

【4】(1) ①　食事　②　運動　③　調和　④　虚血性心疾患　⑤　歯周病　(2)　・　小児がんの当事者，小児がんにかかったことのある児童生徒等がいる場合　・家族にがん患者がいる児童生徒等や，家族をがんで亡くした児童生徒等がいる場合　・生活習慣が主な原因とならないがんもあることから，特に，これらのがん患者が身近にいる場合　・がんに限らず，重病・難病等にかかったことのある児童生徒等や，家族に該当患者がいたり家族を亡くしたりした児童生徒等がいる場合

〈解説〉(1)　高等学校新学習指導要領の告示が公示されているので注意されたい(「高等学校学習指導要領の全部を改正する告示等の公示につ

いて(通知)」29文科初第1784号，平成30年3月30日)。　(2)　がん教育の実施に当たっては，授業の実施前までに解答例のような事例に該当する児童生徒等の存在が把握できない場合についても，授業を展開する上で配慮が求められる。

【5】(1)　・本人が保健室登校を望んでいるか　　・保護者が保健室登校を理解しており，協力が得られるか　　・全教職員(校長，学級担任，学年主任等)の共通理解及び協力が得られるか　　・保健室登校に対応できる校内体制が整っているか　　・支援計画が立てられているかから5つ　　(2)　カウンセリングで解決できるものと医療的な対応が必要なものとがあることである。

〈解説〉(1)　保健室登校の対応に当たっては，養護教諭が一人で判断するのではなく，一つの教育のあり方として，学級担任はもちろんのこと，管理職，学年主任，学年職員，生徒指導主事や教育相談担当，保護者等関係者が協議した上で，決定することが重要である。受け入れに当たっては，次の事項を確認した上で実施することが大切である。(2)　例えば，統合失調症のある者にカウンセリングをしても悪化させてしまうので，医療との連携が必要となるように，問題の本質を見極める必要がある。問題の把握に当たっては，健康観察をはじめ情報の収集に当たり，養護教諭や学校医等と連携して的確な問題把握に努めることが大切である。

【6】(1)　・学校教育目標　　・学校経営方針(健康・安全に関わるもの)・児童生徒の心身の健康課題　　・学校保健目標・今年度の重点目標・保健室経営目標　　・目標を達成するための具体的な方策(保健管理・保健教育・健康相談・保健室経営・保健組織活動)　　・評価計画(自己評価・他者評価)　　(2)　健康課題解決に向けた保健室経営計画の策定(Plan)，校内組織推進体制の整備と連携，地域家庭・専門家・関係機関との連携(Do)，状況の確認・評価(自己評価・他者評価)(Check)，見直しと改善・次年度の保健室経営計画立案(Action)を繰

り返し回していくこと。

〈解説〉(1)　保健室経営計画は，全校に関わる経営計画として，教職員に周知を図り連携していくことが望まれている。また，「保健室経営」は，養護教諭の重要な職務であり，学校全体に関わり学校・家庭・地域の連携のもと推進していく必要があることから，学校経営の観点に立って取り組むことが必要である。　(2)　学校教育の基盤となる児童生徒の健康や安全を確保するには，全職員が相互に連携していくことが重要である。そのためには，課題解決型の保健室経営計画を立て児童生徒の心身の健康づくりを効果的に進めていくことが必要である。

【7】食事の後，すなわち消化管で糖分の吸収が行われると，血液中のグルコース濃度(血糖値)が上昇し，間脳視床下部の副交感神経の刺激で膵臓からインスリンの分泌が促されて，グルコースが肝臓や骨格筋の細胞内に取り込まれて，グリコーゲンの形で貯蔵されると，血糖値が下がる。血糖値が下がりすぎると，これを感じ取った間脳視床下部が調節するように働き，膵臓や副腎を刺激して，膵臓からグルカゴンが，副腎からアドレナリンが出て，肝臓に働きかけて，蓄えたグリコーゲンがグルコースとなり血糖値が上がる。

〈解説〉人間には本来自分の体を健康に保とうとする自然治癒力が備わっており，その柱となるのがホメオスタシス(恒常性)，自己防衛(病原菌と戦う機能)，自己再生(傷ついた細胞を修復する機能)である。恒常性は，自分自身の内部環境を一定の状態に保とうとする生体機能のことで，体温調節や，血圧や血糖値の調整，血中のナトリウム濃度やカルシウム濃度の維持，交感神経と副交感神経のバランスや，免疫系におけるリンパ球と顆粒球のバランスのような，生命の維持に直接関わる機能は恒常性の原理によって支えられている。

【8】(1)　①　「学校保健計画」に基づいた実践と評価・検証　②　学校三師(学校医・学校歯科医・学校薬剤師)との連携・協働による保健管理の推進　③　現代的な健康課題の解決を目指した学校保健委員

　　会の活性化　　(2)　①　食育　　②　健康教育　　③　喫煙
　④　飲酒

〈解説〉(1)　各学校においては，学校保健安全法や学校給食法等を踏ま
　　えて，児童生徒等や学校，地域の実態に応じて作成した計画に基づき，
　　家庭・地域社会との連携により，学校全体としての取組の充実を図る
　　ことを掲げている。　　(2)　「第2期健康秋田21計画」を策定し推進する
　　ことの意義は，達成すべき目標を，県民と県民の健康づくりを支援す
　　る関係者とが共有し，互いに協力しながら県民の健康を実現すること
　　にある。健康を実現することは，元来，個人の価値観に基づき，一人
　　一人が主体的に取り組む課題であるが，こうした個人の取組に加えて，
　　社会全体として個人の健康づくりの行動を支援していくことが不可欠
　　である。このため，「秋田県健康づくり推進条例」の基本理念に則り，
　　県，市町村，健康づくり関係者が，期待されるそれぞれの役割を果た
　　すことによって県民の健康づくりを支援することが示されている。

【9】　・薬物乱用に関する行動について「いいわけ」の口実を与えるよう
　　な情報　　・乱用される薬物の入手方法や使用方法を教えるような情
　　報　　・薬物乱用者や薬物依存の患者の治療，更正，社会復帰のため
　　の情報　　・「ソフトドラッグ」，あるいは「薬物乱用とは何回も繰り
　　返し薬物を使用することである」などの誤解を与える可能性のある情
　　報　　・「薬物を使用するか否かは本人（子ども）自身が決めることであ
　　る」などという表現が使われている情報

〈解説〉逆に，薬物乱用防止教育に必要な視点については，「薬物乱用は
　　限られた人や特別な場合の問題ではなく，誰の身近にも起こり得る問
　　題であることが明確に述べられていること」「『乱用される薬物は，使
　　用することはもちろん，所持することも禁止されている』という曖昧
　　さのないメッセージが必ず含まれること」「講師が伝えたい内容で一
　　方的に構成するのではなく，対象となる児童生徒の興味・関心や理解
　　力など，発育・発達段階を十分考慮した内容や指導法であること」
　　「害や怖さのみを強調するのではなく，『薬物等の誘惑に負けない気持

ちをもつことが充実した人生につながる』という積極的なメッセージ
が含まれていること」「児童生徒がおかれている地域や家庭環境を非
難したり，たばこや酒類を販売する職業を悪と決めつけるようなこと
はしないなど，児童生徒や家族を傷つける可能性のある内容は避ける
こと」と示されている。

【10】(1)　生物学的な性と性別に関する自己意識(性自認)が一致しないた
め，社会生活に支障がある状態　　(2)　ウイルスを有するマダニに咬
まれることにより感染する。主な初期症状は発熱，全身倦怠感，消化
器症状で，重症化し，死亡することもある。　　(3)　人間の多様性の
尊重等の強化，障害者が精神的及び身体的な能力等を可能な最大限度
まで発達させ，自由な社会への効果的な参加を可能にすることを目的
に，障害のある者と障害のない者が共に学ぶ仕組み
〈解説〉(1)　「性自認」と「性的指向」は異なるものであり，対応に当
たって混同しないことが必要である。性的指向とは，恋愛対象が誰で
あるかを示す概念とされている。　　(2)　感染症の予防及び感染症の患
者に対する医療に関する法律(感染症法)」(平成10年法律第114号)にお
ける感染症類型の4類に含まれている。　　(3)　障害のある者が教育制
度一般から排除されないこと，自己の生活する地域において初等中等
教育の機会が与えられること，個人に必要な「合理的配慮」が提供さ
れる等が必要とされている。

【11】健康観察は，学級担任や養護教諭をはじめとする教職員が，子ども
の体調不良や欠席・遅刻などの日常的な心身の健康状態を把握するこ
とにより，感染症や心の健康課題などの心身の変化について早期発
見・早期対応を図るため，また，子どもに自他の健康に興味・関心を
持たせ，自己管理能力の育成を図ることなどを目的として行われる。
これは，学校における教育活動を円滑に進めるために行われる重要な
活動である。朝の健康観察をはじめ，学校生活全般を通して健康観察
を行うことは，体調不良のみならず心理的ストレスや悩み，いじめ，

不登校，虐待や精神疾患など，子どもの心の健康問題の早期発見・早期対応にもつながる重要な活動である。(295字)

〈解説〉健康観察については，中央教育審議会答申(平成20年1月17日)「子どもの心身の健康を守り，安全・安心を確保するために学校全体としての取組を進めるための方策について」で，その重要性が述べられており，学校保健安全法(平成21年4月1日施行)においても，新たに健康観察が位置づけられ，充実が図られている。

2017年度　実施問題

【1】「学校保健の課題とその対応―養護教諭の職務等に関する調査結果から―(平成24年3月財団法人日本学校保健会)」には養護教諭の職業倫理について示されている。次の各文の(①)～(⑩)に入る語句を答えよ。なお，①と②，③～⑤は順不同とする。

(1) 養護教諭は，個々の子どもの(①)及び(②)を遵守する。子どもの持つ権利を理解し，それを保証する姿勢を常に持つようにする。

(2) 養護教諭は，(③)，(④)，年齢，性別及び(⑤)，健康課題の性質，学業成績などにかかわらず，子どもに平等に接する。

(3) 養護教諭は，子どもの健康に関する情報等，職務上知り得た個人情報については(⑥)を守る。

(4) 養護教諭は，子どもの心身の健康の保持増進及び健康課題の解決に当たって，組織的に対応し，他の教職員や(⑦)などの関係機関，保護者等と(⑧)して効果的な解決を図る。

(5) 養護教諭は，主体的・(⑨)学習者として自己学習・研修・研究等を通して専門的知識や技術の習得に努める。

(6) 養護教諭は，(⑩)の心身の健康の保持増進に努める。

(☆☆☆◎◎◎)

【2】「[改訂版] 学校環境衛生管理マニュアル「学校環境衛生基準」の理論と実践(平成22年3月文部科学省)」の「Ⅱ　学校環境衛生基準　第1　教室等の環境に係る学校環境衛生基準　2　採光及び照明」について次の問いに答えよ。なお，照度基準は日本工業規格Z9110(平成22年1月現在)に規定する学校施設の人工照明の照度基準とする。

(1) 次の各文の(ア)～(ウ)に入る数値を答えよ。

① 体育館の照度の下限値は(ア)lxとする。また，武道場等で

剣道や柔道の練習をする際の下限値は(　イ　)lx以上とする。
②　図書閲覧室や被服教室の下限値は(　ウ　)lxとする。
(2)　照度及び輝度の意味をそれぞれ答えよ。

(☆☆☆○○○)

【３】小学校において，1月27日(木)の昼休みに，AさんとBさんとCさんが突然の体調不良で保健室を来室した。聞き取りの結果，3人の前日は体調に異常はなかった。保健室で検温したところ，3人とも38℃台の発熱のため，受診を勧めて早退させた。受診の結果，3人ともインフルエンザと診断された。次の問いに答えよ。

(1)　インフルエンザによる出席停止後の3人の登校開始日について，正しければ○を，誤っていれば，正しい登校開始日を答えよ。また，その正誤の根拠を答えよ。なお，学校医及び主治医から，登校開始日は法令の出席停止の期間の基準に従うようにとの指示があった。

①　Aさんは，1月29日(土)に解熱したので，2月1日(火)に登校を開始した。

②　Bさんは，1月28日(金)に解熱したので，2月2日(水)に登校を開始した。

③　Cさんは，2月1日(火)に解熱したので，2月3日(木)に登校を開始した。

		正　誤	根　　拠
①	Aさん		
②	Bさん		
③	Cさん		

(2)　感染症の「出席停止の期間の基準」が規定されている法令を答えよ。また，第何条に規定されているか答えよ。

法　令		第　　　　条	

(☆☆☆☆○○○)

【4】平成26年3月に環境省環境保健部環境安全課が改訂版を発行した「熱中症環境保健マニュアル2014」に「熱中症はどのようにして起こるのか」が示されている。次の各文の(①)～(⑩)に入る語句を答えよ。
 (1) 暑いところで体温が上昇すると，(①)のために皮膚血管を拡張して皮膚への血流量を増やし皮膚温を上昇させます。
 (2) 立ったままの姿勢を持続していると血液が下肢に貯まり，脳への血流が減少するため，一過性の(②)いわゆる(③)をおこします。
 (3) また，暑いところでたくさん汗をかいた時には水分だけでなく(④)も喪失しますので，真水や(⑤)の低い飲料を補給すると，血液中の(⑤)が低下し痛みを伴う(⑥)が起きます。
 (4) さらに，血液が皮膚表面に貯留することに加えて，仕事や運動のために筋肉への血液の供給が増え，心臓に戻る血液が少なくなり，心拍出量の減少で循環血液量が減少し，重要臓器(脳など)および内臓への血流が減少することにより，めまい，頭痛，吐き気などの全身性の症状をともなうことがあります。これが，高度の脱水と(⑦)により生じる(⑧)です。
 (5) 脱水と(⑦)がさらに増悪すると，発汗と皮膚血管拡張ができなくなり，体温が過度(40℃以上)に上昇し，脳を含む重要臓器の機能が障害され，体温調節不全，(⑨)に至る(⑩)になります。
(☆☆☆◎◎◎)

【5】「学校における子供の心のケア―サインを見逃さないために―(平成26年3月文部科学省)」に示されている危機発生時の健康観察のポイントと留意点について，300字程度で答えよ。
(☆☆☆☆◎◎◎)

【6】学校におけるがん教育について次の問いに答えよ。
 (1) 「学校におけるがん教育の在り方について　報告(平成27年3月「が

ん教育」の在り方に関する検討会)」では，学校におけるがん教育
の目標を2つ定めている。その目標を2つ答えよ。

(2) 「外部講師を用いたがん教育ガイドライン(平成28年4月文部科学
省)」で示されている外部講師を活用したがん教育において配慮が
必要な情報を4つ答えよ。

(☆☆☆☆◎◎◎)

【7】「教職員のための子どもの健康相談及び保健指導の手引(平成23年8
月文部科学省)」では，学校における健康相談の進め方と支援体制づく
りの中で支援の実施と評価について，「定期的に校内委員会(組織)を開
催し，情報交換，支援検討会議(事例検討会)，経過から支援方針や支
援方法を見直し，改善・評価を行う」と示されている。支援検討会議
(事例検討)について，次の問いに答えよ。

(1) 支援検討会議の目的を3つ答えよ。

(2) 「学校保健の課題とその対応―養護教諭の職務等に関する調査結
果から―(平成24年3月財団法人日本学校保健会)」に示されている事
例検討会運営上の主な留意点を5つ答えよ。

(☆☆☆☆◎◎◎)

【8】次の文(1)(2)は，学校において予防すべき感染症についての説明で
ある。(1)(2)について，考えられる病原体，感染経路，感染期間，合併
症，出席停止期間をそれぞれ答えよ。なお，感染経路は全て，合併症
は2つ以上答えよ。

(1) 紅斑，丘しん，水疱，膿疱，かさぶたの順に進行する発しんが出
現し，同時に各病期の発しんが混在する感染性の強い感染症である。

(2) コンコンと連続して咳き込んだ後，ヒューという笛を吹くような
音を立てて急いで息を吸うような，特有な咳発作が特徴で本症状は
長期にわたって続く。

(1)	病 原 体	
	感 染 経 路	
	感 染 期 間	
	合 併 症	
	出席停止期間	
(2)	病 原 体	
	感 染 経 路	
	感 染 期 間	
	合 併 症	
	出席停止期間	

(☆☆☆◎◎◎)

【9】次の語句の意味を説明せよ。

(1) スティーブンス・ジョンソン症候群

(2) DPAT

(3) ペルテス病

(☆☆☆◎◎◎)

【10】「学校保健安全法施行規則の一部を改正する省令(平成26年文部科学省令第21号)」が公布され，児童生徒等の健康診断に係る改正規定等については平成28年4月1日から施行されている。児童生徒等の健康診断について，次の問いに答えよ。

(1)「四肢の状態」を必須項目とした意義を答えよ。

(2)「児童生徒等の健康診断マニュアル平成27年度改訂(平成27年8月公益財団法人日本学校保健会)」に示されている脊柱及び胸郭の疾病及び異常の有無並びに四肢の状態における検査で準備しなければならないことを3つ答えよ。

(3)「児童生徒等の健康診断マニュアル平成27年度改訂(平成27年8月公益財団法人日本学校保健会)に示されている色覚の検査の留意事項を5つ答えよ。

(☆☆☆◎◎◎)

【11】中学校の養護教諭であるあなたは，保健体育科教諭から「中学校学習指導要領解説保健体育編(平成20年9月文部科学省)　保健分野　(4)健康な生活と疾病の予防　イ　生活行動・生活習慣と健康」で朝食を欠食することの影響を，生活習慣病発症の観点から授業の展開時に説明してほしいと依頼された。説明内容を300字程度で答えよ。

(☆☆☆◎◎◎)

解答・解説

【1】(1)　①　尊厳　　②　人権　　(2)　③　国籍　　④　信条
⑤　家庭環境　　(3)　⑥　守秘義務　　(4)　⑦　保健医療福祉
⑧　協働　　(5)　⑨　自発的　　(6)　⑩　自身
〈解説〉養護教諭の職業倫理とは，「社会人及び教育職員として児童生徒の健康の保持増進に関わる諸活動を推進していく上で，守るべき義務」のことを指すと，同資料に定義されている。(1)は人権の尊重，(2)は平等，(3)はプライバシーの保護，(4)は関係者との協議，(5)は研さん，(6)は健康に関する記述である。

【2】(1)　ア　300　　イ　200　　ウ　500　　(2)　照度…物に当たる光の強さのこと。　　輝度…物の面から目の方向へ反射する光の強さのこと。
〈解説〉(1)「教室等」とは，普通教室，音楽室，図工室，コンピュータ室，体育館，職員室等の児童生徒等及び職員が通常使用する部屋を指すものである。教室及びそれに準ずる場所の照度の下限値は，300lxとされているため，体育館はそれに準ずる。運動場及び競技場に関しては，日本工業規格Z9110に規定する学校施設の人工照明の照度基準が示されており，剣道や柔道の練習を行う場合の下限値は200lxと定められている。同様に，学校における領域，作業又は活動の種類別の基準

も定められおり，図書閲覧室や被服教室の下限値は500lxである。
(2)　目に直接に関係するのは照度ではなく物体の輝度である。つまり，光を反射する能力の高いものが周囲にあれば明るく見え，周囲の反射能力が低い状況であれば，暗い感じに見えることになる。教室内の照明の効率は，壁等の周囲の反射も考え合わせる必要があり，輝度にかかわる天井，壁，展示物等について観察しておくことも，照明環境の全体から見ると重要なことである。

【3】(1)

		正　誤	根　　拠
①	Aさん	2月2日(水)	2月1日(火)は，発症5日目であり，5日を経過していないため。
②	Bさん	○	1月28日(金)を1日目として5日を経過し，かつ解熱した後2日を経過したため。
③	Cさん	2月4日(金)	2月3日(木)は，解熱後2日を経過していないため。

(2)　法令…学校保健安全法施行規則　　条…第19条
〈解説〉学校保健安全法施行規則第19条第2項イに，インフルエンザの出席停止期間は，「発症した後5日を経過し，かつ，解熱した後2日(幼児にあつては，3日)を経過するまで」と定められている。昨今，抗インフルエンザウイルス薬の投与により発熱などの指標となる症状が早期に軽減し，ウイルス排出がまだ十分に減少していない段階でも解熱する場合がある。このため解熱のみを基準にした出席停止期間では，感染症のまん延予防という目的が達成できないおそれがあることから，平成24(2012)年4月1日学校保健安全法施行規則の一部改正により，出席停止期間が改められた。

【4】①　放熱　　②　意識消失(失神発作)　　③　熱失神
　　④　電解質　　⑤　塩分濃度　　⑥　筋肉のけいれん(熱けいれん)
　　⑦　循環不全　　⑧　熱疲労　　⑨　意識障害　　⑩　熱射病
〈解説〉①　皮膚温を上昇させることで外気へ熱が伝導し，熱放散が起こる。　②・③　熱失神は，体外へ放熱するため皮膚血管が拡張するこ

とにより血圧が低下し，脳血流量が減少した状態である。

④・⑤　電解質(イオン)は，細胞の浸透圧を調節するなどの役割を持つ。主な電解質にはナトリウムイオンやカリウムイオン，カルシウムイオン，マグネシウムイオンなどがある。塩分はナトリウムなどを含有する。　⑥　熱けいれんは，大量の発汗による血液中のナトリウム濃度低下に伴い，筋肉にけいれんが起こる状態である。いわゆる「こむら返り」である。　⑦　脱水によっても循環血液量が減少し，循環不全に繋がる。　⑧　熱疲労は，熱中症の重症度分類におけるⅡ度にあたる。　⑨・⑩　意識障害やけいれんなどの熱射病は，熱中症の重症度分類におけるⅢ度にあたる。Ⅲ度の症状としては，他に高体温や肝機能異常，腎機能障害，血液凝固障害などが挙げられる。出題の資料に加え，「熱中症を予防しよう─知って防ごう熱中症─」(独立行政法人日本スポーツ振興センター, 平成25年)にも目を通しておくとよい。

【5】子供は，自分の気持ちを自覚していないことや，言葉でうまく表現できないことが多い。そのため心の問題が行動や態度の変化，身体症状となって現れることが多い。こういった，災害や事件・事故発生時における子供のストレス症状の特徴を踏まえた上で，心の症状のみならず，腹痛や頭痛，眠れない，食欲不振などの身体症状にも注目し，子供が示す心身のサインを見過ごさないよう，きめ細かな観察を行うことが肝要である。危機発生時の子供の心身の健康問題を把握するための方法としては，子供の様子の直接的な観察，保護者との話合いによる間接的観察及び質問紙を使った調査等の方法があるが，いずれも記録に残すことが大切である。(292字)

〈解説〉公表されている評価規準は，「ストレス症状，心身のサイン，記録に残す，直接的な観察，保護者との話合い等のキーワードを主な観点として，相対的に評価する。」とある。危機発生時の児童生徒の訴えの例としては，食欲不振，不眠，眠気，体の痛み，吐き気，下痢，皮膚のかゆみ，家に帰りたくない，学校に行きたくない，怖いことや心配事があるなどが挙げられる。また，観察される状態の例としては，

落ち着きがない，イライラしている，元気がない，意欲低下，物音に過敏になる，こだわりが強くなる，急激な体重の変化などが挙げられる。また，危機発生後の様子を記録する際は，危機発生前(日常)との様子の違いについて極力思い出し，記録できることが望ましい。

【6】(1)　・がんについて正しく理解することができるようにする。・健康と命の大切さについて主体的に考えることができるようにする。　　(2)　・がんは不治の病であるなどの，科学的根拠に基づかない情報。　　・がんは簡単に治せるなどの，誤解を与える可能性のある情報。　　・「がんにかかるか否かは本人自身の行いによる。」などという表現が使われている情報。　　・がんは他人にうつる病気であるなどという，表現が使われている情報。

〈解説〉(1)「がんについて正しく理解する」とは，同報告より，「がんが身近な病気であることや，がんの予防，早期発見・検診等について関心をもち，正しい知識を身に付け，適切に対処できる実践力」を身に付けていくことを意味する。「健康と命の大切さについて主体的に考えること」とは，同報告より，「がんについて学ぶことや，がんと向き合う人々と触れ合うことを通じて，自他の健康と命の大切さに気付き，自己の在り方や生き方を考え，共に生きる社会づくりを目指す態度」を身に付けていくことを意味する。　　(2)　外部講師としては学校医やがん専門医などの医療従事者の他に，がん患者やがん経験者も考えられる。科学的根拠に基づき，誤解を与えない情報を丁寧に提供するような指導を心がけてもらうよう，教師と講師の間で綿密な打ち合わせを行う必要がある。また，がん教育の実施に当たっては，児童生徒にがん当事者または家族にがん患者やがんで家族を亡くした児童生徒が在籍している可能性を念頭に，内容に配慮する。

【7】(1)　・児童生徒理解・問題理解を深め，よりよい支援の方法を考える。　　・教職員間の共通理解を図り，効果的な連携を行う。・健康相談の実践力の向上を図る。　　(2)　・事例検討会のねらいと

留意事項を確認しあう。　　・支援的な態度での参加を心がけ，自由に発言できる雰囲気をつくる。　　・単なる自分の経験談の披露や事例担当者への批判を避ける。　　・発言は長すぎないように注意する。・「性格が悪いからどうしようもない」「親に問題がある」といった発言は，話し合いを妨げることになるので用いない。

〈解説〉(1)　本資料に述べられている支援検討会議の進め方を，以下にまとめる。校内で行う一般的な支援検討会議は，校内組織メンバー及び該当児童生徒の関係者が参加し，司会者，記録者の役割分担を行い，必要に応じ助言者(スクールカウンセラー等)を依頼する。発表者は，これまでの支援経過について説明し，検討してほしい課題について述べ，解決策等について，それぞれの立場で意見を出し合う。1事例1〜2時間程度，10人前後で行われることが望ましい。　　(2)　対象となる児童生徒や，児童生徒の直接の支援者(養護教諭，担任等)にとって有益な結果が得られるような話し合いにするための留意事項として出題の資料内に挙げられている。なお同資料では，「事例に対する自分の理解や対応について客観的に見直す機会となり，その特徴や問題点，盲点等に気付き，修正することができる。」など事例検討会の必要性を5項目挙げている。こちらについても今後出題の可能性があるので，概要を把握しておく。

【8】(1)　病原体…水痘・帯状疱疹ウイルス　　感染経路…空気感染・飛沫感染・接触感染　　感染期間…発しん出現1〜2日前から，全ての発しんが痂皮(かさぶた)化するまで　　合併症…肺炎，脳炎，肝炎，ライ症候群(急性脳症)　　出席停止期間…全ての発しんがかさぶたになるまで　　(2)　病原体…百日咳菌　　感染経路…飛沫感染・接触感染　　感染期間…咳が出現してから4週目頃まで　　合併症…脳症，肺炎，気管支炎，中耳炎　　出席停止期間…特有の咳が消失するまで又は5日間の適正な抗菌薬療法が終了するまで

〈解説〉水痘及び百日咳ともに，第2種の感染症である。「学校において予防すべき感染症の解説」(文部科学省，平成25年)では，第2種の感染症

について「空気感染又は飛沫感染するもので，児童生徒等のり患が多く，学校において流行を広げる可能性が高い感染症を規定している。出席停止期間の基準は，感染症ごとに個別に定められている。ただし，病状により学校医その他の医師において感染のおそれがないと認めたときは，この限りではない。」とされている。　(1)　水痘の潜伏期間は，主に14～16日である。発しんは体と首のあたりから顔面に生じやすく，発熱しない例や，かゆみや疼痛を訴えることもある。　(2)　百日咳の潜伏期間は主に7～10日である。1年を通じて存在する病気であるが春から夏にかけて多い。乳幼児期が多いが，思春期，成人の発症も増えている。感染期間については，「学校において予防すべき感染症の解説」中に「ただし適切な抗菌薬療法開始後5日程度で感染力は著しく弱くなる。」とあることに留意する。

【9】(1)　医薬品の服用などが原因と考えられている，皮膚や粘膜に紅斑，びらん，水疱が多発し，表皮の壊死性障害などの重い副作用を伴う疾患。　　(2)　災害派遣精神医療チームの略語。自然災害や集団災害の後，被災者及び支援者に対し，精神科医療及び精神保健活動の支援を行うチームである。　　　(3)　大腿骨頭に栄養を送る血液の流れがなんらかの原因によって悪くなり，大腿骨頭が一時的に壊死を起こす疾患。症状は，股関節痛と跛行である。

〈解説〉(1)　スティーブンス・ジョンソン症候群(皮膚粘膜眼症候群)は，指定難病である。高熱や全身倦怠感などの症状を伴って，口唇・口腔，眼，外陰部などを含む全身に紅斑，びらん，水疱が多発し，表皮の壊死性障害を認める疾患である。原因と考えられている医薬品は，消炎鎮痛薬，抗菌薬，抗けいれん薬，高尿酸血症治療薬など様々なものがある。　(2)　DPATとは，災害派遣精神医療チーム(Disaster Psychiatric Assistance Team)の略語である。通称，心のケアチームとも呼ばれている。自然災害や大規模な交通事故，犯罪事件などの大規模災害等の後に被災者及び支援者に対して，被災地域の都道府県の派遣要請により被災地域に入り，精神科医療及び精神保健活動の支援を行うための専

門的な技術，能力を有する精神医療チームである。精神科医師，看護師，事務職員等による数名のチームで構成される。　(3)　ペルテス病とは，股関節の大腿骨頭への血流が何らかの原因で途絶され，一時的に骨頭の壊死がおこり，骨の強度が極端に弱くなり，骨に変形が生じる疾患である。4～8歳の男児に多いといわれている。主な初発症状は，股関節(稀に大腿部や膝)の痛みと跛行である。同時に股関節の動きの制限，特に内外旋の制限(あぐらがかきにくい，股関節をひねると右と左の動きが違う)が生じることが特徴である。年齢や障害を受けた範囲にもよるが，適切な治療により，おおむね3～5年での修復機転が終了するといわれていることと，放置により，変形性股関節症に進行し，疼痛や機能障害を生じる可能性があるため，早期発見，早期治療が重要となる。

【10】(1)　近年，児童生徒の過剰な運動に関わる問題や，逆に運動が不足していることに関わる問題など，運動器に関する様々な課題が増加していることから，四肢の形態及び発育並びに運動器の機能の状態に関する検査を行い，疾病及び異常を早期に発見することにより，心身の成長・発達と生涯にわたる健康づくりに結び付けられる。

(2)　・家庭における観察の結果，学校に提出される保健調査票の整形外科のチェックがある項目の整理　　・日常の健康観察の情報の整理　・体育やクラブ活動の担当者と連携し，保健調査票においてチェックがある項目の健康診断前の観察，情報の整理　　(3)　・検査を受ける児童生徒等がほかの者から特別視されないように配慮するとともに，本人が嫌な思いや恥ずかしい思いをしないよう，態度や言葉づかいに気を付ける。　　・進学や就職で不利益を受けないよう，希望者には適切な時期に色覚の検査が受けられるような体制を整える。　・学習指導等を行う場合，どのような支障があるか日常観察等を通じて把握するとともに，プライバシーを尊重し，劣等感を与えないように適切に配慮する。そのためすべての教職員は，色覚異常について正しく理解し，共通理解を深めることが重要である。　　・将来に希望を持

ち，自己の個性の伸長を図ることを目指すように指導する。　　・検査表は変色を避けるため，使用後は暗所に置くなどして保管に留意する。また，5年程度で更新することが望ましい。

〈解説〉(1)　平成26年4月に公布された学校保健安全法施行規則は，平成25年12月にとりまとめられた「今後の健康診断の在り方等に関する意見」を基に見直しを行ったものである。同意見に「現代の子供たちには，過剰な運動に関わる問題や，運動が不足していることに関わる問題など，運動器に関する様々な課題が増加している。これらの課題について，学校でも，何らかの対応をすることが求められており，その対応の一つとして，学校の健康診断において，運動器に関する検診を行うことが考えられる。」とあることを受け，四肢の状態の検診を行うこととなった。　(2)　これらの準備から整理された情報を，養護教諭は健康診断の際に学校医に提供する。学校医は情報を基に側わん症の検査を行い，保健調査票中のチェックが有る項目に合わせて，必要に応じて重点的に診る検査を行う。検査の結果学校医が必要と認めた児童生徒等については，その結果を保護者に連絡し，速やかに整形外科専門医への受診を勧める。　(3)　色覚の検査は定期健康診断の項目に含まれていないが，児童生徒等が自身の色覚の特性を知らないまま進学，就職等で不利益を受けることがないように，学校医による健康相談等において，必要に応じ個別に検査を行うこととされている。学校での色覚の検査の実施には，児童生徒等や保護者の事前の同意が求められる。その際，保護者に対して色覚の検査の意義について説明した上で，学校医と相談し，希望者を対象とした色覚の検査を行う。

【11】朝食欠食による低血糖状態では，脳に必要な血糖を送る必要があることから，体内で筋肉を取り崩す糖新生反応が起き，筋肉量が減少する。筋肉量の減少により，エネルギー消費量が低下することから，肥満になりやすい体質となる。また，1日2回の食事では，食事と食事の間の時間が長いため低血糖状態となり，空腹感を強く感じることから，早食い・過食につながりやすい。さらに，低血糖状態での食事は，急

激なインスリンの分泌により，エネルギー吸収と脂肪合成が促進されることから，肥満になりやすくなる。長期的にみると，急激なインスリンの分泌をしなければならないすい臓の疲弊により，糖尿病にかかるリスクが高くなる。これらの影響により，朝食の欠食は生活習慣病の原因となる。(318字)

〈解説〉本単元の内容は，「健康の保持増進には，年齢，生活環境等に応じた食事，運動，休養及び睡眠の調和のとれた生活を続ける必要があること。また，食事の量や質の偏り，運動不足，休養や睡眠の不足などの生活習慣の乱れは，生活習慣病などの要因となることを学ぶ。」とされている。朝食欠食の原因には夜型の生活による夜食や寝坊などが考えられる。こうした要素を盛り込んでもよいだろう。食事，運動，休養及び睡眠はそれぞれ密接に関わり合って生活習慣を形成していることを理解できるようにする。また，学習指導要領に示される内容の取扱いでは，本単元について「食育の観点も踏まえつつ健康的な生活習慣の形成に結び付くよう配慮するとともに，必要に応じて，コンピュータなどの情報機器の使用と健康とのかかわりについて取り扱うことも配慮するものとする。」と記載があることに留意する。

2016年度　実施問題

【1】「救急蘇生法の指針2010(市民用・解説編)」(平成23年12月文部科学省通知)に心肺蘇生法の手順が記載されている。人が倒れているところを発見した場合の判断と対応について，次の問いに答えよ。

(1) 反応がなく，呼吸はしているが正常な呼吸ではない状態を漢字5文字で答えよ。

(2) (1)の呼吸はどのような場合に起き，具体的にどのような呼吸の状態で，ただちに行う救急処置を説明せよ。

(☆☆☆◎◎◎◎)

【2】おたふくかぜに罹患した際の対応や疾患の特徴について，次の(1)～(3)の問いに答えよ。

(1) 先週火曜日から体調不良で欠席している児童Aの保護者から，翌月曜日に次のような相談を受けた。

① 保護者「おたふくかぜに罹りました。水曜日の昼過ぎから左の顎下腺が腫れ，木曜日に右の顎下腺，金曜日に左の耳下腺，土曜日に右の耳下腺，と腫れ始めた日はバラバラでした。その腫れも昨日までに全部ひけて，今日はすっかり元気になりましたが，何曜日まで出席停止になるのでしょうか。」この質問に答えよ。

② 保護者「4年前に兄が罹ったときは，かなり長く休んだと思いますが，Aの出席停止期間はどのようになりますか？」
　　　　この質問に対し，Aのおたふくかぜの出席停止期間の基準と，兄が罹患した当時の基準との違いについて，その医学的根拠を答えよ。

(2) 教職員からおたふくかぜについて養護教諭へ質問がありました。以下の①～⑧について答えよ。

① 疾患名(正式名称を漢字で)

131

② 病原体は

③ 潜伏期間は

④ 感染経路は

⑤ 合併症は

⑥ 診断は

⑦ 治療は

⑧ 最も有効な予防法は

(3) 養護教諭が，職員会議でおたふくかぜの感染予防について説明する。「おたふくかぜの感染の特徴として発症者を隔離するだけでは流行を阻止することができない」理由を表す医学用語を漢字で書き，その意味を説明せよ。

(☆☆☆◎◎◎)

【3】中学校の養護教諭であるあなたは，保健体育科教諭から「中学校学習指導要領解説保健体育編(平成20年9月)保健分野　(4)　健康な生活と疾病の予防　イ　生活行動・生活習慣と健康」の授業で質の高い睡眠をとるための方法を科学的に説明してほしいと依頼された。説明内容を300字程度で答えよ。

(☆☆☆◎◎◎)

【4】全身状態には問題がない場合，局所の打撲や骨折，捻挫などに対する外傷に対してRICE処置を行う。四つの処置の頭文字の正式な語句と処置の内容および主な効果について，下欄に答えよ。

正式な語句	処 置 の 内 容	処 置 に よ る 主 な 効 果
R		
I		
C		
E		

(☆☆☆☆◎◎◎◎)

【5】次の解剖図中の各部位の名称を漢字で答えよ。

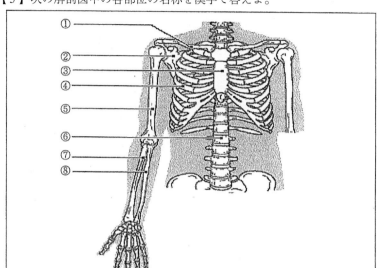

(☆☆☆◎◎◎)

【6】平成20年1月の中央教育審議会答申では，学校保健の充実を図るための方策の一つとして，学校保健委員会の活性化が必要であるとしている。学校保健委員会が必要とされる理由を200字程度で答えよ。

(☆☆☆◎◎◎◎)

【7】平成27年2月に文部科学省・公益財団法人日本学校保健会が発行した「学校のアレルギー疾患に対する取り組みガイドライン要約版」に示された「緊急時の対応」について，次の問いに答えよ。
(1) 食物アレルギーと診断されている児童が，給食後，食物の関与が疑われるアレルギー症状を訴えた。＜緊急性が高いアレルギー症状＞として，次の①〜⑦に当てはまる症状を答えよ。

＜ 緊急性が高いアレルギー症状 ＞		
＜全身の症状＞ ・ ぐったり ① ・ 尿や便を漏らす ・ 脈が触れにくい ②	＜呼吸器の症状＞ ③ ④ ・ 犬が吠えるようなせき ・ 息がしにくい ⑤ ・ ぜーぜーする呼吸 　（ぜん息発作と区別できない場合を含む）	＜消化器の症状＞ ⑥ ⑦

(2)　緊急時には，複数の教職員で，チームとして系統だった対応をすることが大切である。チームとして対応する時に留意すべきことを，準備・連絡・記録・その他に分類に沿って，当てはまる対応すべき内容を①〜⑧に答えよ。

準　　備	連　　絡
○ 緊急時の対応の準備 ① ②	⑤ ⑥ ⑦
記　　録	その他
○ 観察を開始した時間 ③ ○ ５分ごとの症状 ④	○ ほかの子供への対応 ⑧

(☆☆☆○○○○)

解答・解説

【１】(1)　死戦期呼吸　　(2)　死戦期呼吸は心停止直後におこる，しゃくり上げるような途切れ途切れに起きる呼吸である。死戦期呼吸を認めたら心停止の状態と判断し，ただちに胸骨圧迫を開始し，AEDによる処置を行う。

〈解説〉「救急蘇生法の指針2010(市民用・解説編)」は，「JRC蘇生ガイドライン2010」に基づいて改訂された。両方とも目を通し，理解を深めておきたい。死戦期呼吸は，下顎が動き，呼吸をしているように見え

るが，胸がほとんど隆起しない。しかし，実際に死戦期呼吸であるか
を判断することは難しいため，正常の呼吸でないと認めたらすぐに心
肺蘇生を開始することが重要である。

【2】(1)　①　月曜日　　②　児童Aの兄が罹患した平成23年当時のおた
ふくかぜ(流行性耳下腺炎)の出席停止期間の基準は「耳下腺の腫脹が
消失するまで」であった。しかし，耳下腺が腫れず耳下腺以外の唾液
腺が腫れる場合もある。また，流行性耳下腺炎の原因であるムンプス
ウイルスは発症前にも他者への感染力があるが，発症後は5日程度で
感染力が十分弱まる。そのため平成24年に学校保健安全法施行規則の
一部が改正されており，児童Aの症状であれば出席停止期間の基準は，
顎下腺の腫脹が発現した後5日を経過し，かつ，全身状態が良好にな
るまでとなる。　　　(2)　①　流行性耳下腺炎　　②　ムンプスウイル
ス　　③　16〜18日　　④　飛沫感染，接触感染　　⑤　無菌性髄膜
炎，難聴，急性脳炎　　⑥　臨床症状で診断　　⑦　対症療法
⑧　ワクチン　　(3)　医学用語…不顕性感染　　意味…感染しても症
状が出ないこと。

〈解説〉(1)　現在の学校保健安全法施行規則第19条第2号ニでは，「流行
性耳下腺炎にあつては，耳下腺，顎下腺又は舌下腺の腫脹が発現した
後5日を経過し，かつ，全身状態が良好になるまで」となっている。
児童Aは最初に前週の水曜日に左の顎下腺が腫れたということなので，
その翌日(前週木曜日)を第1日として5日目が当週月曜日になるので，
出席停止期間は月曜日までとなる。なお，出現する症状には個人差が
あるので，主治医の判断を仰ぐことも重要である。　　(2)　流行性耳下
腺炎をはじめとする，学校保健安全法施行規則第18条第2項に規定さ
れる学校において予防すべき感染症の第二種は頻出事項なので，各疾
患について本問①〜⑧にある基本事項は確実に把握しておくこと。
(3)　ウイルスなどに感染しても定形的な臨床症状を示さず，健康にみ
える場合をいう。この場合でも免疫は成り立ち，その後同じ種類のウ
イルスなどに感染しにくくなる。

【3】健康を保持増進するには，休養や睡眠によって心身の疲労を回復することが必要となる。睡眠ホルモンと呼ばれるメラトニンは，覚醒と睡眠を切り替えて，自然な眠りを誘う作用がある。朝，日光を浴びると体内時計がリセットされて，メラトニンの分泌が止まり身体は活動状態になる。メラトニンは目覚めてから14〜16時間くらいすると再び分泌され眠気を感じるようになるが，夜間，パソコンやスマートフォンを使用するなど明るい環境の中にいると体内時計の働きが乱れてメラトニンの分泌が抑えられる。また，セロトニンが不足すると寝付きが悪くなる。質の高い睡眠をとるためには，規則正しい生活を送ること，適切な運動を続けること，夜の暗環境を整えることが大切となる。(310字)

〈解説〉学校における保健教育(保健学習，保健指導)の実施に当たっては，各教科等や学校保健委員会などとの関連を深めるとともに，学校保健計画に位置付け，系統的な指導ができるように努めることが大切である。そのため，養護教諭は学習指導要領への理解を深めておく必要がある。各校種の現行の学習指導要領の総則の保健教育に関連する記述，および，養護教諭との関わりが大きい保健体育，技術・家庭，特別活動を中心に各教科等の指導内容は必ず把握しておくこと。なお，「300字程度で」という字数制限について，公式の解答欄より，上限は312字である(解答例では2ケタの数字は1マス分と数えた)。

【4】

正式な語句	処置の内容	処置による主な効果
Rest	安静にする，動かさない	疼痛を緩和する，出血を抑制する
Icing	冷却する，冷やす	細胞の二次的損傷を防ぐ，出血の抑制をする，腫脹や疼痛，熱感を軽減する
Compression	圧迫する，圧迫しながら包帯を巻く	出血を抑制する，腫脹を軽減する
Elevation	挙上する，心臓より高くする	静脈還流の促進により腫脹を軽減する

〈解説〉救急処置に関する問題は頻出である。他にAEDの使用方法や，熱中症およびアナフィラキシーショックへの対応法なども確認しておくとよい。

【5】① 鎖骨　② 肩甲骨　③ 胸骨　④ 肋骨　⑤ 上腕骨　⑥ 脊柱　⑦ 橈骨　⑧ 尺骨
〈解説〉解剖学に関する問題は頻出である。骨の名称や位置は特によく問われるものであり，正しく覚えていれば確実に答えられるものなので，試験直前まで確認を重ねておくとよい。眼や耳，脳，歯，心臓，腎臓などについても確認しておこう。

【6】学校保健活動の内容が極めて多方面にわたり，多くの人々の協力を得ながら展開される活動であること。また，保健管理の面でいえば，学校医，学校歯科医，学校薬剤師のみならず，地域の保健所，医療機関，研究機関などの協力を得なければ効果を上げにくいものが多い。このような学校保健活動の特質から考えると，それに携わっている人々の共通理解を図り，共通の目標に向かった有機的な連携による，組織的な活動が必要になってくるなどが理由である。(208字)
〈解説〉本問で言及した平成20年1月の中央教育審議会答申「子どもの心身の健康を守り，安全・安心を確保するために学校全体としての取組を進めるための方策について」の内容はしばしば問われるので，ひととおり確認しておきたい。また，「学校保健委員会マニュアル」(平成12年2月，財団法人日本学校保健会)にも目を通しておくとよい。

【7】(1) ① 意識もうろう　② 唇や爪が青白い　③ のどや胸が締め付けられる　④ 声がかすれる　⑤ 持続する強いせき込み　⑥ 我慢できない腹痛　⑦ 繰り返し吐き続ける　(①と②，③～⑤，⑥と⑦は，それぞれ順不同)　(2) ① エピペン®の準備　② AEDの準備　③ エピペン®を使用した時間　④ 内服薬を飲んだ時間　⑤ 救急車の要請　⑥ 管理職を呼ぶ　⑦ 保護

　者への連絡　　⑧　救急車の誘導　(①と②，③と④，⑤～⑦は，それ
ぞれ順不同)
〈解説〉学校で児童生徒がアレルギー疾患の急性症状を呈したときなどの
　緊急時の対応については，よく問われるので確認しておこう。なかで
　もアナフィラキシーおよびアナフィラキシーショックについては，定
　義，原因，症状，学校生活上の留意点も含めてよく理解しておきたい。

2015年度　実施問題

【1】平成26年4月30日「学校保健安全法施行規則の一部を改正する省令
(平成26年文部科学省令第21号)」が公布され，職員の健康診断及び就
学時健康診断票に係る改正規定については同日に，児童生徒等の健康
診断に係る改正規定等については平成28年4月1日から施行される。次
の問いに答えよ。

(1)　学校保健安全法施行規則(昭和33年文部省令第18号)の改正に伴い，
改正された第6条の検査項目の第1号から第10号まで全て記せ。ただ
し，解答は順不同可とする。

(2)　予防接種法の一部を改正する法律(平成25年法律第8号)が平成25年
4月1日より施行されたことを受けて，学校保健安全法施行規則(昭
和33年文部省令第18号)第4条に定める，就学時健康診断票(第一号様
式)の予防接種の欄に新たに加わったものを2つ記せ。

(☆☆☆☆◎◎◎◎)

【2】「平成24年度若年層向け薬物再乱用防止プログラム等に関する企画
分析報告書」(平成25年2月：内閣府)に記載されている教育機関におけ
る予防教育として期待されることについて述べた次の文章の(　①　)
～(　⑧　)に適切な語句または数字を記せ。

第一に，知識普及型のみでなく(　①　)型の予防教育を取り入れる
ことである。思春期における薬物乱用は，(　②　)や(　③　)からの影
響を強く受けていることから，こうした身近な存在からの(　④　)に
対する(　⑤　)を身につけることは，薬物乱用リスクの高い子どもた
ちの予防に直結する(　①　)的な取り組みと言えよう。～中略～

第二に，予防教育の中に，(　⑥　)援助につながるような要素を取
り入れることである。従来の薬物乱用防止教育は，いわゆる「ダメ，
ゼッタイ型」であり，薬物乱用経験のない子どもたちを想定した予防

教育であったと言えよう。しかし，中学生の約(　⑦　)人に1人は薬物
乱用経験があるというエビデンスを踏まえれば，「ダメ，ゼッタイ型」
のメッセージだけでは当事者の(　⑥　)に対する敷居はさらに高くな
り，(　⑧　)の介入を受けぬまま薬物関連問題だけが進行する恐れも
ある。～以下省略～

②と③は順不同。

(☆☆☆☆◯◯◯)

【3】校内の飲料水の水質を適切に管理するために，日常点検において行
わなければならないことを学校保健安全法に基づく学校環境衛生基準
の観点から240字以内で記せ。なお，この学校の飲料水は水道水を水
源としているものとする。

(☆☆☆◯◯◯)

【4】学校保健安全法施行規則第22条～第24条に示されている学校医・学
校歯科医・学校薬剤師の職務について共通する事項を4つ記せ。

(☆☆☆☆☆◯◯◯◯)

【5】次の(1)～(3)の語句について，その内容を説明せよ。
(1)　オスグートシュラッター病　　(2)　再興感染症
(3)　咽頭結膜熱

(☆☆☆☆◯◯◯)

【6】「学校における子供の心のケア―サインを見逃さないために―」(平
成26年3月：文部科学省)の中では，日常の健康観察の必要性や，場面
別の観察ポイントについて示されている。次の問いに答えよ。
(1)　日常の健康観察の必要性について，(　①　)～(　⑤　)に適語を記せ。
危機に直面するとどの子供にも心身の健康問題が現れます。健康
問題に対して早期発見・早期対応を的確に行うには，まず，(　①　)
との変化に気付くことです。そのためには日頃から，(　②　)や養

140

護教諭を中心としたきめ細かな健康観察を実施することが大切です。〜中略〜

　健康観察は，各学校の実態に合わせた方法で実施されていますが，（　③　）の記録や体調不良の理由のみに終わらず，子供の（　④　）に関わる項目についても観察し，（　⑤　）ことが大切です。

(2)　場面別の観察ポイントについて，表中の（　①　）〜（　④　）に適語を記せ。

場　面	ポイント	場　面	ポイント
登下校時，下校時	○登下校を渋る ○遅刻や早退が増加する ○挨拶に元気がない ○友達と一緒に登下校したがらない	給食（昼食）時	○食べる量が極端に減る ○食べる量が極端に増える ○食欲がないと訴える ○友達との会話が減る
（　①　）	○体調不良をよく訴える ○朝夕の健康観察に変化がある ○朝から眠いと訴える ○表情や（　②　）がいつもと違う	学校行事	○参加を拒む ○参加への不安を訴える ○行事が近づくと体調不良になる ○行事への欠席が多い
授業場面	○学習に取り組む意欲がない ○学習用具の忘れ物が多い ○（　②　）が聞けない ○ぼんやりしている ○友達と関わる場面でも参加しない	部活動	○休みがちになる ○練習等への意欲が乏しい ○友達と関わろうとしない
休み時間	○友達と遊びたがらない ○一人で過ごすことを好む ○外で遊ぶことを嫌がるようになる ○（　④　）に行きたがる ○他学年の子供とばかり遊ぶ	その他	○（　④　）への来室が増える ○今までできていたことができなくなる ○用事もないのに職員室に来る

（☆☆☆☆○○○○）

【7】「子供たちを児童虐待から守るために─養護教諭のための児童虐待対応マニュアル─」(平成26年3月：公益財団法人日本学校保健会)では，児童虐待の心身への影響について示されている。次の表の（　①　）〜（　⑧　）に適語を記せ。

（1）身体への影響	○疲れやすさ，体調不良 ○低体重，低身長 ○（　①　），てんかん	（3）（　④　）としての現れ	○身体化症状 ○抑うつ ○（　⑤　） ○ＰＴＳＤ症状
（2）精神への影響	○（　②　）の難しさ ○衝動のコントロールの難しさ ○（　③　）の遅れ ○日常生活能力の問題	（4）児童虐待と関連する子供の問題	○（　⑥　） ○学校不適応 ○（　⑦　） ○非行 ○（　⑧　） ○リストカット（自傷行為）

⑥〜⑧順不同

（☆☆☆○○○○○）

141

【8】学校における感染症予防の方法として,「吐物の処理方法」について300字以内で説明せよ。

(☆☆☆◎◎◎)

【9】学校保健安全法第5条では,「学校保健計画の策定等」について規定されている。

学校保健計画を策定するにあたり,その留意事項を述べた次の文章中の下線付きの語句について,正しければ○を,誤りであれば正しい語句を記せ。

(1) 学校保健計画は,学校において必要とされる保健に関する具体的な実施計画であり,<u>必要に応じて</u>,学校の状況や<u>近隣校</u>の学校保健の取組状況等を踏まえ,作成されるべきものであること。

(2) 学校保健計画には,<u>法律で規定</u>された①児童生徒等及び職員の健康診断,②<u>事前健康調査</u>,③<u>保護者</u>に対する<u>指導に関する事項</u>を必ず盛り込むこととすること。

(3) 学校保健に関する取組を進めるに当たっては,学校のみならず,保護者や関係機関・関係団体等と連携協力を図っていくことが重要であることから,<u>学校教育法</u>等において学校運営の状況に関する情報を<u>慎重に取扱う</u>ものとされていることも踏まえ,学校保健計画の内容については原則として保護者等の関係者に<u>知らせない</u>こととすること。このことは,<u>学校保健安全計画</u>についても同様であること。
(平成20年7月9日 20文科ス第522号「学校保健法等の一部を改正する法律の公布について」より)

	下線付きの語句	○または正しい語句	下線付きの語句	○または正しい語句
(1)	必要に応じて		近隣校	
(2)	法律で規定		事前健康調査	
	保護者		指導に関する事項	
(3)	学校教育法		慎重に取扱う	
	知らせない		学校保健安全計画	

(☆☆☆◎◎◎)

【10】食物アレルギー等について，次の問いに答えよ。

(1)　「学校のアレルギー疾患に対する取り組みガイドライン」(平成20年3月：財団法人日本学校保健会)に示されている，食物アレルギーの発症及び重症化防止の対策を5つ記せ。

	発症及び重症化防止の対策
①	
②	
③	
④	
⑤	

①～⑤は順不同

(2)　アレルギー疾患の緊急時対応について，(　①　)～(　⑫　)に適語を記せ。

　　アレルギー反応により，じんましんなどの(　①　)症状，腹痛や嘔吐などの(　②　)症状，ゼーゼー，呼吸困難などの(　③　)症状が，複数同時にかつ急激に出現した状態を(　④　)という。児童生徒に起きる(　④　)の原因のほとんどは食物である。

　　具体的な治療は重症度によって異なるが，意識の障害などがみられる重症の場合には，まず適切な場所に(　⑤　)体位で寝かせ，嘔吐に備え，(　⑥　)にする。そして，(　⑦　)や(　⑧　)，(　⑨　)，(　⑩　)を確認しながら必要に応じ一次救命措置を行い，医療機関への搬送を急ぐ。(　⑪　)を携行している場合には，出来るだけ早期に注射することが効果的である。

　　児童生徒が(　⑪　)の処方を受けている場合には，(　⑪　)に関する一般的な知識や，処方を受けている児童生徒についての情報を，(　⑫　)全員が共有しておく必要がある。これは，予期せぬ場面で起きた(　④　)に対して，(　⑫　)誰もが適切な対応をとるためには不可欠なことである。

　　(平成25年3月22日　文部科学省スポーツ・青少年局学校健康教育課　事務連絡「新年度の学校給食における食物アレルギー等を有

する児童生徒等への対応等について」より)

⑦～⑩は順不同

(☆☆☆◎◎◎◎)

<h2>解答・解説</h2>

【１】(1)　・身長及び体重　　・栄養状態　　・脊柱及び胸郭の疾病及び異常の有無並びに四肢の状態　　・視力及び聴力　　・目の疾病及び異常の有無　　・耳鼻咽頭疾患及び皮膚疾患の有無　　・歯及び口腔の疾病及び異常の有無　　・結核の有無　　・心臓の疾病及び異常の有無　　・尿　※順不同　　(2)　・Hib　・肺炎球菌　※順不同

〈解説〉(1)　「学校保健安全法施行規則の一部を改正する省令(平成26年文部科学省令第21号)」が公布された。これに伴い，児童生徒の健康診断では，検査の項目中「座高」と「寄生虫卵の有無」が削除された。また胸郭の疾病・異常の有無に「四肢の状態」が新たに追加されることになった。

【２】①　実践　　②　友人　　③　仲間　　④　誘い　　⑤　対処スキル　　⑥　相談　　⑦　100　　⑧　専門家(※②と③は順不同)

〈解説〉本資料では「薬物関連問題は，思春期に端を発していることが少なくない」ことから「小中学生時期からの予防を重視する必要性が認められる」としている。教育機関における予防教育は本問のほか，「予防教育の中に，相談援助につながるような要素を取り入れること」の2点が期待されている。

【３】飲料水の日常点検は，毎授業日に教職員等が実施する。主に官能法によって感覚的に点検するほか，残留塩素濃度については，遊離残留塩素を測定する。給水栓水については，遊離残留塩素が0.1mg/l以上保

持されていること。ただし水源が病原生物によって著しく汚染される
おそれのある場合には，遊離残留塩素が0.2mg/l以上保持されているこ
と。また水の色，臭気，味等に異常がないことを点検する。問題点が
あれば速やかに改善を図る。記録を残すようにし，それらの結果を定
期検査の効果的な実施に役立てる。

〈解説〉学校環境衛生基準に関する問題では，対象となる化学物質や検査
　　法などに注意して学習すること。特に，水質については飲料水，プー
　　ル等の水質基準が示されているので，数値の混同に注意しながら確認
　　するとよい。

【4】・学校保健計画及び学校安全計画の立案に参与すること。　・健康
　　相談に従事すること。　・保健指導に従事すること。　・必要に応じ，
　　学校における保健管理に関する専門的事項に関する指導に従事するこ
　　と。　・職務に従事したときは，その状況の概要を執務記録簿に記入
　　して校長に提出すること。(※上記5項目から4つ)

〈解説〉従来，健康相談は学校医又は学校歯科医のみ行われるものであ
　　るとされてきたが，健康相談は学校医又は学校歯科医に限らず，学校
　　薬剤師を含め関係教職員が積極的に参画するものと整理された。なお，
　　学校保健安全法では，学校保健計画・学校安全計画の作成者は，双方
　　とも「学校」となっている。

【5】(1)　膝の下部が前方に飛び出していて，エックス線写真で見ると
　　成長軟骨の一部が不規則な状態になっている。11〜12歳の成長期の男
　　子に多く，女子もまれにみられる。急激な骨の成長による筋，腱の成
　　長のアンバランスから，腱に対する牽引力，負荷増大によって起こる。
　　無理をすると脛骨粗面部の分断を生じることがあるので，痛みのある
　　ときはスポーツを休ませることが肝心である。　　(2)　WHOの定義
　　では，再興感染症とは「既知の感染症で，既に公衆衛生上の問題とな
　　らない程度までに患者が減少していた感染症のうち，近年再び流行し
　　始め，患者数が増加したもの」とされている。マラリア，ペスト，結

核などがあり，デング熱も含まれる。　(3)　アデノウイルスを病原体として，潜伏期間は5～7日で，高熱，咽頭痛，頸部痛，頭痛，眼痛，全身倦怠感等の症状が出現する。出席停止期間は，主要症状が消退した後2日を経過するまで。流行期は夏から秋にかけてであり，とりわけプールでの感染が多く見られることから，プール熱と呼ばれる。

〈解説〉基本的な病気やけがの内容については，きちんと説明できるようにしておく必要がある。特に，学校保健安全法などで示されているもの，小学校から高等学校までの児童生徒がかかりやすいもの，近年注目されているものが頻出である。

【6】(1)　①　日常の様子　　②　学級担任　　③　出欠席
④　心理的なストレス　　⑤　記録に残す　　(2)　①　朝や帰りの会
②　目つき　　③　教師の話　　④　保健室

〈解説〉本資料では，健康問題は早期発見・早期対応が重要であり，そのため学級担任や養護教諭を中心とした日常的な健康観察が求められている。これらは単に，出欠席の記録や体調不良の理由のみに終わらず，子供の心理的なストレスに関わる項目についても観察することを重要視している。さらに，これらについて，何らかの異常が見られた場合は，記録を残すことが大切としている。

【7】①　運動機能障害　　②　対人関係維持　　③　知的発達
④　精神症状　　⑤　解離　　⑥　発達障害　　⑦　いじめ
⑧　不登校

〈解説〉児童虐待については，少なくとも，いわゆる「児童虐待防止法」第2条にある児童虐待の定義，第5条の児童虐待の早期発見等，第6条の児童虐待の通告義務はおさえておきたい。特に，第6条第3項にあるプライバシー保護と児童虐待の関係については頻出なので，教科書や参考書等で確認しておくこと。

【8】換気を行う。吐物はゴム手袋をして，できればマスクを着用し，ペーパータオルや使い捨ての雑巾で拭き取る。外側から内側へ，周囲に拡大させないようにして拭き取る。拭き取ったものはビニール袋に二重に入れて密封して破棄する。吐物が付着した箇所は塩素系消毒液200ppm程度(市販の塩素濃度5～6％の漂白剤を約200倍に希釈)で消毒する。消毒剤の噴霧は効果が薄く，逆に病原体が舞い上がり，感染の機会を増やしてしまうため行わない。処理後，石けん，流水で必ず手を洗いうがいをする。塩素系消毒液200ppm程度の目安は，1Lのペットボトル水1本に，塩素系消毒液4ml(ペットボトルのキャップ1杯)程度である。

〈解説〉本問において，特に気をつけるべきことは二次感染である。そのため，処理者が直接吐物に触れないように工夫する必要がある。当然，処理中に飛散する可能性を考慮し，ゴム手袋やマスク，雑巾などを使用する，使用後は適切に処分するなど，十分に注意したい。

【9】

	下線付きの語句	○または正しい語句	下線付きの語句	○または正しい語句
(1)	必要に応じて	毎年度	近隣校	前年度
(2)	法律で規定	○	事前健康調査	環境衛生検査
	保護者	児童生徒等	指導に関する事項	○
(3)	学校教育法	○	慎重に取扱う	積極的に提供する
	知らせない	周知を図る	学校保健安全計画	学校安全計画

〈解説〉学校保健計画の策定について，学校保健安全法では「学校」となっているが，実際の策定主体者は保健主事とされている。保健主事は学校教育法第45条第1項を根拠とするもので，教諭，指導教諭，養護教諭にあてられることとしている。ただし，養護教諭が保健主事を行う，または，保健主事の業務について，養護教諭が積極的にサポートしなければならないことが多いといわれている。

【10】(1) ① 児童生徒の食物アレルギーに関する正確な情報の把握，② 教職員全員の食物アレルギーに関する基礎知識の充実，③ 食物

アレルギー発症時にとる対応の事前確認(必要に応じて訓練の実施)，④　学校給食提供環境の整備(人員及び施設設備)，⑤　新規発症の原因となりやすい食物(ピーナッツ，種実，木の実類やキウイフルーツなど)を給食で提供する際の危機意識の共有及び発症に備えた十分な体制整備　(2)　①　皮膚　　②　消化器　　③　呼吸器　　④　アナフィラキシー　　⑤　足を頭より高く上げた　　⑥　顔を横向き　⑦　意識状態　　⑧　呼吸　　⑨　心拍の状態　　⑩　皮膚色の状態　⑪　アドレナリンの自己注射　　⑫　教職員

〈解説〉アレルギーは，本来人間の体にとって有益な反応である免疫反応が，逆に体にとって好ましくない反応を引き起こすときに用いられる言葉であり，近年では約4人に1人が何らかのアレルギー疾患を有するといわれている。アレルギー疾患には，気管支ぜん息や食物アレルギー・アナフィラキシーのように緊急の対応を要する疾患があるので，対処法について養護教諭だけでなく教職員全員が知っておくことが望ましい。なお，救命の現場に居合わせた教職員が，アドレナリン自己注射薬を自ら注射できない状況にある児童生徒に代わって注射することは医師法違反にはならないと考えられていることもおさえておきたい。

2014年度　実施問題

【1】平成25年度学校教育の指針(秋田県教育委員会)の第Ⅲ章には重点施策等について示している。

『心と体を鍛えます』の中で,『児童生徒等の心身の健康を守り,安全・安心を確保するための学校全体としての取組〔保健体育課〕』について,(①)～(⑧)に適語を記せ。

各学校では,児童生徒等の心身の健康の保持増進及び安全・安心の確保のために,学校保健安全法や(①)等を踏まえて,児童生徒等や学校,地域の実態に応じて作成した計画〔学校保健計画・(②)計画・(③)計画〕に基づき,校内の体制整備及び家庭,地域社会,関係機関等との連携により,学校全体としての取組の充実を図る。

学校保健

○　学校保健安全法に基づく学校保健計画には,「児童生徒等及び職員の健康診断」「(④)検査」「児童生徒等に対する指導」「その他保健に関する事項」を盛り込むとともに,(⑤)と(⑥)の関連を明確にする。また,実施に当たっては関係教職員の理解を深めるとともに役割を明確にする。

○　望ましい生活習慣の確立については,児童生徒の実態を把握し,「秋田県の学校体育・健康教育資料集」やリーフレット「健やかな体をつくろう」「望ましい生活習慣の確立をめざして」等を学校教育活動,家庭・地域における(⑥)の場面で活用し,生活習慣・食習慣・運動習慣の改善を図る。

○　日常の健康観察により,子どもの体調不良や欠席・遅刻などの日常的な心身の健康状態を把握し,感染症や心の健康課題等の(⑦)について早期発見・早期対応を図る。

○　学校保健委員会の位置付けを明確化し,(⑧)が中心となって運営するとともに,学校,家庭,地域の保健・医療機関等の連携に

　　　よる効果的な学校保健活動を展開し活性化を図る。

(以下省略)

②と③は順不同。

(☆☆☆☆☆◎◎)

【2】食物アレルギーについて，(1)，(2)に答えよ。

(1)　食物アレルギーの定義を記せ。

(2)　児童生徒にみられる食物アレルギーは，大きく3つの病型に分類される。食物アレルギーの3つの病型を示し，各病型の特徴を記せ。

食物アレルギーの3つの病型		病　型　の　特　徴
①	ア	
②	イ	
③	ウ	

　　　①～③は順不同。ただし，病型と病型の特徴は対応していること。

(☆☆☆☆◎◎)

【3】学校における一般用医薬品の取扱いについて，児童生徒や保護者への対応を200字以内で記せ。

(☆☆☆☆◎◎)

【4】学校において予防すべき感染症について次の問いに答えよ。

(1)「学校保健安全法施行規則の一部を改正する省令(平成24年文部科学省令第11号)」が平成24年4月1日から施行された。改正により，学校において予防すべき感染症のうち第2種感染症に「髄膜炎菌性髄膜炎」が追加された。「髄膜炎菌性髄膜炎」について，次の(ア)～(キ)に内容を記せ。

病原体　(ア)

潜伏期間　主に4日以内(1～10日)

感染経路　(イ)

感染期間　(ウ)

150

症状 （ エ ）

予後 （ オ ）

診断 （ カ ）

治療 （ キ ）

(2) 「学校において予防すべき感染症の解説」(平成25年3月文部科学省)で示されている学校において予防すべき感染症の考え方について，（ ① ）～（ ⑥ ）に適語を記せ。(①と②は順不同。)

　各感染症の出席停止の期間は，（ ① ）と（ ② ）を考慮して，人から人への感染力を有する程度に病原体が排出されている期間を基準としている。

　感染症の拡大を防ぐためには，患者は，

・他人に容易に感染させる状態の期間は(③)を避けるようにすること

・健康が(④)するまで治療や(⑤)の時間を確保することが必要である。

　なお，診断は，診察に当たった医師が身体症状及びその他の検査結果等を総合して，（ ⑥ ）に基づいて行われるものであり，学校から特定の検査等の実施(例えば，インフルエンザ迅速診断検査やノロウイルス検査)を全てに一律に求める必要はない。

　また，全員の皆勤をクラス目標に掲げている等の理由で，体調が優れず，本来であれば(⑤)をとるべき児童生徒が出席するといったことがないよう，適切な指導が求められる。

(☆☆☆◎◎◎)

【5】学校保健安全法(昭和33年法律第56号，平成20年法律第73号最終改正)によって，学校医や学校歯科医のみならず，養護教諭，学級担任等が行う健康相談についても，法に明確に規定され，健康相談がより幅の広い概念になった。(ア)～(エ)に養護教諭の職務の特質を記せ。

① 児童生徒は，心の問題を言葉に表すことが難しく，身体症状とし

　て現れやすいため，問題を早期に発見しやすい。

② 　活動の中心となる保健室は，誰でもいつでも利用でき安心して話ができる場所である。

③ 　(　ア　)

④ 　(　イ　)

⑤ 　(　ウ　)

⑥ 　(　エ　)

　ア～エは順不同。

(☆☆☆☆◎◎)

【6】「救急蘇生法の指針2010(市民用)」(平成23年10月厚生労働省)が取りまとめられ，通知された。AEDを使用する時には，様々な対応が必要になる事がある。下記の表は対応についてまとめたものである。(　ア　)～(　カ　)にあてはまる対応を記せ。

様 々 な 状 況	対　　応
<電極パッドを肌に貼りつけるとき>	
・傷病者の胸が濡れている場合　⇒	(　ア　)
・胸に貼り薬があり，電極パッドを貼る際に邪魔になる場合 ⇒	(　イ　)
・医療器具が胸に植込まれている場合　⇒	(　ウ　)
<電気ショック不要の指示が出た場合>	ただちに胸骨圧迫から心肺蘇生を再開する。
<AEDの機種によって，プラグを挿入する必要があるなど操作に違いがある場合>	(　エ　)
<救急隊に引き継ぐまでの対応>	貼ってあるAEDの電極パッドは (　オ　)，電源は (　カ　) にする。

(☆☆☆◎◎◎)

【7】小学校学習指導要領解説体育編(平成20年8月文部科学省)の『〔第5学年及び第6学年〕G保健(3)病気の予防　イ病原体がもとになって起こる病気の予防』の授業をすることになった小学校6年生の学級担任から「かぜとインフルエンザの違いを児童に説明したいので教えてほしい。」と依頼された。学級担任に説明する内容を200字以内で記せ。

(☆☆☆☆◎◎)

152

【8】健康診断項目の推移について，（　ア　）～（　サ　）に適語や適する数字を記せ。

年　度	内　容
平成7年 4月1日施行	○「（　ア　）」項目の削除 ○「色覚の検査」実施学年を（　イ　）に限定 ○「聴力の検査」（　ウ　）年生の検査必須化 ○「（　エ　）」小学4年生以上での省略可 ○「視力の検査」（　オ　）の省略可 ○「心臓の疾病異常の有無」心電図検査の追加
平成（　カ　）年 4月1日施行	○「色覚の検査」項目の削除
平成15年 4月1日施行	○「結核の検査」の実施学年及び実施方法等の変更 ・「小・中学生の第1学年」→「小・中学校の（　キ　）」 ・「（　ク　）」→「問診」等
平成17年 4月1日施行	○「結核の検査」の実施時期の変更 ・「高等学校以上の学校の第1学年の検査において結核によるものと考えられる（　ケ　）が発見されたものは第2・第3学年においても検査を行う」→「（　コ　）に限定」
平成23年 4月1日施行	○「結核の検査」の実施方法の変更 ・「高等学校以上の学校の第1学年に対してはエックス線（　サ　）を行うものとする」→「エックス線撮影」に変更

（☆☆☆☆☆◎◎◎）

【9】保健室に来た中学生から「歯垢」と「歯石」の違いについて質問があった。それぞれについて説明せよ。

（☆☆☆◎◎）

【10】「高等学校3年生のみなさんへ　薬物について誤解をしていませんか？？」(厚生労働省・文部科学省)では薬物乱用の現状や危険性，相談機関等が示されている。薬物乱用について，（　ア　）～（　キ　）に適語を記せ。

　薬物乱用は，無限大の可能性のあるみなさんの将来を台無しにしてしまいます。

　最近は(　ア　)などと称する危険な薬物が販売されています。「お香」「アロマオイル」「バスソルト」「ビデオクリーナー」などと称していますが，実際には，薬物乱用をあおる目的で販売されています。使用すると(　イ　)を起こしたり，死亡したりすることがあり，異常行動を起こして他人に危害を加えたりすることがあります。

　乱用される危険のある薬物は(　ウ　)にはたらき，"心"，つまり精

神に影響を与える作用を持っています。一時的に(エ)な気分や爽快感，緊張がとれて(オ)が消えていく感じなどを引き起こすことがあります。

　乱用される薬物の共通の特徴は，何度でも繰り返して使いたくなる(カ)を引き起こす性質を持っていることです。また，使用を繰り返しているうちに，それまでと同じ量では効かなくなる(キ)という性質もあります。

　1回だけと思って使いはじめた人も，薬物の(カ)と(キ)によって使用する量や回数がどんどん増えて，自分の意志ではやめることができなくなります。

(☆☆☆◎◎)

【11】次の(1)～(3)の語句について，その内容を説明せよ。
(1)　セカンドオピニオン　　(2)　ユニバーサルデザイン
(3)　脳死

(☆☆☆◎◎◎)

解答・解説

【1】① 学校給食法　② 食に関する指導の全体　③ 学校安全
④ 環境衛生　⑤ 保健管理　⑥ 保健教育　⑦ 心身の変化
⑧ 保健主事 (②と③は順不同)
〈解説〉平成25年度学校教育の指針(秋田県教育委員会)第Ⅲ章　重点施策等の『心と体を鍛えます』の『児童生徒等の心身の健康を守り，安全・安心を確保するための学校全体としての取組〔保健体育課〕』には学校保健，食育・学校給食，学校安全の3つの柱がある。それぞれの柱に3項目ずつ指針が示されているので，確認すること。

【2】(1) 特定の食物を摂取した後にアレルギーの機序によって体に反応が起こり，皮膚や呼吸器，消化器といった局所性，もしくは全身性に生じる症状のこと。 (2) (病型：病型の特徴の順) ・即時型：原因食物を摂取して，2時間以内に症状が出現する。じんましんのような軽い症状から，アナフィラキシーショックに進行する場合まである。 ・口腔アレルギー症候群：原因物質の摂取後5分以内にのどがかゆい，ひりひりする，腫れぼったいなどの口腔内の症状が出現する。多くは局所の症状で回復するが，全身的な症状に進むことがある。・食物依存性運動誘発アナフィラキシー：原因食物を摂取後2時間以内に一定の運動をすることによりアナフィラキシー症状が出現する。原因食物の摂取と運動の組み合わせで発症するため，摂取だけ，運動だけでは発症しない。

〈解説〉食物アレルギーについては，アレルゲン食品や各病型の特徴を覚えておくこと。義務表示品目と推奨表示品目も確認しておくとよい。ちなみにアレルゲン食品は平成20年6月に食品衛生法施行規則の一部改正により義務表示品目に「エビ」「カニ」が追加されている。アレルギー疾患に関する問題は近年増加傾向にあり，注意が必要である。アナフィラキシーについても定義や原因，対応に注意が必要である。そのほかのアレルギー疾患の発生機序や緊急時の対応についても目を通しておくとよい。

【3】一般医薬品の購入や保管等の管理体制を整え，学校における取扱いの方針を作成する。取扱いの方針は入学時オリエンテーションや保健だより等の様々な機会を利用して保護者に周知し，児童生徒には担任や養護教諭が指導する。また，学校での急な発熱や腹痛には重大な疾患が隠れていることがあるため，一般用医薬品を安易に渡さず保護者へ連絡し，児童生徒を自宅に帰す手続をとり，医療機関への受診を勧めることが必要である。

〈解説〉学校における一般用医薬品管理責任者は，校長とされている。そして，購入・保管・取扱いについては学校医等と相談するなど，養護

教諭がひとりで決定することがないよう体制をつくっておきたい。医
薬品に関しては『学校における薬品管理マニュアル』(日本学校保健
会)を参照したい。そのほか，宿泊・校外学習等での医薬品の取扱い等
についても確認しておくこと。

【4】(1)　ア　髄膜炎菌　　イ　飛沫感染，接触感染によって感染する。
ウ　有効な治療を開始して24時間経過するまでは感染源となる。
エ　発熱，頭痛，意識障害，嘔吐　　オ　時に劇症型感染症があり，
急速に進行する。致命率は10％，回復した場合でも10〜20％に難聴，
まひ，てんかんなどの後遺症が残る。　　カ　髄液培養，血液培養によ
って診断する。　　キ　抗菌薬　　(2)　①　感染様式　　②　疾患の特
性　　③　集団の場　　④　回復　　⑤　休養　　⑥　医学的知見
(①と②は順不同)
〈解説〉学校で予防すべき感染症の種類と出席停止の期間の基準は学校保
健安全法施行規則第18〜19条に定められている。第1〜3種に分類され
ている疾病については頻出なので，病原体や潜伏期間，感染経路，感
染期間，症状，予後，診断，治療をそれぞれ確認しておくこと。資料
として「学校において予防すべき感染症の解説」(文部科学省，平成25
年3月)に，学校における感染症への対応や各感染症に関するまとめが
されている。

【5】ア　全校の子どもを対象としており，入学時から経年的に児童生徒
の成長・発達を見ることができる。　　イ　保健室頻回来室者，不登
校傾向者，非行や性に関する問題など様々な問題を抱えている児童生
徒と保健室で関わる機会が多い。　　ウ　健康診断や救急処置など児
童生徒の健康状態を容易に把握できる立場にある。　　エ　職務の多
くは学級担任をはじめとする教職員，学校医等，保護者等との連携の
下に遂行される。
〈解説〉平成20年1月に中央教育審議会から出された答申「子どもの心身
の健康を守り，安全・安心を確保するために学校全体として取組を進

めるための方策について」によって学校全体が役割分担を行い組織的に対応していくいことが求められた。養護教諭や学級担任の行う健康相談については「教職員のための子どもの健康相談および保健指導の手引」(文部科学省，平成23年8月)の，「健康相談における養護教諭，学級担任等，学校医等の役割」中に養護教諭の職務の特質について記載されている。全体に目を通し，組織的な関わりについても確認しておくとよい。

【6】ア　電気が体表の水を伝わって流れてしまわないようにタオル等でふき取ってから電極パッドを貼る。　　イ　貼り薬をはがし，残った薬剤をふき取ってから電極パッドを貼る。　　ウ　貼り付け部位に医療器具がある場合はその部分を避けて電極パッドを貼る。

　　エ　AEDの音声メッセージに従って操作する。　　オ　はがさず

　　カ　入れたまま

〈解説〉学校における救急処置や救急体制は，養護教諭の職務の中でも優先として高い位置にある。学校における救急処置は児童生徒の生命を守り，傷病が悪化しないようにすることを目的としており，救急処置の範囲は医療機関へ引き渡すまでの処置や医療の対象にならない程度の傷病についての処置をすること等である。同時にAEDの使用方法や使用する場合について等を覚えること。また，緊急時における学校内の救急処置活動体制の編成における養護教諭の役割についても確認しておくとよい。

【7】かぜは発症後の経過が緩やかで，のどの痛みや鼻汁，くしゃみ，咳といった上気道に症状を呈する。通常発熱の程度は37度から38度であり，原因ウイルスは多様で1年を通じ発症する。インフルエンザは普通のかぜと異なり，突然38度以上の発熱や頭痛，関節痛や筋肉痛といった全身症状を呈する。原因ウイルスはインフルエンザウイルスであり，冬季に流行する。また，急性脳症や肺炎を併発し，重症化することがある。

〈解説〉医学的専門知識を有する養護教諭として，学級担任の行う授業への助言は大切な役割である。小学校学習指導要領解説体育編第3章の「第5学年及び6学年　G　(3)のイ　病原体がもとになって起こる病気の予防」ではインフルエンザのほか，結核，麻疹，風疹があげられているので，それぞれの病気についても確認しておくこと。また，このほかの単元についても理解を深めておくとよい。

【8】ア　胸囲の検査　　イ　小学4年生　　ウ　小学2　　エ　寄生虫卵の検査　　オ　裸眼検査　　カ　14　　キ　全学年　　ク　ツベルクリン反応検査　　ケ　治癒所見　　コ　第1学年　　サ　間接撮影

〈解説〉健康診断に関する問題は頻出である。今回出題された健康診断項目の推移のほか，法的根拠や意義，実施内容に関しても理解しておくこと。健康診断の項目の推移については，「学校保健の課題とその対応」(日本学校保健会，平成24年3月)で確認することができる。同資料内には健康診断のほか，健康観察や養護教諭の役割についても触れられており，目を通しておくとよい。また，文部科学省では今後の健康診断の在り方に関して検討がなされていることから，ホームページなどで新しい情報を確認しておきたい。

【9】歯垢…口の中の常在菌と糖質が結びついてできた歯の付着物のこと。細菌の集まりであり，うがいでは取れない。

歯石…歯に付着した歯垢が取れないことで唾液や血液中のカルシウムが歯垢にくっついたもの。医師の処置により取ることができる。

〈解説〉歯の症状等については，『「生きる力」をはぐくむ学校での歯・口の健康づくり』(文部科学省)を参照したい。健康診断や食育との関連も深いため，養護教諭としては深く理解しておきたい。歯は保健指導のテーマとなりやすい分野であり，児童生徒に対してわかりやすく説明することも求められる。

【10】ア　合法ドラッグ　　イ　呼吸困難　　ウ　脳　　エ　幸福
　　オ　不安　　カ　依存　　キ　耐性
〈解説〉薬物乱用防止は保健教育で取り扱うことが多く，養護教諭とも関
　　係が深い。健康教育や生徒指導として教育活動全体を通して行うこと
　　が必要であり，理解を深めておくことが重要である。主な乱用薬物と
　　作用や薬物に関する法律等にも目を通しておくこと。厚生労働省のホ
　　ームページでも薬物乱用に関する情報は入手できる。問題文にある資
　　料のほか，「薬物乱用防止教室推進マニュアル」(文部科学省)もあわせ
　　て確認しておくとよい。

【11】(1)　病気の診断や治療法の選択について，現在かかっている医師
　　(主治医)や医療機関以外の医師や医療機関に意見を求めること。
　　(2)　障がいの有無に関わらず誰もが使いやすいようにデザインされた
　　施設や製品のこと。　　　(3)　大脳や小脳だけでなく，脳幹が死んでし
　　まったことにより，全脳の機能が不可逆的に停止した状態のこと。
〈解説〉語句の説明については，語句と語句を関連付けるとより深く身に
　　つけることができる。教育用語や医学用語は更新が早いことから，新
　　しい情報にも目を通しておくこと。具体的には，文部科学省や日本学
　　校保健会のホームページ等があげられる。

【1】「学校保健安全法施行規則の一部を改正する省令」(平成24年文部科学省令第11号)が平成24年4月1日から施行された。改正の概要について，次の問いに答えよ。

(1)　結核の有無の検査方法の技術的基準について，改正の概要を100字以内で記せ。

(2)　感染症の予防方法について，次の問いに答えよ。

①　学校において予防すべき感染症のうち，第2種感染症に追加された感染症名とその出席停止の期間の基準を記せ。

感染症名	出席停止の期間の基準
ア	イ

②　出席停止の期間の基準が改められた感染症名と出席停止の期間の基準を記せ。

感染症名	出席停止の期間の基準
ウ	エ
オ	カ
キ	ク

②は順不同。ただし，感染症名と出席停止の期間の基準は対応していること。

(☆☆☆○○○)

【2】「学校環境衛生基準」の教室等の環境における揮発性有機化合物の濃度の判定基準について，次の(1)～(6)に検査項目を記入し，①～⑥に基準となる数値をア～コより選び記号を記せ。

検査項目	基　準	検査時期
（1）	①　μg／m³ 以下であること。	定期検査（毎学年1回）
（2）	②　μg／m³ 以下であること。	
（3）	③　μg／m³ 以下であること。	必要と認める場合
（4）	④　μg／m³ 以下であること。	
（5）	⑤　μg／m³ 以下であること。	
（6）	⑥　μg／m³ 以下であること。	

―― 基準となる数値 ――

ア　240
イ　870
ウ　3600
エ　120
オ　220
カ　100
キ　300
ク　780
ケ　260
コ　3800

(1)と(2)，(3)～(6)は順不同。ただし，検査項目と基準は対応していること。

(☆☆◎◎◎◎)

【3】「教職員のための子どもの健康相談及び保健指導の手引」(平成23年8月文部科学省)で示されている学校における健康相談について，次の問いに答えよ。

(1)　健康相談の目的を100字以内で記せ。

(2)　健康相談の主な対象者をア～オに記せ。(順不同)
　・健康相談を希望する者
　・(　　　　　ア　　　　　)
　・(　　　　　イ　　　　　)
　・(　　　　　ウ　　　　　)
　・(　　　　　エ　　　　　)

・（　　　　　　　　　　オ　　　　　　　　　　）

・その他

(☆☆☆☆◎◎◎◎)

【４】「平成24年度学校教育の指針」(秋田県教育委員会)では，重点施策
として『体育・健康に関する指導』を挙げ，「学校体育」「学校保健」
「食育・学校給食」「学校安全」のそれぞれについて，主な取組と内容
を提示している。次の図中の(　　)の①～⑬に適語を記せ。

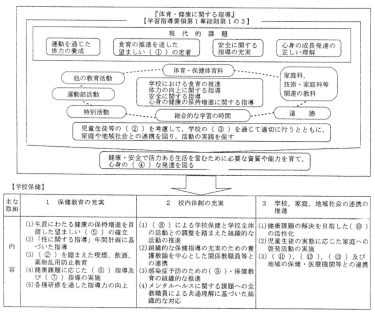

⑥と⑦，⑪と⑫と⑬は順不同。

(☆☆☆☆◎◎◎◎◎)

【５】我が国の新しい救急蘇生ガイドラインとして「JRC(日本版)ガイド
ライン2010」が確定されるとともに，「救急蘇生法の指針2010(市民用)」
(平成23年12月厚生労働省)が取りまとめられ，通知された。次の主な

変更点を踏まえ，次の文中の( )の①～⑨に適語又は適する数値を記せ。

助けを呼ぶ

・心臓や呼吸が止まった人の治療はまさに1分1秒を争います。まず必要なことは「すぐに119番通報する」ことです。119番通報が早ければ早いほど救急隊員による(①)をより早く受けることができます。そして，その後早く病院に到着することもできます。また，119番通報を行うことで，救急隊が到着するまでの間に行われなければいけない応急手当の(②)も受けることができるのです。

呼吸の確認

・傷病者が「(③)の呼吸」をしているかどうかを確認します。傷病者のそばに座り，(④)秒以内で傷病者の胸や腹部の上がり下がりを見て，(③)の呼吸をしているか判断します。

(⑤)

・傷病者に(③)の呼吸がないと判断したら，ただちに(⑤)を開始し，全身に血液を送ります。肘をまっすぐに伸ばして手の付け根の部分に体重をかけ，傷病者の胸が少なくとも(⑥)cm沈むほど強く圧迫します。(⑤)のテンポは，1分間に少なくとも100回の速いテンポで(⑦)回連続して絶え間なく圧迫します。小児に対しては，両手または片手で，胸の厚さの約$\frac{1}{3}$が沈むほど強く圧迫します。

人工呼吸

・(⑦)回の(⑤)終了後，口対口人工呼吸により息を吹き込みます。気道を確保したまま，額に当てた手の親指と人差し指で傷病者の鼻をつまみます。口を大きく開けて傷病者の口を覆い，空気が漏れないようにして息を約(⑧)秒かけて吹き込みます。傷病者の胸が持ち上がるのを確認します。吹き込みは(⑨)回までとし，すぐに(⑤)に進みます。

(☆☆☆◎◎◎)

【6】運動部に所属する高校3年生の女子生徒が頭痛，立ちくらみの症状
　　を訴えて保健室を利用することが多くなった。問診で，顔色不良，疲
　　れやすいなどの症状があることから，養護教諭は貧血を疑い，医療機
　　関での受診を勧めた。後日，受診した結果，鉄欠乏性貧血と診断され，
　　投薬を受けたことについて，本人から報告があった。その際，養護教
　　諭として行う保健指導の内容について，200字以内で記せ。

（☆☆☆◎◎◎）

【7】発達障害やその傾向のある児童生徒がいるクラスの学級担任から，
　　発達障害の特徴が見られる児童生徒に対する支援について助言を求め
　　られた。適切と考えられる支援の内容を記せ。

○ 落ち着いて考えればできることでも，あわてて取り組んでしまうため不注意な誤りが多い	⇒	①
○ 急な予定の変更があった場合，うまく対応ができない	⇒	②
○ 周囲の状況を見て対応することができず，他の児童生徒と同じ行動がとれなかったり，指示に従えなかったりすることが多く見られる	⇒	③

（☆☆☆☆◎◎◎）

【8】養護教諭の職制に関する歴史について，次の（　　）のア〜シに適語
　　や適する数値を記せ。
　　明治38年　　岐阜県の小学校で当時流行していた（　ア　）対策とし
　　　　て（　イ　）が採用された。
　　昭和16年　　「国民学校令（勅令第148号）」が公布され，「国民学校に
　　　　は（　ウ　）を置くことを得」，「（　ウ　）は学校長の命を承け児童の
　　　　養護を掌る」と規定され，教育職員の位置付けとなった。
　　昭和22年　　（　エ　）が制定され，（　ウ　）から養護教諭に名称変更と
　　　　なり，「養護教諭は児童生徒の養護をつかさどる」と規定された。
　　平成7年　　（　オ　）の一部改正が行われ，（　カ　）に幅広く人材を求
　　　　める観点から，（　カ　）には，教諭に限らず，養護教諭も充てるこ
　　　　とができるようになった。

164

平成10年　　(キ)の一部改正が行われ，養護教諭の免許状を有し(ク)の勤務経験がある者で，現に養護をつかさどる主幹教諭又は養護教諭として勤務しているものは，保健の教科の領域に係る事項の教授を担任する教諭又は講師となることができるようになった。

平成13年　　第7次義務教育諸学校教員配置改善計画等において，小学校は児童(ケ)人以上，中学校・高等学校は生徒(コ)人以上，特別支援学校には(サ)人以上の学校に，養護教諭の複数配置が進められることになった。

平成20年　　中央教育審議会答申「子どもの心身の健康を守り，安全・安心を確保するために学校全体としての取組を進めるための方策について」(平成20年1月)においては，養護教諭の役割の明確化が図られた。この答申において，(シ)の中核を担う役割が求められた意義は大きい。

(☆☆☆◎◎◎)

【9】児童虐待について，次の問いに答えよ。

「左頬が痛い。」と訴えて保健室に小学校1年生の児童が来室した。左頬には打撲とみられる腫れもあり，虐待が疑われた。その際，虐待が疑われる歯・口の所見とその理由について200字以内で記せ。

(☆☆☆◎◎◎)

【10】次の(1)～(3)の語句について，その内容を説明せよ。
(1) ジェネリック医薬品　　(2) レノグラム
(3) サーベイランス

(☆☆☆☆◎◎)

解答・解説

【1】(1)　児童生徒の定期健康診断における結核の有無の検査方法に関して，教育委員会に設置された結核対策委員会からの意見を聞かずに，精密検査を行うことができることとした。　(2)　①　ア　髄膜炎菌性髄膜炎　イ　病状により学校医等において感染のおそれがないと認めるまで　②　(感染症：出席停止の期間の基準の順)　・インフルエンザ：発症した後5日を経過し，かつ，解熱した後2日(幼児にあっては3日)を経過するまで　・百日咳：特有の咳が消失するまで又は5日間の適正な抗菌性物質製剤による治療が終了するまで　・流行性耳下腺炎：耳下腺，顎下腺又は舌下腺の腫脹が発現した後5日を経過し，かつ，全身状態が良好になるまで

〈解説〉「学校保健安全法施行規則の一部を改正する省令」(平成24年文部科学省令第11号)は頻出である。省令の趣旨は，結核に関する知見の集積等を踏まえ，児童生徒の定期健康診断における結核の有無の検査方法の技術的基準についての規定の改正，および医学の進展等を踏まえたものである。

【2】(検査項目：基準の順)　(1)　ホルムアルデヒド：カ　(2)　トルエン：ケ　(3)　キシレン：イ　(4)　パラジクロロベンゼン：ア　(5)　エチルベンゼン：コ　(6)　スチレン：オ((1)と(2)，(3)～(6)は順不同)

〈解説〉教室等の環境における揮発性有機化合物には，6物質に対する基準及び検査方法が定められている。ホルムアルデヒド及びトルエンの測定は毎学年1回，それ以外は必要と認める場合に測定する。ただし，一定基準を下回る場合は，次回からの測定を省略できることも確認しておこう。

【3】(1)　健康相談の目的は，児童生徒の心身の健康に関する問題につ
いて，児童生徒や保護者等に対して，関係者が連携し相談等を通して
問題の解決を図り，学校生活によりよく適応していけるように支援し
ていくことである。　(2)　ア　健康診断の結果，継続的な観察指導を
必要とする者　　イ　保健室等での児童生徒の対応を通して健康相談
の必要性があると判断された者　　ウ　日常の健康観察の結果，継続
的な観察指導を必要とする者(欠席・遅刻・早退の多い者，体調不良が
続く者，心身の健康観察から健康相談が必要と判断された者等)
エ　保護者等の依頼による者　　オ　修学旅行，遠足，運動会，対外
運動競技会等の学校行事に参加させる場合に必要と認めた者(ア～オは
順不同)
〈解説〉健康相談については，問題のほかに健康相談のプロセス，健康相
談実施上の留意点，健康相談における養護教諭，学級担任，学校医等
の役割を問われることが多く，このことは，保健指導についても同様
であるので，出典資料を確認しておこう。さらに，健康相談と保健指
導の相違点も問われることがあるので，法的根拠などを整理しておさ
えておくとよい。

【4】①　食習慣　　②　発達の段階　　③　教育活動全体　　④　調和
的　　⑤　生活習慣　　⑥　集団　　⑦　個別　　⑧　保健主事
⑨　保健管理　　⑩　学校保健委員会　　⑪　学校医　　⑫　学校歯
科医　　⑬　学校薬剤師(⑥と⑦，⑪と⑫と⑬は順不同)
〈解説〉県の教育方針等については出題頻度が上がっており，特に秋田県
では頻出なので，インターネット等で資料を入手し，確認しておこう。
体育・健康に関する指導では学習指導要領総則の内容を踏まえ，「学
校保健」等について主な取り組みと内容を提示している。例えば，
「学校体育」では体育学習の充実，教科外体育の充実など，「食育・学
校給食」では食に関する指導の充実，学校給食における衛生管理の徹
底，学校，家庭，地域社会の連携の推進が，「学校安全」では，安全
教育の充実，安全管理の強化，組織活動の充実があげられている。

【５】①　救命処置　　②　指導　　③　普段どおり　　④　10
　　　⑤　胸骨圧迫　　⑥　5　　⑦　30　　⑧　1　　⑨　2

〈解説〉救命処置についてはカーラーの救命曲線からもわかる通り，1秒
　　でも早い手当てが必要となる。そのため，バイタルサインの見直しな
　　どが頻繁に行われているので，最新の情報を入手する必要がある。本
　　問では空欄のほか，胸骨圧迫のテンポや「胸の厚さの $\frac{1}{3}$ 」など数値
　　に関する事項が問われることが多いので，混同に注意しながら学習し
　　よう。また，スポーツ選手の突然死などの影響から，AED(自動体外式
　　除細動器)を用いた心肺蘇生法についても出題頻度が上がってきている
　　ことから，正確な理解が必要であろう。

【６】成長期にスポーツをしたり，女子は月経がはじまったりすると，貧
　　血になりやすいので，偏食しないでバランスのよい食事をとるように
　　することが大切であること。服薬を忘れないようにすること。鉄剤を
　　飲むときは，お茶でなくコップ1杯の水か，ぬるま湯で飲むこと。鉄
　　分を多く含んでいる食物(ひじき・焼き海苔・ほうれん草等)を食べる
　　こと。

〈解説〉本問については，「教職員のための子どもの健康相談及び保健指
　　導の手引」(平成23年8月文部科学省)に指導事例が掲載されているので，
　　確認しておくこと。具体的事項についてはコラムやQ&Aなどにも掲載
　　されているので，資料を丁寧に読み込むようにしておこう。

【７】①　ADHDが考えられる。さまざまな経験や体験学習をする中で考
　　えさせながら，対処方法を身につけさせる，または自己コントロール
　　の仕方等を育てるように支援する。叱責よりは，できたことを褒める
　　対応をする。　②　アスペルガー症候群が考えられる。本人が先の見
　　通しを持てるように，黒板に予定を書くなど，前もって予定を知らせ
　　る。　③　高機能自閉症が考えられる。視覚的情報の理解能力が優れ
　　ていることを活用することや，具体的で理解しやすい情報提示をする
　　ことが考えられる。

〈解説〉発達障害については，障害の特徴と対処法をまとめておきたい。発達障害の定義については参考書，または「特別支援教育を推進するための制度の在り方について(答申)」(平成17年，文部科学省)や「小・中学校におけるLD(学習障害)，ADHD(注意欠陥／多動性障害)，高機能自閉症の児童生徒への教育支援体制の整備のためのガイドライン」(試案)(平成16年，文部科学省)が参考になる。

【8】ア　トラコーマ　　イ　学校看護婦　　ウ　養護訓導　　エ　学校教育法　　オ　学校教育法施行規則　　カ　保健主事　　キ　教育職員免許法　　ク　3年以上　　ケ　851　　コ　801　　サ　61
シ　学校保健活動
〈解説〉養護教諭の職制に関する歴史については，養護教諭の専門性の発展過程と関連づけて理解するとよい。問題の他には，昭和47年の保健体育審議会答申(養護教諭の役割など)，平成9年の保健体育審議会答申(養護教諭の新たな役割など)が重要である。なお，養護教諭設置の法的根拠は学校教育法第37条第1項であり，この規定は中学校等にも準用されている(ただし，同条第3項に例外規定あり)。

【9】歯・口腔の観察において，ひどいう蝕，口腔内の不衛生や歯肉炎，歯の萌出の遅れ，口腔内の外傷(歯の破折や粘膜の損傷など)の放置などが虐待を疑う所見となる。ひどいう蝕，口腔内の不衛生や歯肉炎は保護者の養育が不十分，いわゆるネグレクトが，歯の萌出の遅れ，口腔内の外傷(歯の破折や粘膜の損傷など)の放置などは顔面打撲などの身体的虐待が理由として考えられる。
〈解説〉養護教諭は，健康診断(身体測定，内科検診，歯科検診等)，保健室での救急処置，健康相談等を通して，児童虐待を早期に発見する機会がある。不慮の事故による外傷は，骨張っているところに多い特徴があるが，児童虐待による外傷は，臀部や大腿内側など脂肪組織が豊富で柔らかいところ，頚部や腋窩など引っ込んでいるところ，外陰部などの隠れているところに起きやすい。「養護教諭のための児童虐待

対応の手引」(文部科学省)を熟読しておこう。

【10】(1)　物質特許が切れた医薬品を他の製薬会社が製造，あるいは供給する医薬品のこと。　(2)　腎臓の機能(ろ過機能)を調べる検査のこと。この検査では，腎臓の形態や摂取された放射性薬剤が腎臓に摂取され尿中に排泄される様子を連続的に計測することで，腎機能を評価する。　(3)　疾病の発生状況を正確・継続的に調査・把握し，その情報を基に疾病予防と管理をはかるシステムのこと。

〈解説〉疾病・医療に関する専門用語は頻出である。特に新聞・TV等で取り上げられる語句については留意して調べておこう。医薬品については，「医療用医薬品」と「一般用医薬品」の違いやWHO(世界保健機関)が平成12年に定義した「セルフメディケーション」や「ヘルスプロモーション」について説明できるようにしておくこと。

2012年度　実施問題

【1】次の条文は，「学校保健安全法」(昭和33年法律第56号)第1章総則第1条である。次の(　　)のア～オに適語を記せ。

第1条　この法律は，学校における児童生徒等及び職員の(　ア　)を図るため，学校における保健管理に関し必要な事項を定めるとともに，学校における教育活動が(　イ　)において実施され，児童生徒等の(　ウ　)が図られるよう，学校における(　エ　)に関し必要な事項を定め，もつて(　オ　)とその成果の確保に資することを目的とする。

(☆☆◎◎◎◎)

【2】近年，性情報の氾濫など，子どもたちを取り巻く社会環境が大きく変化してきている。特に，子どもたちが性に関して適切に理解し，行動することができるようにすることが課題となっている。このため，学校全体で共通理解を図りつつ，体育科，保健体育科などの関連する教科，特別活動等において性に関する指導に取り組む際の重要となる点を6点記せ。

(☆☆☆☆◎◎◎)

【3】中央教育審議会答申「子どもの心身の健康を守り，安全・安心を確保するために学校全体としての取組を進めるための方策について」(平成20年1月)を受け，日本学校保健会の「保健室経営計画作成の手引作成委員会」では，保健室経営計再の作成に当たって，6つの基本方針を挙げている。次の①～④に基本方針を記せ。

＜保健室経営計画の作成に当たっての基本方針＞
(1)　学校保健計画と保健室経営計画との違いの明確化を図った。
(2)　①

(3)　②

(4)　③

(5)　④

(6)　保健室の利用方法等の基本的事項については，保健室経営計画とは別立てとする。

(☆☆☆○○○)

【４】視力検査の準備について次の表の①～⑤に内容を記せ。

(1)	視力表	・(　①　) ・(　②　) ・汚損，変色，しわのある視力表は使用しないこと。
(2)	照明	・(　③　)
(3)	遮眼器	片眼ずつ検査する時に，眼を圧迫しないで確実に覆うためのもので，金属製，プラスチック製等がある。 ・(　④　)
(4)	検査室	・(　⑤　) ・目移りするような掲示物等は片付け，騒音や雑音等が入らない落ち着いた雰囲気で検査できるように努める。 ・視力表は背後に窓などがない位置に配置する。

(☆☆○○○)

【５】食物アレルギーがある子どもが小学校に入学した。学校が保健管理として行う入学後の対応について5つ記せ。

(☆☆☆☆○○)

【6】ショック状態への対応について，次の表の(　　)のア〜キに適語を記せ。

1　ショックのみかた	2　ショックに対する応急手当
・顔色を見ます。・呼吸を見ます。 - ショックの症状 ・目は(　ア　)となります。 ・表情は(　イ　)しています。 ・唇は白っぽい色か紫色です。 ・呼吸は(　ウ　)なります。 ・(　エ　)が出ます。 ・皮膚は青白く，冷たくなります。	・傷病者を水平に寝かせます。 ・両足を15cm〜30cmぐらい高く上げます。 ・ネクタイやベルトをゆるめます。 ・毛布や衣服をかけ，(　オ　)します。 ・声をかけて元気づけます。 ・(　カ　)のある場合や，足に骨折がある場合で固定していないときは，ショック体位をとってはいけません。体位は(　キ　)とします。

(☆☆☆◎◎◎)

【7】健康観察について，次の問いに答えよ。

(1)　学級担任が行う健康観察をはじめ，学校生活全般を通して行う健康観察の目的を3つ記せ。

(2)　養護教諭が健康観察結果を集計していた時に，ある6年女子児童の欠席や遅刻が多くなったことに気付き，担任に状況を確認した。担任が母親に連絡したところ，夜遅くまでコンピュータに向かい，朝起きることができないため登校に支障をきたしていることが分かった。このような時に養護教諭がとるべき対応について，200字以内で記せ。

(☆☆☆◎◎◎)

【8】熱中症について，次の図の(　　)のア〜クに適語や数値を記せ。

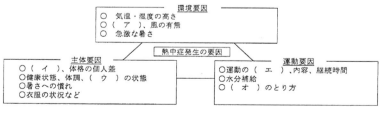

熱けいれんの場合は(　カ　)％の食塩水を補給する。また，(　キ　)

の場合は(　ク　)％の食塩水あるいはスポーツドリンク等を補給する。熱射病の場合は，すぐに救急車を要請し，同時に応急手当を行う。

(☆☆☆◎◎◎)

【9】「生徒指導提要」(平成22年3月文部科学省)の中の第5章教育相談4には，養護教諭が行う教育相談について次のように示されている。次の(　　)のア〜カに適語を記せ。

　養護教諭の職務は，救急処置，健康診断，疾病予防などの保健管理，保健教育，健康相談，保健室経営，保健組織活動など多岐にわたります。養護教諭の職務の特質は，全校の児童生徒を対象としており，入学時から(　ア　)に児童生徒の成長・発達を見ることができます。(一部抜粋)

　また，活動の中心となる保健室は，だれでもいつでも利用でき，児童生徒にとっては安心して(　イ　)人がいる場所でもあります。そのため，保健室には，(　ウ　)を訴えて(　エ　)に保健室に来室する者，いじめや(　オ　)が疑われる者，(　カ　)者，非行や性的な問題行動を繰り返す者など，様々な問題を抱えている児童生徒が来室します。

(以下略)

(☆☆☆☆◎◎◎)

【10】心的外傷後ストレス障害(通称PTSD)について，次の問いに答えよ。
(1)　三大症状を記せ。
(2)　心的外傷後ストレス障害の症状を踏まえた上で，予防・対応を3つ記せ。

(☆☆☆◎◎◎)

【11】たばこの健康への影響について，保健室に来た中学生から質問があった。たばこの煙に含まれる3つの主な有害物質名を挙げ，その物質が体に与える悪影響を記せ。

(☆☆☆◎◎◎)

【12】「中学校学習指導要領解説保健体育編」(平成20年9月文部科学省)の
『〈保健分野〉(4)健康な生活と疾病の予防，イ　生活行動・生活習慣と
健康，(ア)食生活と健康』を踏まえ，中学校3年生の保健分野の学習に
おいて「授業の導入部分で朝食の大切さについて説明してほしい」と
教科担任から依頼を受けた。朝食を摂った場合と摂らない場合の身体
に起こりうる変化を挙げ，朝食の必要性について200字以内で記せ。

(☆☆☆◎◎◎)

【13】次の(1)～(3)について説明せよ。

(1)　アセスメント

(2)　セルフエスティーム

(3)　シンスプリント

(☆☆☆☆◎◎◎)

解答・解説

【1】ア　健康の保持増進　　イ　安全な環境　　ウ　安全の確保
エ　安全管理　　オ　学校教育の円滑な実施
〈解説〉学校保健安全法は全32条により構成されており，特に第1条は法
　　律の目的なので，出題頻度が高いばかりでなく，法全体の内容を知る
　　上でも重要なものである。条文は暗唱できるぐらい熟読しておきたい。

【2】(例)・目標や内容・指導方法について，教職員の共通理解を図るだ
　　けでなく，保護者に対しても理解と協力を求めること。　　・教育用語
　　については，その意味を確かめ合って使用すること。　　・教員，保護
　　者，地域の人々の同意を得られる内容であること。　　・児童生徒等の
　　発達段階に即した内容であること。　　・個人差等を配慮し，児童生徒
　　等の性教育に対する受容に応じた内容や方法であること。　　・集団指

175

導と個別指導とによって相互に補完すること。　・教育的に価値のある内容であること。　・教師と児童生徒等及び保護者との間の信頼関係が不可欠であること，等から6つ。

〈解説〉学校における性教育は，各教科や道徳，特別活動等教育活動全体を通じて行われる。内容としては，自己の性を確かにするために必要な内容や男女の人間関係の育成に必要な内容，家族や社会の一員として必要な性に関する内容がある。性教育の目標や養護教諭の役割，連携の具体例等について確認しておきたい。

【3】(例)　①　保健室経営計画は，単年度計画とする。　②　学校教育目標及び学校保健目標等と整合性を図る。　③　児童生徒の健康課題の解決及び健康づくりの観点から目標及び方策を立てる。　④　保健室経営計画の評価は，自己評価と他者評価を入れて計画的に行う。

〈解説〉保健室経営計画とは，当該学校の教育目標及び学校保健の目標などを受け，その具現化を図るために，保健室の経営において達成されるべき目標を立て，計画的・組織的に運営するために作成される計画である。保健室経営計画作成の意義や内容，作成手順等についても確認しておきたい。

【4】(例)　①　国際標準に準拠したランドルト環を使用した視力表の0.3，0.7，1.0の視標を使用する。　②　視力表から5m離れた床上に白色テープなどで印を付けておく。　③　視標面の照度は300〜700ルクスとする。　④　遮眼器は，直接眼に触れることもあるので，感染予防のため清潔に留意し，消毒が必要である。　⑤　あまり狭くない部屋でカーテンを使用し，直接日光が入らないように注意する。

〈解説〉学校保健実務必携 第1部 学校保健の第2編 学校における保健管理 第4章 健康診断 Ⅵ 方法及び技術的基準の6 視力を確認しておくとよい。出題されている以外にも身長，体重，座高，栄養状態等についても確認しておきたい。

【5】(例) ・アレルギー疾患を有し，配慮・管理の必要な児童の把握
・対象となる児童の保護者への管理指導表の配布　・管理指導表に
基づく校内での取り組みの検討・具体的な準備　・給食での対応を
検討する　・保護者との面談　・食物アレルギーによる症状への
対応を理解する　・アナフィラキシーの緊急対応　・即時型アレ
ルギーに対する薬を学校に携帯してくる際の対応　・自己注射器を
携帯希望の児童・生徒への対応，等から5つ。

〈解説〉食物アレルギーとは，原因となる食物を摂取した後にアレルギー
の機序によって体に不利益な症状が起こされる現象である。皮膚・粘
膜症状や消化器症状，呼吸器症状，アナフィラキシーなどの全身症状
がおこる。アレルゲン食品や食物アレルギーの各病型の特徴について
も確認しておきたい。

【6】ア　うつろ　　イ　ぼんやり　　ウ　速く浅く　　エ　冷汗
　　オ　保温　　カ　頭にけが　　キ　仰臥位(仰向け)

〈解説〉ショック症状の持続は，学校において救急車を要請する基準とな
る傷病の状態である。救急車要請はショック症状の持続以外にも，呼
吸・心拍停止や意識喪失の持続，けいれんの持続，原因不明の激痛，
多量の出血の持続等があげられる。

【7】(1)　①子どもの心身の健康問題の早期発見・早期対応を図る，
②感染症や食中毒などの集団発生状況を把握し，感染の拡大防止や予
防を図る，③日々の継続的な実施によって，子どもに自他の健康に興
味・関心をもたせ，自己管理能力の育成を図る。　(2)　(例)　本人や
保護者，学級担任等と連携して，個人情報に留意しながら情報交換を
し，状況把握を行う。今後の支援について，保護者や学級担任等と支
援方法や留意点，役割の確認等を行い，共通理解の元で連携のとれた
体制作りをする。日常生活の中で女子児童と信頼関係を築けるよう努
め，日々の健康状態の把握をする。必要に応じて睡眠や生活習慣等，
養護教諭の専門性を生かした保健指導を実施する。

〈解説〉朝の健康観察は，子どもがその日1日を元気で過ごすのに適した
　健康状態であるかどうかを確認するため，全校一斉に行うことから，
　組織的に実施する必要がある。そのため，教職員の共通理解を得た上
　で実施する必要がある。

【8】ア　直射日光　　イ　体力　　ウ　疲労　　エ　強度　　オ　休憩
　　カ　0.9　　キ　熱疲労　　ク　0.2
〈解説〉熱中症とは，熱にあたるという意味で，暑熱環境によって生じる
　障害の総称である。手当ての基本は，休息・冷却・水分補給である。
　学校における熱中症予防のための指導のポイントや傷病者の観察項目
　等についても確認しておきたい。

【9】ア　経年的　　イ　話を聞いてもらえる　　ウ　心身の不調
　　エ　頻回　　オ　虐待　　カ　不登校傾向
〈解説〉生徒指導提要に関する問題は，増加傾向にあることから，養護教
　諭に関する箇所については熟読しておくこと。特に，(1)養護教諭とし
　ての児童生徒理解と支援，(2)留意点はしっかり確認しておきたい。

【10】(1)　(例)　・持続的な再体験　　・体験を連想されるものからの回
　避や感情が麻痺したような症状　　・感情・緊張が高まる
　　(2)　(例)　・普段の生活リズムを取り戻す　　・必ず症状が和らいで
　いくことを伝え，安心感を与える　　・子どもが嫌がることはしない
〈解説〉心的外傷後ストレス障害(PTSD)とは，極度の精神的ストレスに
　より，不眠，悪夢，外傷的な出来事が心理的に再体験され，恐怖感な
　どが再現されるフラッシュバック，強い興奮，過敏，警戒心などの精
　神状態が続き，日常生活に支障をきたす状態が1か月以上長引く場合
　をいう。原因には，日常的なストレス，逆境・つらいできごとによる
　ストレス，ショッキングな非日常的なストレスがある。

【11】(有害物質名：体に与える悪影響の順)　(例)　・ニコチン：末梢血管を収縮させ，血圧を上昇させる。依存性がある　・一酸化炭素：ヘモグロビンと強く結合し，血液が運ぶ酸素量を減少させる。血管壁を傷つける　・タール：発がん作用，がん促進作用
〈解説〉発育期にある青少年の喫煙は，ニコチンによる依存が強く現れる。さらに，通常の児童・生徒より体力や運動能力が劣ることが見られ，咳・痰・息切れなどの出現率が高くなるなどの問題がある。

【12】(例)　朝食を摂った場合，体温の上昇により体が目覚め，集中力が高まる。一方，朝食を摂らなかった場合，体温が起床時と変わらず，体の目覚めが悪く，朝食を摂取した場合に比べ集中力が低くなる。また，ブドウ糖は脳の唯一のエネルギー源である。睡眠中も脳のブドウ糖は消費され，朝目が覚めた時には脳のエネルギーは不足している，朝食によりブドウ糖の補給をすると脳にエネルギーが与えられ脳の動きが活発になる。
〈解説〉(ア)の食生活と健康には「健康を保持増進するためには，毎日適切な時間に食事をすること，また，年齢や運動量に応じて栄養素のバランスや食事の量などに配慮すること及び運動によって消費されたエネルギーを食事によって補給することが必要であることを理解できるようにする」との解説がある。近年子どもたちに，朝食欠食などの食生活の乱れや肥満傾向などがみられ，子どもが食に関する正しい知識と望ましい食習慣を身につけることができるよう，食育を推進することが重要な課題となっている。

【13】(1)　個人の状態像を理解し，必要な支援を考えたり，将来の行動を予測したり，支援の成果を調べること。　(2)　自尊心あるいは自尊感情などと訳され，自分の能力や価値に対する自身の程度を意味する。両親や教師，友人などの重要な他者からの評価，成功や失敗などを通じて形成され，人のとる行動に大きな影響を与える。　(3)　ランニングなどにより，ふくらはぎの内側の中$\frac{1}{3}$から下$\frac{1}{3}$にかけて生じる痛

みのこと。

〈解説〉(1)　状態像を理解するということは，児童生徒の特性や障害が
　　あることによって生じている困難さを理解するだけではなく，児童生
　　徒がどのように生活しているのか，周囲の人とどのように関わってい
　　るかを考える必要がある。　　(2)　セルフエスティームが高まると自分
　　の考えをきちんと表明できたり，最もよい結果となる解決方法を選択
　　したり，ストレスに対する優れたセルフマネージメントができるよう
　　になる。　　(3)　シンスプリントの発生部位であるふくらはぎの後内側
　　の脛骨中 $\frac{1}{3}$ から下 $\frac{1}{3}$ には，ヒラメ筋の筋腱が付着しており，この筋
　　腱の張力が原因の1つとされている。

2011年度　実施問題

【1】健康診断について，次の設問に答えよ。

(1)　次の条文は，「学校保健安全法」(昭和33年法律第56号)第14条である。次の(　　)のア～オに適語を記せ。

第14条　学校においては，前条の健康診断の結果に基づき，疾病の(ア)を行い，又は(イ)を指示し，並びに(ウ)及び作業を(エ)する等(オ)な措置をとらなければならない。

(2)　次の条文は，「学校保健安全法施行令」(昭和33年政令第174号)第2条である。次の(　　)のア～オに適語を記せ。

第2条　就学時の健康診断における検査の項目は，次のとおりとする。

1　栄養状態

2　脊柱及び(ア)の疾病及び異常の有無

3　(イ)及び聴力

4　(ウ)の疾病及び異常の有無

5　耳鼻咽頭疾患及び(エ)の有無

6　歯及び(オ)の疾病及び異常の有無

7　その他の疾病及び異常の有無

(3)　「学校における結核マニュアル」(平成16年3月，文部科学省)に示されている結核健診に関する問診票の調査内容について6つ記せ。

(4)　健康診断は，学校保健における保健管理のための中核的な行事であり，教育的な側面があることを考慮し，事前指導を行うことが大切である。「児童生徒の健康診断マニュアル(改訂版)」(財団法人日本学校保健会)にある児童生徒・学生及び幼児に対しての事前指導の内容は5項目示されている。「その他」以外の内容を4つ記せ。

(☆☆☆☆◎◎◎)

【２】「学校保健安全法」第6条第1項の規定に基づき定められている学校環境衛生基準のうち，「第5　日常における環境衛生に係る学校環境衛生基準」には，毎授業日に行う検査項目が11項目示されている。11項目のうち，「学校の清潔」「ネズミ，衛生害虫等」「プール水等」「(プールの)附属施設・設備等」以外の7項目を記せ。

(☆☆☆◎◎◎)

【３】「秋田県学校教育の指針」(平成22年4月)では，生徒指導のための共通実践事項を校務分掌ごとに示している。養護教諭として，「児童生徒の心身の健康状態の把握と対応」をするためのチェックポイントを3つ記せ。

(☆☆☆☆☆◎◎◎)

【４】感染症及び食中毒について，次の設問に答えよ。
(1)　「ノロウイルスに関するQ&A」(平成21年12月，厚生労働省)に示されているノロウイルスによる食中毒や感染の予防について，次の(　　)のア〜カに適語を記せ。
①　加熱が必要な食品は，中心部までしっかり(食品の中心温度(　ア　)℃以上で(　イ　)分間以上)加熱する。
②　調理を行う前，食事の前，トイレに行った後，下痢・吐瀉物等の汚物処理の後に，(　ウ　)で丁寧に手洗いを行う。
③　床等に飛び散った患者の吐瀉物やふん便を処理するときには，使い捨てのエプロン，マスクと手袋を着用し，汚物中のウイルスが飛び散らないように，ペーパータオル等で静かに拭き取り，塩素濃度約(　エ　)ppmの(　オ　)で浸すように床を拭き取り，その後水拭きする。処理した汚物等はビニール袋に密閉して廃棄するが，この際，ビニール袋に廃棄物が充分に浸る量の塩素濃度約(　カ　)ppmの(　オ　)を入れることが望ましい。
(2)　学校において感染症及び食中毒が集団発生した際，適切な措置を講ずるための留意点を5つ記せ。

(☆☆☆☆☆◎◎◎◎)

【5】パニックへの対応について，次の設問に答えよ。

　中学校第1学年の2学期に転校してきた男子生徒は，学習面でのつまずきはほとんどなかったが，学級になじめず一人でいることが多かった。しばらくすると，級友の言葉を悪口だと思い込み，暴言を吐いたり，突然暴れたりするようになった。ある日，パニックを起こして，泣き叫んで興奮状態のまま保健室に駆け込んできた。

　このとき，養護教諭はどのように対応すべきか，200字以内で記せ。

(☆☆☆◎◎)

【6】「熱中症を予防しよう」(平成20年7月，文部科学省，独立行政法人日本スポーツ振興センター)には，昭和50年から平成19年までに発生した，学校の管理下における熱中症死亡事例の発生傾向及び熱中症の予防について記されている。次の設問に答えよ。

(1)　次の熱中症死亡事例の発生傾向について，(　　)のア～コに適語を記せ。

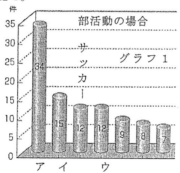

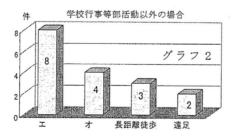

　　グラフ1にある学校の管理下における部活動での熱中症死亡事例の発生件数を見ると，運動種目で最も多いのが(　ア　)の34件である。次に多いのが，(　イ　)で15件，続いてサッカーと(　ウ　)の12件となっている。

　　グラフ2の学校行事等部活動以外の場合における熱中症死亡事例の発生件数を見ると，最も多いのが(　エ　)の8件，次いで(　オ　)の4件があげられる。

　　これらの他に，小学校5年生から高等学校3年生までの学年別熱中症死亡事例の発生件数では，(　カ　)年生が60件と最も多い。次いで(　キ　)年生の35件，3番目が(　ク　)年生の19件となっている。

　　また，月別熱中症死亡事例の発生件数では6月から9月のそれぞれ上旬，中旬，下旬を比較すると，死亡件数が最も多いのが(ケ　　月　　旬)で41件，次いで(コ　　月　　旬)の36件になっている。

(2)　インターハイ出場校を対象とした夏のトレーニングの実態調査(平成9年度インターハイ出場校の指導者を対象)の結果を踏まえて指摘された問題点を基に，夏のトレーニングを実施する際の配慮事項を3つ記せ。

(☆☆☆☆◎◎)

【7】「小学校学習指導要領解説総則編」(平成20年6月)の「3体育・健康に関する指導」について，次の設問に答えよ。

(1)　児童の心身の調和的発達を図るために，「体育・健康に関する指導」で示されている現代的課題について，「健康的な生活習慣を形成することが必要である」以外の課題について2つ記せ。

(2)　肥満傾向の増加など，食に起因する健康課題に適切に対応するため，学校における食育の推進において重視すべき指導内容について5つ記せ。

(☆☆☆◎◎◎)

【8】保健学習について，次の設問に答えよ。

  (1) 養護教諭であるあなたが，小学校第5学年の学級担任から，保健学習におけるティーム・ティーチングを要請された。「単元のまとめの場面で，学級の全児童に対し，『心の健康』についての説明をお願いしたい」と依頼を受けた。保健「心の健康」の指導内容である「心の発達」「心と体の相互の影響」「不安や悩みへの対処」の3点を含んだ説明内容を200字以内で作成せよ。

  (2) 「中学校学習指導要領解説保健体育編」(平成20年9月)では，保健分野の内容の取扱いに関して，「(10)保健分野の指導に際しては，知識を活用する学習活動を取り入れるなどの指導方法の工夫を行うものとする。」とある。この「知識を活用する学習活動を取り入れる」ことのねらいについて記せ。

  (3) (2)に関して示されている指導方法の工夫の例示について3つ記せ。

(☆☆☆☆◎◎)

【9】児童虐待について，次の設問に答えよ。

  (1) 文部科学省が児童虐待防止のために作成した研修教材「児童虐待防止と学校」(平成21年5月)では，発達障害のある子どもが虐待を受ける危険性が大きいと推定され，早期発見と支援の重要性が記されている。また，被虐待児と発達障害児は行動面に類似性があり，背景にあるものが，虐待なのか，発達障害なのかに気付いていく目が必要とされている。そこで被虐待児と発達障害児の行動面における類似性について4つ記せ。

  (2) 養護教諭はその職務の特性から児童虐待を発見しやすい立場にあると言われている。どのような状況で発見することが多いか4つ記せ。

(☆☆☆☆◎◎◎)

【10】 次の(1)〜(4)について説明せよ。
　(1)　オタワ憲章　　(2)　養護訓導　　(3)　トゥレット症候群
　(4)　ネフローゼ症候群

　　　　　　　　　　　　　　　　　　　　(☆☆☆◎◎)

解答・解説

【1】(1)　ア　予防処置　　イ　治療　　ウ　運動　　エ　軽減
　オ　適切　　(2)　ア　胸部　　イ　視力　　ウ　眼　　エ　皮膚疾患
　オ　口腔　　(3)　①本人の結核の既往歴，②本人の予防内服歴，③家族の結核既往歴，④高蔓延国での居住歴，⑤自覚症状(2週間以上の長引く咳や痰)，⑥過去のBCG接種の有無(ツ反陽性によるBCG未接種者の選定)　　(4)　①健康診断の意義，目的，実施計画(要項等)，②検診・検査項目と実施対象者(学年)，③健康診断の受け方(順番，会場の順路，服装，受診態度など)，④検診・検査当日受診等ができなかった場合の対応方法

〈解説〉(1)　児童生徒の健康診断は頻出問題なので，条文はまとめて覚えておくこと。具体例としては学校保健安全法第13条(児童生徒等の健康診断)，および学校保健安全法施行規則第5〜11条などがある。
　(2)　同法施行令第1条(就学時の健康診断の時期)や第3条(保護者への通知)，第4条(就学時健康診断票)も同時に確認しておくとよい。また，学校保健安全法施行規則第6条(児童生徒等の健康診断の検査項目)，第13条(職員の健康診断の検査項目)と比較して，違いを認識しておこう。
　(3)　結核検診は毎年度，問診及び学校医の診断により実施する。平成15年4月から従来のツベルクリン反応検査，その後に行われる精密検査やBCG接種が中止となり，かわって問診票，学校医の診察と結核対策委員会による精密検査者の選定が導入された。　　(4)　健康診断は，学習指導要領において特別活動の健康安全・体育的行事の1つとして

位置付けられていることもおさえておこう。

【2】換気，温度，明るさとまぶしさ，騒音，飲料水等の水質，雑用水の水質，飲料水等の施設・設備
〈解説〉7項目の基準は以下のとおりである。(1)　換気……①外部から教室に入ったとき，不快な刺激や臭気がないこと。②換気が適切に行われていること。　(2)　温度……10℃以上，30℃以下であることが望ましい。　(3)　明るさとまぶしさ……①黒板面や机上等の文字，図形等がよく見える明るさがあること。　②黒板面，机上面及びその周辺に見え方を邪魔するまぶしさがないこと。　③黒板面に光るような箇所がないこと。　(4)　騒音……学習指導のための教師の声等が，聞き取りにくいことがないこと。　(5)　飲料水の水質……①給水栓水については，遊離残留塩素が0.1mg/L以上保持されていること。ただし，水源が病原生物によって著しく汚染されるおそれのある場合には，遊離残留塩素が0.2mg/L以上保持されていること。　②給水栓水については，外観，臭気，味等に異常がないこと。　③冷水器等飲料水を貯留する給水器具から供給されている水についても，給水栓水と同様に管理されていること。　(6)　雑用水の水質……①給水栓水については，遊離残留塩素が0.1mg/L以上保持されていること。ただし，水源が病原生物によって著しく汚染されるおそれのある場合には，遊離残留塩素が0.2mg/L以上保持されていること。　②給水栓水については，外観，臭気に異常がないこと。　(7)　飲料水等の施設・設備……①水飲み，洗口，手洗い場及び足洗い場並びにその周辺は，排水の状況がよく，清潔であり，その設備は破損や故障がないこと。　②配管，給水栓，給水ポンプ，貯水槽及び浄化設備等の給水施設・設備並びにその周辺は，清潔であること。

【3】　①児童生徒の心身の健康状態についての情報が整理されていますか。　②不登校やいじめ，暴力行為等にかかわる児童生徒を共感的に理解し，話を聞いていますか。　③関係機関と連携して情報を収集

　　し，児童生徒の指導・支援に生かしていますか。

〈解説〉最近では地域の特色を出すという視点から，都道府県が作成した
　　資料に基づいた出題が増加している。したがって，受験する都道府県
　　等のホームページ等を確認して資料を入手し，熟読しておくこと。こ
　　のような資料は毎年度更新されることもあるため，最新の資料を入手
　　しておきたい。なお，「秋田県学校教育の指針」(平成22年4月)は秋田
　　県のホームページに掲載されている。

【４】(1)　ア　85　　イ　1　　ウ　石けん　　エ　200　　オ　次亜塩
　　素酸ナトリウム　　カ　1000　　(2)　①学校医，教育委員会，保健所
　　等に連絡し，患者の措置に万全を期すること。　②学校医の指導助言
　　を求め，健康診断，出席停止，臨時休業，消毒その他の事後措置の計
　　画を立て，これに基づいて措置を行うこと。　③保護者その他関係方
　　面に対しては，患者の集団発生状況を周知させ，協力を求めること。
　　④児童生徒等の食生活について十分な注意と指導を行うこと。　⑤感
　　染症・食中毒の発生原因については，関係機関の協力を求め，これを
　　明らかにするように努め，その原因の除去，感染の拡大防止に努める。
〈解説〉(1)　ノロウイルスについては，食品の中心温度85℃以上で1分間
　　以上加熱すれば，感染性は失われるとされている。石けん自体にノロ
　　ウイルスを直接失活化する効果はないが，手の脂肪等の汚れを落とす
　　ことにより，ウイルスを手指から剥がれやすくする効果がある。ノロ
　　ウイルスが感染・増殖する部位は小腸と考えられている。したがって，
　　嘔吐症状が強いときには，小腸の内容物とともにウイルスが逆流して，
　　吐瀉物とともに排泄される。このため，ふん便と同様に吐瀉物中にも
　　大量のウイルスが存在し感染源となりうるので，その処理には十分注
　　意する必要がある。　(2)　感染症が発生した場合には，感染症の予防
　　に関する細目(学校保健安全法施行規則第21条)に留意して処理するこ
　　ともおさえておこう。

【5】周囲の人々は騒がずに，まず危険な物がないかどうか安全に配慮した上で，パニックが治まるのを冷静に待つ。無理にパニックを制止しようとすると，生徒は落ち着きを一層失い，かえってパニックが長引きやすいので制止や声かけを控え静かに見守る。パニックが治まりにくいときには，落ち着きを取り戻す場所として保健室を使用することを認め，室内の一角を本人の居場所にするなど，本人が落ち着きを得やすいよう工夫する。

〈解説〉パニックになったときは話を聞く等，子どもの気持(悔しさなど)を共感的に受け止め，厳しく注意するのではなく，本人の気持ちが落ち着くための支援をする。無理な制止や声かけを控える，治まるのを待つ等，静かに見守ることもその1つである。

【6】(1) ア 野球　イ ラグビー　ウ 柔道　エ 登山　オ マラソン　カ 高校1　キ 高校2　ク 中学2　ケ 7月下旬　コ 8月上旬　(2)　①暑さに徐々に慣らすことを，もっと意識して実施する必要がある。　②激しい運動を行うときは，もっと頻繁に(目安は30分程度に1回)休憩をとる必要がある。　③十分に水分や塩分の補給を行う必要がある。

〈解説〉(1)　本問の資料「熱中症を予防しよう－知って防ごう熱中症－」は，インターネットで閲覧できるため，確認しておこう。また，環境省でも「熱中症環境保健マニュアル」をWebで公開しているため，一度目を通しておくとよい。

【7】(1)　①児童生徒の安全・安心に対する懸念が広がっていることから，安全に関する指導の充実が必要である。　②児童生徒が心身の成長発達について正しく理解することが必要である。　(2)　①栄養のバランス，②規則正しい食生活，③食品の安全性，④自然の恩恵・勤労などへの感謝，⑤食文化

〈解説〉(1)　養護教諭における小学校教育の目的は，健康，安全で幸福な生活のために必要な習慣を養い，心身の調和的発達を図ることであ

ることをおさえておくこと。　(2)　本問における該当箇所は以下の文章である。「特に，学校における食育の推進においては，偏った栄養摂取などによる肥満傾向の増加など食に起因する健康課題に適切に対応するため，児童が食に関する正しい知識と望ましい食習慣を身に付けることにより，生涯にわたって健やかな心身と豊かな人間性をはぐくんでいくための基礎が培われるよう，栄養のバランスや規則正しい食生活，食品の安全性などの指導が一層重視されなければならない。また，これら心身の健康に関する内容に加えて，自然の恩恵・勤労などへの感謝や食文化などについても教科等の内容と関連させた指導を行うことが効果的である。」(小学校学習指導要領解説総則編)

【8】(1)　(例)「心は，家族，友達など人とのかかわりなどを通して，年齢に伴って発達します。みなさんも以前に比べて自分の感情をコントロールしたりすることができるようになったと思います。また，体調が悪いときには，落ち込んだ気持ちになったりするなど心と体は互いに影響し合っています。不安や悩みがある場合には，身近な人に相談することなどによって気持ちを楽にしたりすることができます。自分に合った方法で対処するようにしましょう。」　(2)　思考力・判断力等を育成することをねらいとする。　(3)　ディスカッション，ブレインストーミング，実習，実験，課題学習などから3つ。

〈解説〉(1)　本問については，心はいろいろな生活経験を通して，年齢に伴って発達すること。心と体は，相互に影響し合うこと。不安や悩みへの対処には，大人や友達に相談する，仲間と遊ぶ，運動をするなどいろいろな方法があることの3点を踏まえるとよいだろう。

(2)　知識の習得を重視した上で，知識を活用する学習活動を積極的に行うことにより，思考力・判断力等を育成していくことを示したものである。　(3)　事例などを用いたディスカッション，ブレインストーミング，心肺蘇生法などの実習，実験，課題学習などを取り入れること，また，必要に応じてコンピュータ等を活用すること，地域や学校の実情に応じて養護教諭や栄養教諭，学校栄養職員など専門性を有す

る教職員等の参加・協力を推進することなど，多様な指導方法を行うように配慮する。

【9】(1)　①落ち着きのなさ，多動性，衝動性　　②視線の合いにくさ　③こだわりの強さや思い通りにいかないときのパニック　　④学習面での遅れ　　(2)　①健康診断など，子どもの健康状態の把握の際　②救急処置場面で不自然なけがの発見の際　　③体の不調を訴えて頻回に来室する子どもに対応する際　　④健康相談場面で子どもの訴えを聞く際

〈解説〉(1)　児童虐待については頻出問題である。本問で出題されている研修教材のほか，資料等で十分学習すること。　　(2)「養護教諭のための児童虐待対応の手引」を参照すること。養護教諭は職務の特質から，児童虐待を発見しやすい立場にあるといえる。例えば，健康診断では身長や体重測定，内科検診，歯科検診等を通して子どもの健康状況を見ることで，外傷の有無やネグレクト状態であるかどうかなどを観察できる。救急処置では，不自然な外傷から身体的な虐待を発見しやすい。また，体の不調を訴えて頻回に保健室に来室する子ども，不登校傾向の子ども，非行や性的な問題行動を繰り返す子どもの中には，虐待を受けているケースもある。したがって，養護教諭はそのような機会や健康相談活動を通して，児童虐待があるかもしれないという視点を常にもって，早期発見，早期対応に努めていく必要がある。

【10】(1)　オタワ憲章とは1986年に開催された第1回ヘルスプロモーション会議の成果であり，その中で，ヘルスプロモーションは「自らの健康を決定づける要因を，自らよりよくコントロールできるようにしていくこと」と定義された。　　(2)　養護訓導とは養護教諭の前身であり，昭和16年の国民学校令により学校看護婦から「養護訓導」となった。(3)　トゥレット症候群とは，多様性の運動チックと1つ以上の音声チックが長期間にわたって続くチック障害である。　　(4)　ネフローゼ症候群とは，血液をろ過する腎臓の中の糸球体に障害がおこり，多量の

　　タンパク質が漏れて血液中のタンパクが減少し，むくみなどの症状の
　　でる腎臓疾患である。

〈解説〉(2)　養護訓導となって初めて，教育職員としての地位や身分が
　　確立した。養護訓導は昭和22年学校教育法により，養護教諭となった。
　　(3)　発症の平均年齢は7歳前後とされ，ほとんどの例が14歳までに発
　　症する。発症時の症状で最も多いものは，まばたきなどの目の運動チ
　　ックであり，次が頭や顔の運動チックである。音声チックで発症する
　　例はより少ない。運動チックは，頭部から始まってやがて手，さらに
　　足へと広がっていくのが普通である。音声チックの出現は通常は運動
　　チックよりも遅く，平均年齢は11歳くらいであり，たいていは咳払い
　　や鼻ならしのような単純音声チックである。　　(4)　低蛋白血症，高度
　　な蛋白尿，浮腫(眼瞼や下肢)を主な症状とする。腎臓機能の低下が進
　　むと尿毒症の症状がでる。

2010年度　実施問題

【1】児童生徒の健康診断について，次の設問に答えよ。

(1) 次の(　　　)のア～キに適語を記せ。

○ 健康診断は，(　ア　)第12条及び(　イ　)第13条等で規定されているように，学校における保健管理のための中核的な行事であるとともに，(　ウ　)において特別活動の(　エ　)的行事の一つとして位置付けられている。

○ 学校における健康診断は，健康であるか，健康上の問題があるか，疾病や異常の(　オ　)があるかという視点で選び出す(　カ　)である。

○ 定期健康診断は，原則として(　キ　)第6条に規定された項目について実施する。

(2) 次の表は健康診断の検査項目と実施学年を示したものである。表中の(　　　)の①～④には適語を，A～Jには下の□□□から当てはまる記号を選び，表を完成させよ。

検査項目	検診・検査方法	小学校			中学校			高等学校		
		1年	3年	6年	1年	2年	3年	1年	2年	3年
視力　視力表	裸眼の者　　裸眼視力	◎	◎	◎	◎	◎	◎	◎	◎	◎
	眼鏡等をしている者　(①)	◎	◎	◎	◎	◎	◎	◎	◎	◎
	裸眼視力	△	△	△	△	△	△	△	△	△
聴力	オージオメータ	◎	◎	△	(A)	(B)	(C)	◎	△	◎
眼		◎	◎	◎		(D)	(E)	◎	(F)	(G)
結核	(②)・学校医による診察	◎	◎	◎	◎	◎	◎			
	(③)							◎		
	エックス線直接撮影 ツベルクリン反応検査 喀痰検査等	○	○	○	○	○	○			
	エックス線直接撮影 喀痰検査・聴診・打診							(H)		
心臓	臨床医学的検査、その他の検査	◎	◎	◎	◎	◎	◎	◎	◎	◎
	心電図検査	◎	△	△	◎	△	△	◎	△	△
寄生虫卵	直接塗抹法、(④)	◎	(I)	(J)	△	△	△	△	△	△

```
記号　◎　ほぼ全員に実施されるもの
　　　○　必要時または必要者に実施されるもの
　　　△　検査項目から除くことができるもの
```

(☆☆☆☆◎◎◎)

【2】結核について，次の設問に答えよ。

(1)　結核の症状を5つ記せ。

(2)　結核に関する次の①～③の語句について説明せよ。

　　①　結核罹患率　　②　多剤耐性菌　　③　空気感染

(3)　学校における教職員の結核健診の必要性について説明せよ。

(☆☆☆☆○○○)

【3】平成21年4月1日から施行された「学校保健安全法」，「学校保健安全法施行規則」，「学校環境衛生基準」について，次の設問に答えよ。

(1)　学校保健安全法第9条について，次の(　　　　)のア～カに適語を記せ。

　　養護教諭その他の職員は，相互に(　ア　)して，(　イ　)又は児童生徒等の健康状態の日常的な(　ウ　)により，児童生徒等の(　エ　)の状況を把握し，健康上の問題があると認めるときは，遅滞なく，当該児童生徒等に対して必要な(　オ　)を行うとともに，必要に応じ，その保護者(学校教育法第16条に規定する保護者をいう。第24条及び第30条において同じ。)に対して必要な(　カ　)を行うものとする。

(2)　学校保健安全法施行規則第20条にある出席停止の報告事項について5つ記せ。

(3)　教室等の環境に係る学校環境衛生基準に関する，次の①～③に答えよ。

　　①　定期及び臨時に行う検査の結果に関する記録の保存期間を記せ。

　　②　換気及び保温等の検査項目で揮発性有機化合物以外の検査項目を全て記せ。

　　③　揮発性有機化合物の採取時期と1つの採取方法を記せ。

(☆☆☆☆○○○○)

【4】救急処置について，次の設問に答えよ。

(1) 「救助者が一人しかいない場合」の心肺蘇生法では，対象者が8歳以上と小児(約1歳以上約8歳未満)で違いがある。その違いについて答えよ。

(2) 柔道の授業中に畳に頭から突っ込んだり，高い所から墜落した場合は，頚椎損傷の疑いがある。その際の問診の内容について4つ記せ。

(3) 血液を取り扱う際の留意点を4つ記せ。

(☆☆☆◎◎◎)

【5】学校保健活動について，次の設問に答えよ。

(1) 学校保健計画の策定に当たり，学校保健安全法第5条に示されている内容のうち，「その他保健に関する事項」を除く3つを記せ。

(2) 保健室経営計画を作成する目的について100字以内で説明せよ。

(☆☆☆◎◎◎)

【6】保健指導と保健学習について，次の設問に答えよ。

(1) 保健指導は，特別活動の学級活動などを中心にしながら，全教育活動を通じて行われる。中学校学習指導要領解説特別活動編(平成20年9月)の学級活動「(2)適応と成長及び健康安全　キ心身ともに健康で安全な生活態度や習慣の形成」において，保健指導の内容として挙げられている題材例を5つ記せ。

(2) 養護教諭が保健の授業を担任することができることを規定した法令名を答えよ。また，その規定された内容について，150字以内で述べよ。

(3) 次の表は，小学校学習指導要領(平成20年3月)，中学校学習指導要領(平成20年3月)，高等学校学習指導要領(平成21年3月)における保健学習の各学年の授業時数及び単元名を表したものである。表中の「　　　」の①～④には単元名を，(　　　)のア～ウには授業時数を記せ。

小学校学習指導要領	中学校学習指導要領	高等学校学習指導要領
保健学習 ＜第３、４学年で８単位時間程度＞ ○第３学年 「　　①　　」 ○第４学年 「育ちゆく体とわたし」 ＜第５、６学年で（ア）単位時間程度＞ ○第５学年 「　　②　　」 「けがの防止」 ○第６学年 「病気の予防」	保健学習 ＜全学年で（イ）単位時間程度＞ ○第１学年 「心身の機能の発達と心の健康」 ○第２学年 「　　③　　」 「傷害の防止」 ○第３学年 「健康な生活と疾病の予防」	保健学習 ＜第１学年で３５単位時間＞ ○第１学年 「現代社会と健康」 ＜第２学年で（ウ）単位時間＞ ○第２学年 「　　④　　」 「社会生活と健康」

(☆☆☆☆◎◎◎◎)

【7】児童生徒の心の健康について，次の設問に答えよ。

(1)　災害時における子どもの心のケアを適切に行うためには，学校において平常時から，子どもの心の健康への支援体制を確立しておく必要がある。平常時，危機管理における専門的立場からの対応として求められる養護教諭の役割を7つ記せ。

(2)　児童虐待防止法において，学校及び教職員に求められている役割について4つ記せ。

(3)　自殺の危険が高まった子どもへの対応においては，「TALKの原則」(「教師が知っておきたい子どもの自殺予防」平成21年3月，文部科学省)が求められる。T，A，L，Kは何の頭文字か。また，その内容を説明せよ。

(☆☆☆☆◎◎◎◎)

解答・解説

【1】(1)　ア　学校教育法　　イ　学校保健安全法　　ウ　学習指導要領
エ　健康安全・体育　　オ　疑い　　カ　スクリーニング(選別)
キ　学校保健安全法施行規則　　(2)　①　矯正視力　　②　問診

③　エックス線間接撮影　　④　セロハンテープ法　　A　◎
B　△　C　◎　D　◎　E　◎　F　○　G　◎　H　○
I　◎　J　△

〈解説〉健康診断は，学校における保健管理の中核であるとともに，教育活動でもあるという2つの性格を持っている。学校という教育の場における健康診断は，健康の保持増進を目的とした健康状態の把握が中心であり，健康上問題があるか，疾病や異常の疑いがあるかという視点で選び出すものである。また，健康診断に関する問題はさまざまな形式で問われるため，各検査方法や注意事項，検査実施学年，健康診断票の書き方等満遍なく理解しておきたい。また，各健康診断は，実施主体や実施時期が異なるので対応させて覚えておくとよい。さらに，職員の健康診断の検査項目と実施年齢については細かい規定があるので，時間をかけても正確に覚えておきたい。

【2】(1)　解略　(評価基準)…「咳が続く」「痰が出る」「微熱が続く」「食欲減退」「リンパ節炎」等のキーワードを主な観点として，相対的に評価する。　(2)　①　解略　(評価基準)…「人口10万人あたり」「新登録結核患者数」等のキーワードを主な観点として，相対的に評価する。　②　解略　(評価基準)…「薬の耐性を増す」「いくつかの薬剤」等のキーワードを主な観点として，相対的に評価する。　③　解略(評価基準)…「菌を含む咳」「空気中に浮遊」等のキーワードを主な観点として，相対的に評価する。　(3)　解略　(評価基準)…「集団感染の原因」「児童生徒の健康を守る」等のキーワードを主な観点として，相対的に評価する。

〈解説〉(1)　定期健康診断における結核健診の流れとして，①問診(内容：BCG接種歴(原則として小学校1年生のみに質問)，本人の結核罹患歴，本人の予防投薬歴，家族等の結核罹患歴，高まん延国での居住歴，自覚症状(2週間以上長引く咳や痰))。②学校医による診察…自覚症状の確認。③結核対策委員会における検討(精密検査の必要性等の検討)…問診内容の6項目のいずれかに該当する者，または学校医の診察で

197

必要と認められた者。④精密検査(ツベルクリン反応検査・X線直接撮影・喀痰検査)又は経過観察。※定期健康診断の結核の有無の検査において，結核の発病のおそれがあると判断されたものについては，おおむね6ヶ月後に再度結核の有無の検査を行うものとする。治療は感染症法に基づき実施する。　(3)　結核検査の目的と意義は，学校においては結核予防法の趣旨及び内容に沿って，学校保健法(現学校保健安全法)の体系の中に子どもの結核予防対策が組み込まれている。結核は依然として日本最多の感染症であり，近年では高等学校を中心として学校現場での集団感染の報告も少なくなく，結核対策は一層重要性を増していると言っても過言ではない。一方，定期健康診断における患者発生率は低下しており，より効果的な健康診断を実施していく必要がある。

【3】(1)　ア　連携　イ　健康相談　ウ　観察　エ　心身
オ　指導　カ　助言　(2)　・学校の名称　・出席を停止させた理由及び期間　・出席停止を指示した年月日　・出席を停止させた児童生徒等の学年別人員数　・その他参考となる事項　(3)　①　検査の日から5年間　②　換気，温度，相対湿度，浮遊粉じん，気流，一酸化窒素，二酸化窒素，ダニ又はダニアレルゲン　③　採取時期…教室等内の温度が高い時期　採取方法…〈解略〉吸引方式等のキーワードを主な観点として，相対的に評価する。
〈解説〉(1)　学校保健安全法は重要であり，その条文と内容はほぼ暗記し理解を深めておきたい。特に，今回の改正部分で，健康相談の実施者が「養護教諭その他の教職員」まで拡大しているところ等はポイントであり，全国的に頻出である。　(2)　学校保健安全法第19条(出席停止)では，「校長は，感染症にかかっており，かかっている疑いがあり，又はかかるおそれのある児童生徒等があるときは，政令で定めるところにより，出席を停止させることができる。」と示されている。また，学校保健安全法施行令第7条(出席停止の報告)では，「校長は，前条第1項の規定による指示をしたときは，文部科学省令で定めると

ころにより，その旨を学校の設置者に報告しなければならない。」と示されている。出席停止と臨時休業の実施者は異なるので注意が必要である。　(3)　揮発性有機化合物の採取方法は，吸引方式では30分間で2回以上，拡散方式では8時間以上行う。

【4】(1)　解略　(評価基準)…「2分間の心肺蘇生法を実施」等のキーワードを主な観点として，相対的に評価する。　(2)　解略　(評価基準)…「痛み」「しびれ」「力が入らない」「呼吸」等のキーワードを主な観点として，相対的に評価する。　(3)　解略　(評価基準)…「血液に触れない」「ビニール袋やラップ」「原則として自分」「石けんや流水で洗い流す」等のキーワードを主な観点として，相対的に評価する。

〈解説〉(1)　大声で人を呼んでも誰も来ない場合(一人しか居ない場合)は，小児では2分間心肺蘇生法(人工呼吸2回と胸骨圧迫30回を行っている場合は5サイクル)を行ってから，119番通報する。その後は，胸骨圧迫(30回)と人工呼吸(2回)を救急隊が来るまで継続する。また，1歳以上8歳未満の小児には，小児用パッドを用いる。小児用パッドが備わっていない場合は，成人用パッドを代用する。ただし，小児用パッドを成人に使用してはならない。　(2)　上位頸椎損傷では頸部痛，後頭部痛のほか，頭を両手で支える動作をとることもある。中下位頸椎損傷では頸部痛，頸部の運動制限や運動時痛が起こる。また，脊髄は損なわれない場合でも神経根が損なわれると，上肢の疼痛，しびれ，筋力の低下がみられる。どのように受傷したかを問診したあと，局所の症状を確認する。痛みの部位，圧痛，棘突起の叩打痛(ハンマーで叩いた時の痛み)の有無などである。　(3)　血液を取り扱う際は，感染予防のため，ゴム手袋やビニール袋などを使用することが望ましい。

【5】(1)　・児童生徒及び職員の健康診断　・環境衛生検査　・児童生徒等に対する指導に関する事項　(2)　解略　(評価基準)…学校教育目標，保健室等のキーワードを主な観点として，相対的に評価する。

〈解説〉(1)　学校保健計画は，教職員に周知徹底してもらい，全員で共

通理解を図っておくことが大切である。その立案の手順は，①資料収集(通年)②学校保健目標の決定(1～2月)　③原案の作成(1～2月)　④検討と共通理解(1～2月)　⑤学校保健委員会での協議(2～3月)　⑥決定(4月)　⑦実施・評価の流れである。　(2)　BCG接種歴(未接種の者)は，原則として小学校1年生のみに質問する。定期健康診断における結核健診の流れとして，①問診　②学校医による診察…自覚症状の確認③結核対策委員会における検討(精密検査の必要性等の検討)…問診内容の6項目のいずれかに該当する者，または学校医の診察で必要と認められた者。④精密検査(ツベルクリン反応検査・X線直接撮影・喀痰検査)又は経過観察。※定期健康診断の結核の有無の検査において，結核の発病のおそれがあると判断されたものについては，おおむね6ヶ月後に再度結核の有無の検査を行うものとする。治療は感染症法に基づき実施する。

【6】(1)　解略　(評価基準)…「心の健康」「口腔」「生活習慣病」「食事・運動・休養」「喫煙・飲酒の害」「ストレスへの対処」等のキーワードを主な観点として，相対的に評価する。※以上の中から5つ記入する。　(2)　法令名…教育職員免許法　解略　(評価基準)…3年以上の勤務等のキーワードを主な観点として，相対的に評価する。

(3)　①　毎日の生活と健康　　②　心の健康　　③　健康と環境
④　生涯を通じる健康　　ア　16　　イ　48　　ウ　35
〈解説〉(1)　保健指導とは，日常生活における健康問題について自己決定し，対処できる能力や態度の育成，習慣化を図ることを目標としている。その内容は，各学校の児童生徒が当面している，または近い将来に当面するであろう健康に関する内容であり，特別活動の学級活動やホームルーム活動を中心に教育活動全体で指導を行う。進め方は，実態に応じた時間数を定め計画的，継続的に実践意欲を誘発しながら行う。対象は，集団(学級，学年，全体)または個人であり，その指導者は学級担任，養護教諭，学校栄養職員(栄養教諭)などである。
(2)　「教育職員免許法の一部を改正する法律の公布について(通知)」で

は,「養護教諭の免許状を有し三年以上の勤務経験がある者で,現に養護教諭として勤務している者は,当分の間,その勤務する学校において保健の教科の領域に係る事項の教授を担任する教諭又は講師となることができることとすること。」と示された。 (3) 「体育科」保健領域の改訂のポイントとして,健康な生活を送る資質や能力の基礎を培う観点から,中学校の指導内容につながる系統性のある指導ができるように,毎日の生活と健康,けがの防止,病気の予防についての指導を充実。追加された内容として,・健康の状態は自分の気持ちや周りの環境がかかわっていること(第3学年)・身のまわりの生活の危険が原因となるけがの防止(第5学年)・地域の保健所などで行われている様々な保健活動(第6学年)である。「保健体育科」保健分野の改訂のポイントとして,個人生活における健康・安全に関する内容を重視する観点から,自然災害に伴う傷害の防止(第2学年)や医薬品についての指導(第3学年)を充実。

【7】(1) 解略 (評価基準)…「健康観察」「保健室来室状況」「心身の健康調査」「臨時の健康診断」「健康相談」「専門家」「災害時」等のキーワードを主な観点として,相対的に評価する。 (2) 解略 (評価基準)…「児童虐待」「児童相談所」「保護・自立支援」「子どもへの教育」等のキーワードを主な観点として,相対的に評価する。 (3) T…Tell 解略 (評価基準)…言葉に出す等のキーワードを主な観点として,相対的に評価する。 A…Ask 解略 (評価基準)…率直に尋ねる等のキーワードを主な観点として,相対的に評価する。 L…Listen 解略 (評価基準)…傾聴等のキーワードを主な観点として,相対的に評価する。 K…Keep(又はKeep safe) 解略 (評価基準)…安全等のキーワードを主な観点として,相対的に評価する。
〈解説〉(1) 平常時の心のケアの体制づくりにおける養護教諭の役割は,・子どもの健康観察の項目や結果について専門的検討を加える。・保健室来室状況の把握を常に行う。・心身の健康調査の調査設計等に助言,協力する。・臨時の健康診断を常にできるようにしてお

く。・健康相談活動を展開する。・専門家等との連携を図り，連携図等を作成する。・災害時においても常に保健室が運営できる条件づくりをする。非常災害時のために平常時から危機管理の一貫として確立すべき支援体制において養護教諭が果たすべき役割は，・平常時から心身の健康上の問題をもつ子どもを把握しておき，全職員の共通理解を図るため，日頃から保健室からの情報を発信しておく。・災害が起き，学校が避難場所になった場合，保健室をどのように活用するか，全教職員との共通理解を図っておく。・医学的，教育的知識を併せ持っている養護教諭は，学校と医療機関，カウンセラー，地域社会などと連携を図るため，コーディネーターとしての役割を自覚し，力をつけておく。また，健康相談活動は養護教諭の新たな役割として，平成9年保健体育審議会答申により提言された。養護教諭は，専門性と保健室の機能を最大限に生かして，心の健康問題にも対応した健康の保持増進を実践できる資質の向上を図る必要がある。　(2)　児童虐待防止及び児童福祉法の一部改正法では，児童虐待防止対策強化を図る観点から，児童の安全確認等のための立入調査等の強化，保護者に対する面会通信制限の強化等の措置が講じられている。また，児童虐待の防止等に関する法律第五条一項にある「教職員は児童虐待を発見しやすい立場にあることを自覚し，児童虐待の早期発見に努めなければならない」と教職員に努力義務を課している。他に，文科省HP『養護教諭のための児童虐待対応の手引き』は必読である。　(3)　TALKの原則とは，Tell：言葉に出して心配していることを伝える。Ask：「死にたい」という気持ちについて，率直に尋ねる。Listen：絶望的な気持ちを傾聴する。Keep safe：安全を確保する。のことをいう。対応の留意点として，1)ひとりで抱え込まない。チームによる対応は，多くの目で子どもを見守ることで生徒に対する理解を深め，共通理解を得ることで教師自身の不安感の軽減にもつながる。2)急に子どもとの関係を切らない。自殺の危険の高い子どもに親身に関わっていると，しがみつくように依存してくることも少なくない。疲れてしまって急に関係を切ってしまうといった態度は，子どもを不安にさせる。子どもと

の間には継続的な信頼関係を築くことが大切である。3)「秘密にして
ほしい」という子どもへの対応。子どもが「他の人には言わないで」
などと訴えてくると，ひとりだけで見守っていくというような対応に
陥りがちである。子どものつらい気持ちを尊重しながら，保護者にど
う伝えるかを含めて，他の教師とも相談することが大切である。4)手
首自傷(リストカット)への対応。自傷行為は，将来起こるかもしれな
い自殺の危険を示すサイン。慌てず，しかし真剣に対応して，関係機
関につなげることが大切である。子どもははじめは抵抗を示すかもし
れないが，本人の苦しい気持ちを認めるような姿勢で関わっていくこ
とが大切である。

2009年度　実施問題

【１】児童生徒の健康診断について，次の設問に答えよ。
  (1)　学校保健法施行規則における児童生徒等の定期健康診断の方法及び技術的基準について，（　　）のア～コに適語を記せ。
    ①　（　ア　）は，皮膚の色沢，皮下脂肪の充実，筋骨の発達，貧血の有無等について検査し，（　イ　）又は肥満傾向で特に注意を要する者の発見に努める。
    ②　胸郭の異常の有無は，（　ウ　）及び発育について検査する。
    ③　視力は，（　エ　）に準拠した視力表を用いて左右各別に（　オ　）を検査し，眼鏡を使用している者については，当該眼鏡を使用している場合の（　カ　）についても検査する。ただし，眼鏡を使用している者の（　オ　）の検査はこれを除くことができる。
    ④　聴力は，（　キ　）を用いて検査し，左右各別に（　ク　）の有無を明らかにする。
    ⑤　身長は，たび，靴下等を脱ぎ，両かかとを密接し，背，臀部及びかかとを身長計の（　ケ　）に接して直立し，両上肢を体側に垂れ，頭部を（　コ　）に保たせて測定する。
  (2)　学校保健法施行規則に規定された項目以外の検査を実施する場合の留意点を記せ。
  (3)　次の（　　）の①～④に適する数値を入れ，聴力レベルデシベル(平均聴力)の算出方法を完成せよ。

$$聴力レベルデシベル(平均聴力)＝\frac{a＋2b＋c}{（　①　）}$$

  （　②　）Hzの閾値 a dB，（　③　）Hzの閾値 b dB，
  （　④　）Hzの閾値 c dB

（☆☆○○○○）

【2】2012年までに国内における麻しん排除とその後の維持を目標にした「麻しんに関する特定感染症予防指針」(平成19年12月28日，厚生労働省)が告示され，「学校における麻しん対策ガイドライン」(平成20年4月，国立感染症研究所感染症情報センター作成，文部科学省・厚生労働省監修)が示された。このことについて次の設問に答えよ。

(1)　平成20年4月からの麻しん定期予防接種対象者を示した次表について①〜④に該当する者を記せ。

	対　象　者		
第1期	①		
第2期	②		
第3期	平成20年4月〜向こう5年間、それぞれの年度の（	③	）
第4期	平成20年4月〜向こう5年間、それぞれの年度の（	④	）

(2)　麻しんは3つの病期(カタル期，発疹期，回復期)に分類されるが，それぞれにおける主な症状を記せ。

(3)　次の図は，学校における麻しん発生時の対応を示したものである。下の①〜③に答えよ。

①　下線(ア)「関係者・関係機関」を3つ記せ。

②　下線(イ)「児童生徒及び保護者への情報提供」の内容を3つ記せ。

③　下線(ウ)「児童生徒の出席停止及び学校の閉鎖措置の決定」について，それぞれの法的根拠となる法令名とその内容を記せ。

(☆☆☆○○○○)

【3】独立行政法人日本スポーツ振興センター法施行令(平成15年8月8日政令第369号)第5条2項で示している「学校の管理下」について(　　)の①〜⑧に適語を記せ。

一　児童生徒等が，法令の規定により学校が編成した(　①　)に基づく(　②　)を受けている場合

二　児童生徒等が学校の(　③　)に基づいて行われる(　④　)を受けている場合

三　前二号に掲げる場合のほか，児童生徒等が(　⑤　)に学校にある場合その他(　⑥　)の指示又は承認に基づいて学校にある場合

四　児童生徒等が通常の(　⑦　)及び方法により通学する場合

五　前各号に掲げる場合のほか，これらの場合に準ずる場合として(　⑧　)で定める場合

(☆☆○○○○)

【４】次の設問に答えよ。

(1)　次に示す体位はどのような症状に適しているか答えよ。
①膝屈曲位　　②側臥位　　③半座位　　④足側高位　　⑤腹臥位

(2)　異物(食物)が口の中やのどに詰まっている状態(気道閉塞)が強く疑われる場合(疾病者に意識がある場合)，異物の除去の方法を2つ挙げ，手順を記せ。

(3)　現在の救命処置は，心肺蘇生法委員会から平成18年6月に示された「日本版救急蘇生ガイドライン」を基に，全体が簡略化され，誰にでも簡単に実行できるようになっている。従来の応急処置と比べ，最も大きな変更点は胸骨圧迫(心臓マッサージ)の意義が強調されていることであるが，具体的な救急処置の変更点を4つ記せ。

(☆☆☆☆○○○)

【５】学校保健活動に関する次の設問に答えよ。

(1)　学校保健活動は，学校保健計画に基づいて実施されるが，学校保健計画の実施にあたって，養護教諭に求められている役割を3つ記せ。

(2)　学校保健に関する組織活動を円滑に推進するために留意すべき点を5つ記せ。

(3)　学校における保健管理について，その内容を記せ。

(☆☆☆☆○○○)

【6】学習指導要領について次の設問に答えよ。
(1) 現行の小学校学習指導要領総則，中学校学習指導要領総則，高等学校学習指導要領総則における「学校における体育・健康に関する指導」を進めていく上で配慮しなければならない事項を4つ記せ。
(2) 中学校学習指導要領解説－保健体育編－(平成11年9月文部省)で述べられている「健康の保持増進のための実践力の育成」の実践力とは，どのような内容を示すのか100字以内で記せ。

(☆☆☆◎◎◎)

【7】次の表は，小学校体育保健領域の保健学習単元計画例の一部分である。これについて下の設問に答えよ。
対象学年　小学(ア)年
単元名「　イ　」

時	小単元名	ねらい・内容
第1時	大きくなったわたし	ウ
第2時	すくすく育てわたしの体	エ
第3時	おとなに近づく体と心①	オ
第4時	おとなに近づく体と心②	思春期になると、異性への関心が芽生えることを理解できるようにする

(1) アには数字を，イには単元名を，ウ～オにはねらい・内容をそれぞれ記せ。
(2) 担任と養護教諭がティームティーチングで第1時を指導する際に，保健室の機能を生かすという視点から考えられる具体的な指導上の工夫について記せ。
(3) 第3時を指導する際に配慮することを記せ。

(☆☆☆◎◎◎◎)

【8】健康相談活動について，次の設問に答えよ。
(1) 「健康相談活動」，「教育相談」，「健康相談」の違いを踏まえ，それぞれについて説明せよ。
(2) 保健室登校について，専門機関との連携を図る場合の留意点を5つ記せ。

(☆☆☆◎◎◎)

解答・解説

【1】(1)　①　ア　栄養状態　　イ　栄養不良　　②　ウ　形態
③　エ　国際基準　　オ　裸眼視力　　カ　矯正視力
④　キ　オージオメータ　　ク　聴力障害　　⑤　ケ　尺柱
コ　正位　　(2)　学校の責任や実施の目的，義務づけではないことを
明示し，保護者に周知して理解と同意を得る。　(3)　①　4
②　500　　③　1000　　④　2000　※完全解答とする　②④は順不同
〈解説〉(1)　①　施行規則第一条第一号　　②　施行規則第一条第三号
③　施行規則第一条第四号と第五条第一項　　④　施行規則第一条第
五号　　⑤　施行規則第五条第二項　　(2)　検査項目は原則として学
校保健法施行規則に規定された項目について実施するが，それ以外の
検査を実施する場合には学校の判断のみならず保護者の理解も得るこ
とが大切である。　(3)　難聴が疑われた者の再検査の検査音の順序は，
1000Hz，2000Hz，4000Hz，1000Hz，500Hzの順となる。その後問題に
ある式によって聴力レベルデシベルの算出を行う。

【2】(1)　①　1歳児(又は生後12月から24月に至るまでの間にある者)
②　小学校段階入学前1年間の幼児(又は小学校就学前の1年間にある
者)　　③　中学校1年生に相当する年齢の者(又は13歳となる日に属す
る年度の初日から当該年度の末日までの間にある者)　　④　高校3年
生に相当する年齢の者(又は18歳となる日に属する年度の初日から当該
年度の末日までの間にある者)　　(2)　カタル期：38℃以上の発熱や
せき，鼻水，目が赤くなるといった症状があり，コプリック斑が出る。
発疹期：高熱とともに紅色斑または斑状丘疹が出現する。
回復期：発疹は暗褐色に変化し，色素沈着する。　(3)　①　学校医，
所管の保健所，学校の設置者等　　②　校内での発症事実，患者の発
症日や立ち寄った場所等。　感染の可能性がある児童生徒は登校前に
検温し，37.5℃以上は受診すること等。　マスクの着用，手洗い・う

がいは感染予防効果がないこと等。　③　出席停止の法的根拠：学校
保健法　校長は，伝染病にかかっており，かかっておる疑いがあり，又
はかかるおそれのある幼児，児童，生徒又は学生があるときは，政令で
定めるところにより，出席を停止させることができる。　学校の閉鎖措
置の法的根拠：学校保健法　学校の設置者は，伝染病予防上必要がある
ときは，臨時に，学校の全部又は一部の休業を行うことができる。
〈解説〉詳しくは「学校における麻しん対策ガイドライン」を参照。
(1)　平成20年3月現在，予防接種法において「1歳児」と「小学校段
　階入学前1年間の幼児」は定期接種の対象者に位置づけられている。
　しかし2007年の麻しん流行を繰り返さないために，平成20年4月か
　ら向こう5年間に限り，これまで1回しか定期接種の機会が与えられ
　ていなかった世代である「平成20年4月〜向こう5年間，それぞれの
　年度の中学校1年生に相当する年齢の者」と「平成20年4月〜向こう
　5年間，それぞれの年度の高校3年生に相当する年齢の者」が新たに
　定期接種の対象者に位置づけられることとなった。　(2)　麻しんに関
　する基礎的な知識である。麻しんはカタル期の前に，無症状だがウイ
　ルスが増殖している潜伏期がある。　(3)　①　麻しん患者が発生した
　場合，迅速に関係者・関係機関に連絡をとる必要がある。　②　必要
　に応じ，「個々の児童生徒について，麻しんの罹患歴・予防接種歴に
　関する情報の提供を改めて求めることがある」ということを保護者に
　伝えておき，迅速に情報収集出来るようにしておくことも大切である。
　③　学校保健法第12条(出席停止)と第13条(臨時休業)の規定である。

【3】(1)　①　教育課程　　②　授業　　(2)　③　教育計画
　④　課外指導　　(3)　⑤　休憩時間中　　⑥　校長　　(4)　⑦　経路
　(5)　⑧　文部科学省令
〈解説〉(1)　各教科や学校行事など　　(2)　部活動や幼稚園の預かり保
　育など　　(3)　始業前の特定時間中や昼休みなど。ただし始業前の著
　しく早い時間は「特別の事情」がない限り特定時間中には含まれない。
　(4)　登下校中など

【４】(1)　①　腹部の外傷，腹部の痛み等　②　意識がない疾病者，嘔吐等　③　頭部の外傷，脳血管障害，呼吸の苦しい疾病者等　④　貧血，出血性ショック等　⑤　背中の外傷，嘔吐等　(2)　方法名：腹部突き上げ法(又はハイムリック法)　傷病者の後ろにまわり腹部を抱きかかえ，片方の手で握りこぶしをつくりみぞおちにあてる。腕で両脇を絞り込みながら胸部におしあげるように圧迫する。　方法名：背部叩打法　手のひらの付け根の部分で，両側の肩甲骨の間を力強く4，5回早く連続して叩く。　(3)　循環のサインの確認が不要となった点。　人工呼吸を省略し，胸骨圧迫のみでも可能となった点。胸骨圧迫と人工呼吸の比率が15：2から30：2となった点。　AEDによる電気ショックは連続回数3回から1回となり，電気ショック後は直ちに胸骨圧迫を行うこととなった点。　※以上から4つ記入

〈解説〉(1)　①　仰臥位で膝を立てた状態。　②　横向きに寝ている状態。　③　布団などによりかかり上体を軽く起こした体位。　④　仰臥位で下肢を布団などで15〜30cm高くした体位。　⑤　うつぶせで顔を横に向けた体位。　(2)　傷病者に反応がある場合は腹部突き上げ法と背部叩打法を併用するが，妊婦や幼児には背部叩打法のみとする。(3)　胸骨圧迫の効果を上げるために，心肺蘇生法開始の判断と手順，人工呼吸の吹き込み時間，胸骨圧迫と人工呼吸の比率，AEDによる連続ショック回数，ショック後の対応などが変更された。

【５】(1)　保健主事と協力し指導用資料の作成を行い，活用の説明・支援を行う。　配慮を要する児童生徒を全教職員へ周知し，関係者との連携を行う。　児童会・生徒会の活動において自分の健康を守り育てるような実践力を育成する。　(2)　校務分掌組織と連携する。　校内研修を充実させる。　保護者と連携する。　地域社会・関係団体と連携する。学校保健委員会を活性化する。　(3)　保健管理は心身の管理や生活の管理といった対人管理と，学校環境の管理といった対物管理がある。

〈解説〉(1)　学校保健計画は健康診断や健康相談，学校環境衛生はもと

より，学校保健委員会の開催などについても含まれている。これらを実施するにあたっては，学校の職員の責任分担を明確にして，保健管理と保健教育との調整を図って成果のあがるように努めることが重要である。　(2)　学校保健は校長のリーダーシップの下，保健体育担当教員や保健主事，栄養教諭や学校医等がそれぞれの役割を果たし，組織的に学校保健に取り組むことが重要である。そのため連携することや，校内での研修を充実させることは円滑な推進のために有効的である。　(3)　対人管理は健康診断や健康相談，救急処置，伝染病予防が例としてあげられる。対物管理は学校環境の衛生的管理や校舎内外の美化などがあげられる。

【6】(1)　学校の教育活動全体を通じて適切に行い，全教職員の理解と協力を得る。　各教科や特別活動などにおいて，それぞれの特質に応じて適切に行う。　家庭との連携や地域社会との連携を図りながら行う。　生涯を通じて健康・安全で活力ある生活を送るための基礎が培われるよう配慮して行う。　(2)　健康・安全についての科学的な理解，的確な思考・判断及び意志決定，自らの健康管理や生活行動及び環境の改善を適切に実践できるような資質や能力。
〈解説〉(1)　小・中・高等学校学習指導要領において，それぞれの第1章総則第1款教育課程編成の一般方針の3において述べられている。
(2)　健康・安全についての科学的理解を通して，思考，判断，意志決定や行動選択ができることをさす。

【7】(1)　ア　4　　イ　育ちゆく体とわたし　　ウ　体は年齢に伴って変化するが，個人差があることを理解できるようにする。
エ　体をよりよく発育・発達させるためには，調和のとれた食事，適切な運動，休養及び睡眠が必要であることを理解できるようにする。
オ　思春期になると次第に大人の体に近づき，体つきが変わったり，初経，精通などが起こったりすることを理解できるようにする。
(2)　健康診断結果を生かし，身長の発育曲線，身長の伸び方シートを

活用して，子どもたちの興味関心を高める工夫を行う。　(3)　自分を大切にする気持ちを育てる観点に基づき，発育の個人差や男女の体つきの特徴，自分の体の変化や個人による発育の違いを肯定的に受け止めることが大切であることに気付かせるよう配慮する。

〈解説〉(1)　指導学年や学習内容については頻出であるため，確実におさえておきたい。　(2)　健康診断結果や来室状況など，保健室の機能を通じて得られる子どもの実態に即したデータを使用することで，養護教諭ならではの授業を展開できる。　(3)　性教育では発達段階に応じて異性の理解を深め，自己の性を受容し，自他を大切にする心を養うことが重要である。

【8】(1)　健康相談活動：養護教諭の職務の特質や保健室の機能を十分に生かし，児童生徒の様々な訴えに対して，常に心的な要因や背景を念頭に置いて，心身の観察，問題の背景の分析，解決のための支援，関係者との連携など，心や体の両面への対応を行う。　教育相談：本来一人一人の子どもの教育上の諸問題について，本人又はその親，教師などに望ましいあり方について指導助言することを意味する。子どもたちが抱える学校生活上の個別の問題に対して担任教師をはじめ全教職員が相談にあたり，人格の成長への援助を行う。　健康相談：日常の健康観察結果や健康診断結果，保健調査結果から継続的な観察及び指導を必要とする者に対して，学校医・学校歯科医が毎月定期に行う。　(2)　信頼関係を築き，慎重に進める。　保健室登校の様子など日々の記録を行う。　情報把握を行い，事例に適した専門機関を選ぶ。具体的な事実に基づいた話を正確に伝える。　抱え込みすぎず，適切なタイミングで専門機関につなげる。　複数の教職員で対応する。プライバシーの保持や情報管理を徹底する。　※以上から5つ記入

〈解説〉(1)　健康相談活動は平成9年保健体育審議会答申において養護教諭の新たな役割として提言された。健康相談は学校保健法第11条に規定されている。　(2)　養護教諭の日々の記録は重要であり，気になったことや子どもの様子，話した言葉などを日頃からメモしておくとよい。

2008年度　実施問題

【1】学校保健に関する次の設問に答えよ。

(1) 学校保健計画の作成にあたり，主に保健室の活動で得られる情報について内容を5つ記せ。

(2) 平成7年3月28日に公布され，同年4月1日から施行された学校教育法施行規則の一部を改正する省令により，保健主事に養護教諭を充てることができるようになった。改正の趣旨について記せ。

(☆☆☆◎◎◎)

【2】「学校環境衛生の基準」(平成4年6月23日文部省体育局長裁定，平成19年7月10日一部改訂)に関する次の設問に答えよ。

(1) 教室(水道のない場合)における日常点検の項目とポイントを例にならって7つ記せ。

項　目	ポイント
(例) 机・いす	・児童生徒等の身体に適合しているか ・清潔であるか ・破損はないか

(2) 照度及び照明環境に関する次の①，②の問いに答えよ。

① 照度と輝度について説明せよ。

② 次の文は，照度の判定基準について示したものである。(　ア　)～(　コ　)にあてはまる適語や数値を解答用紙の所定欄に記せ。

　教室及び黒板のそれぞれの最大照度と最小照度の比を(　ア　)というが，その比は(　イ　)：1を超えないこととし，やむを得ず超えた場合でも(　ウ　)：1を超えないこと。テレビ及びディスプレイの画面の(　エ　)照度は，(　オ　)～(　カ　)ルクス程度が望ましい。コンピュータ設置の教室やワープロ，ディスプレイ等を使用する教室の机上の照度は(　キ　)～(　ク　)ルクス程度が望

ましく，画面等に(　ケ　)や(　コ　)が見られないこと。

(☆☆☆☆○○○)

【3】児童生徒の定期健康診断に関する次の設問に答えよ。

(1)　栄養状態を検査する意義について3つ記せ。

(2)　肥満度(過体重度)の算出式を記せ。

(3)　心疾患を有する児童生徒の学校における生活管理指導で留意すべきことを記せ。

(☆☆☆○○○)

【4】健康相談活動に関する次の設問に答えよ。

(1)　腹痛で保健室に来室した中学校2年生女子について，学級担任から養護教諭に対して「ここ2，3日腹痛を訴えており，元気がなく沈みがちである。毎日声をかけて体調を聞いたり面談をしたが，あまり話したがらないので心配だ。」というような話があった。問題の解決に向けて養護教諭としてどのような役割を果たすべきか5つ記せ。

(2)　子どものメンタルヘルスの問題を解決するためには，校内での教職員の連携が不可欠であるが，その理由について記せ。

(☆☆☆○○○)

【5】学校における伝染病の予防に関する次の設問に答えよ。

(1)　平成19年3月30日に公布され，同年4月1日から施行された学校保健法施行規則の一部を改正する省令における「学校において予防すべき伝染病」に関する次の①～③の問いに答えよ。

①　第一種伝染病をすべて記せ。

②　第二種伝染病の特徴を記せ。

③　第三種伝染病について出席停止の期間の基準を記せ。

(2)　学校における伝染病の集団発生防止について，患者の早期発見，早期処理の観点から具体的な対応について記せ。

(☆☆☆○○○○)

【6】歯・口の健康に関する次の設問に答えよ。

(1) 外傷により歯が脱落した場合，その脱落した歯に対してどのような処置をすべきか3つ記せ。

(2) 小学校高学年で，歯肉の炎症が強く歯みがきで出血するような児童にどのような個別指導が必要か記せ。

(3) 咀嚼の重要性について5つ記せ。

(☆☆☆◎◎◎◎)

【7】疾患に関する次の設問に答えよ。

(1) 伝染性皮膚疾患にはどのようなものがあるか。原因別に2つずつ記せ。

① ウイルスが原因の疾患

② 細菌が原因の疾患

③ 真菌が原因の疾患

④ 小動物が原因の疾患

(2) 成長期におけるスポーツ障害の中から，具体的な疾患名を3つあげ，それぞれについてその症状と保健指導の内容を解答用紙の所定欄に記せ。

(3) 「風疹」，「伝染性紅斑(リンゴ病)」，「水痘」及び「手足口病」について，発疹の形状及び特徴を例にならって記せ。

病　名	発疹の形状	発疹の特徴
(例) 麻　疹	丘　疹	耳の後ろから始まり，頸部，腕，背，腹，手足の順で広がる。(口中にも白い斑点がある)

(☆☆☆☆◎◎)

【8】熱中症に関する次の設問に答えよ。

(1) 熱中症を予防するにはどのようなことが大切か記せ。

(2) 熱中症による「熱けいれん」「熱疲労」「熱射病」のそれぞれの症状について記せ。

(☆☆☆◎◎◎◎)

【9】保健学習における効果的な学習方法に関する次の設問に答えよ。

(1)　「ブレインストーミング」,「ケーススタディ」及び「ロールプレイング」について,具体的な活動と期待される効果等を例にならって記せ。

学習方法	具体的な活動	期待される効果等
(例) ディベート	あるテーマについて,肯定側と否定側に分かれ,二つのチームがルールに従って議論を行い,その結果を審判が判定する活動	・思考力,判断力,表現力などの形成 ・活発な意見交換

(2)　ブレインストーミングを実施する際の4つのルールについて記せ。

(☆☆☆◎◎)

【10】健康状態を把握する方法に関する次の設問に答えよ。

(1)　健康観察の記録について,学級ごとに健康観察記録簿を作成し,欠席及び健康観察の結果を毎日記録しておくことが必要であるが,これらの記録の活用方法について5つ記せ。

(2)　保健調査の方法の一つである「質問紙による調査」について,実施上の留意点を5つ記せ。

(☆☆☆☆◎◎◎)

解答・解説

【1】(1)　・児童生徒の健康状態や体格,体力,疾病,栄養状態に関する実態　・心の健康に関する実態　・学校環境衛生に関する実態　・保健室利用状況　・学校保健組織活動の活動状況　(2)　いじめ対策や心身の健康問題への対応における指導体制の充実を図る。
〈解説〉養護教諭の職務と保健室の機能を照らし合わせ,保健室の活動で得られる情報は何か把握し,その中で学校保健計画作成に必要とされ

る情報として適切なものを答える。

　保健主事は，学校における保健に関する事項の管理の要として，学校保健計画の策定等の保健に関する企画立案，連絡調整，学校保健委員会など保健に関する組織活動の推進など役割を持つ。保健主事に養護教諭を充てることができるようになったことは，いじめ問題や学校保健における養護教諭の積極的なかかわりへの期待といえるだろう。

【2】(1)　項目：ポイント　・騒音環境：授業を妨害する音はないか・学校の清潔：整理整頓，清掃は行われているか　・ネズミ，衛生害虫の駆除：ハエ，蚊，ゴキブリが発生または侵入していないか・明るさとその環境：適切な明るさが確保されているか，まぶしさはないか　・黒板の管理：適切な明るさが確保されているか，まぶしさはないか，拭きとりはされているか　・教室の空気：温度は適正か，換気は適正か，不快な刺激や臭いはないか　・ごみの処理：ごみ箱は清潔か　(2)　①・照度：物に当たる光の強さ　・輝度：物の面から目の方向へ反射する光の強さ　②　(ア)　照度比(イ)　10　(ウ)　20　(エ)　垂直面　(オ)　100　(カ)　500(キ)　500　(ク)　1000　(ケ)　反射　(コ)　影
〈解説〉学校環境衛生は，学校保健法・学校保健法施行規則等で管理されている。また，学校環境衛生の基準は短いサイクルで改訂が行われてきており，その都度，最新の情報を正確に把握しておく必要がある。学校環境衛生検査の法的根拠，目的，検査項目，内容，判定基準などは理解しておきたい。

【3】(1)　・個々の子どもの日常的な生活状況を把握できる。　・個々の子どもの健康状態について全般的な評価のための重要な指標である。　・日常的な生活や肥満，やせなどの健康問題について保健指導を行う上での重要な基礎資料となる。　(2)　肥満度(過体重度)＝(実測体重－身長別標準体重)／身長別標準体重×100　(3)　学校生活管理指導表に記載されている主治医の指導を厳守し，子どもへの指導を行

う。特に体育の授業は，細心の注意を払う。

〈解説〉健康診断の各項目にはそれぞれの意義があるが，大きくみて①子どもの健康状態を把握できることと，②保健管理・保健指導の資料となること，はどの項目にも通じているのではないだろうか。

　　学校生活管理指導表に記載された主治医の指示をもとにした指導が必要な児童生徒への指導においては，運動制限をきちんと守らなくてはならないが，必要以上に制限してしまうと発育・発達や精神的影響を子どもに与えてしまうこともあるため，適切な指導が求められる。

【４】(1)　・この生徒の心の安定を図る。　・相談しやすい保健室づくりをする。　・医学的な情報の提供を行う。　・地域の医療機関や相談機関の情報提供を行う。　・情報収集を行い，問題の原因や背景を理解する。　(2)・児童生徒の抱える問題を多面的・総合的に理解するためには，教職員間の共通理解を図ることや役割分担を明確化することが必要なため。

〈解説〉平成9年の保健体育審議会答申では，健康相談活動に関して「養護教諭の職務の特質や保健室の機能を生かし，児童生徒の様々な訴えに対して常に心的な要因や背景を念頭において，心身の観察，問題の背景分析，解決のための支援，関係者との連携など，心や体の両面への対応を行う活動である」と述べられ，この考え方が基本となっている。

【５】(1)　①　エボラ出血熱，クリミア・コンゴ出血熱，重症急性呼吸器症候群(病原体がSARSコロナウイルスであるものに限る)，痘瘡，南米出血熱，ペスト，マールブルグ熱，ラッサ熱，急性灰白髄炎，ジフテリア　②　飛沫感染　学校においての流行　③　学校医　伝染のおそれがない　(2)　欠席率に注意し，日常の健康観察で伝染病の疑いがみられたときには医師等の診断を受けさせる。欠席した児童生徒の家庭からの申し出があったときには，地域等の発生状況も確認する。

〈解説〉平成19年度に感染症予防法が改正されたことを受け，学校保健法

施行規則も改正された。学校保健法施行規則第19条の学校で予防すべき伝染病の第一種に南米出血熱が加わり，コレラと細菌性赤痢，腸チフス，パラチフスが第一種から第三種に移った。伝染病や食中毒の集団発生があったときには，養護教諭として校内・家庭・関係機関への働きかけが必要になる。健康観察・欠席状況把握の徹底，家庭への保健資料の配布，地域等の発生状況の確認，学校医から学級閉鎖・臨時休業等の予防措置に対する助言を得ることなどである。

【6】(1)　・脱落した歯は歯冠部を持つ。洗いすぎない。　・脱落した歯は保存液もしくは生理的食塩水に入れる。　・医療機関を受診する。
(2)　適切な歯磨きの仕方を指導する。実現可能な目標設定をし，本人が改善しようとする意欲を持つことができるよう支援していく。
(3)　・消化や吸収を助ける。　・顎の発達を助ける。　・自浄作用を高める。　・精神的効果。　・味覚への影響。
〈解説〉歯や口腔環境は，自分の目で確かめることが出来る，健康行動と結果が結びつきやすい等，健康教育の教材として優れている。各発達段階にあわせた健康教育について考えておくとよいだろう。中学生では，う歯・歯肉炎とともに歯の外傷の発生率も高くなってくることから，外傷予防についての指導も必要である。

【7】(1)　①　伝染性軟属腫(水いぼ)，水痘　　②　伝染性膿痂疹(とびひ)，溶連菌感染症　　③　白癬，カンジダ症　　④　疥癬，頭じらみ
(2)

疾患名	症状	保健指導
オスグッド・シュラッター病	膝の下部が前方に飛び出している。大腿四頭筋の度重なる牽引によって成長軟骨の一部が不規則な状態になり，急激な成長による筋・腱の成長のアンバランスを引き起こす。10歳頃の男子に多い。	痛みのあるときはスポーツを休ませる。
野球肘	肘の痛み。上腕骨骨端の異常による肘内側の腫れがみられる。	投球練習を休む。練習量や方法に気をつける。
踵骨骨端炎	踵の痛みや軽い腫脹。	安静にし，回復したら徐々に復帰する。足底板を着用する。

(3)

病名	発疹の形状	発疹の特徴
風疹	丘疹	始め頸・顔、次いで胴・手足にポツポツ出る。リンパ節腫脹。
伝染性紅斑（リンゴ病）	紅斑	頬に著明。羽を広げた蝶の様。
水痘	紅うんの中央に小水疱	頭髪部や口内にも出る。丘疹・水疱・膿疱が混在する。
手足口病	紅うんの中央に大水疱	大きな水疱。手掌・足底・舌背に出る。

〈解説〉(3)であげられている疾患のほかに発疹がある疾患は，麻疹，溶連菌感染症，ヘルパンギーナ，伝染性膿痂疹などである。学校で見られる疾患だけでも多くの種類があるが，学齢期特有の疾患や伝染性疾患などの代表的な疾患については，原因・症状・応急処置・学校での対応など理解しておくことが望ましい。

【8】(1)　環境条件に応じて運動する。こまめに水分補給する。日頃から暑さに慣らす。できるだけ薄着にし，直射日光は帽子で避ける。肥満など暑さに弱い人は特に注意する。　(2)　・熱けいれん：大量の発汗により血液の塩分濃度が低下し，筋の興奮性が亢進され，四肢や腹筋のけいれんや筋肉痛が起きる。　・熱疲労：脱水症状や全身倦怠感，脱力感，めまい，吐き気，嘔吐，顔面蒼白。　・熱射病：体温調節が破綻するために高体温となり，足がもつれる，ふらつく・転倒する，突然座り込む・立ち上がれない，応答が鈍い，意識がもうろうとしている，言動が不自然であるなど，様々なレベルの意識障害がみられる。

〈解説〉熱中症は，熱に中るという意味で，暑い環境でおきる障害の総称である。熱けいれん，熱疲労，熱射病のほかに熱失神，日射病がある。熱射病と日射病は，症状は同じだが，発症した条件によって病名が違ってくる。熱射病は，高い体温に対処しきれなくなった状態であり，高温多湿下では室内でも起こる。一方日射病は，夏の暑い陽射しの下で作業をして大量の汗をかき，脱水状態になって体温調節機能が麻痺することにより起こる。混同しないよう注意したい。また，これらの応急処置についても理解しておく必要がある。

【9】(1)　・ブレインストーミング　あるテーマについて，アイデアや意見を出していく活動。　思考力の形成　活発な意見交換　・ケー

ススタディ　日常に起こりやすい状況を取り上げ，状況に関わる心理状態や対処法を検討する活動。　現実的な問題への対処能力，思考力の形成　・ロールプレイング　ある役割に必要な能力や技術を習得したり，それについて理解する活動。　現実的な問題への対処能力，思考力，技術の形成

(2)　・自由奔放　　・批判厳禁　　・便乗歓迎　　・質より量

〈解説〉ブレインストーミングはアイデアや提案を生み出すための創造的活動，ケーススタディは一つひとつの事例を丹念に分析する方法であり，例えば，喫煙，飲酒，薬物乱用を助長する心理社会的要因の影響について理解させるのにも有用な活動である。また，ロールプレイングは役割を演じることで疑似体験・仮想体験をし，解決方法を考えさせる訓練法である。それぞれの特徴を整理して理解しておきたい。

【10】(1)　・感染症の早期発見に役立てる。　　・個人および集団の健康課題を把握する。　　・健康診断，健康相談，健康相談活動の資料とする。　　・児童生徒理解のための資料とする。　　・休業中の指導計画の参考資料とする。

(2)　・プライバシー保護　　・必要性を説明し，同意を得ること。　・自由意志によるものであり，非強制であること。　　・一時的な症状の悪化がみられたときの対応の明示がされていること。　　・調査の結果を関係者に周知すること。

〈解説〉健康観察は伝染病の予防の観点から重要であることはもちろん，いじめや不登校の早期発見につながることもあり，学級経営においても重要となる。また，近年の健康問題は日常生活やライフスタイルに起因するものが多く，学校・家庭・地域社会における日常の健康観察が大切であることを押さえておきたい。

　保健調査表は，健康診断をより的確で円滑に実施することができるなどの意義を持つ。保健調査の意義，保健調査票作成上の配慮事項，主な内容，実施上の留意点を整理しておくことが望ましい。

【1】インフルエンザに関する次の設問に答えよ。

(1)　次の文は，病原体及び発生状況について示したものである。
(　　)内に適語を記せ。

　　インフルエンザウイルスには，(　①　)型，(　②　)型，(　③　)型の3つの型がある。大きな流行を起こすのは(　④　)型と(　⑤　)型である。

　　近年の発生状況では，1918～1919年の(　⑥　)かぜは，全世界で6億人の罹患者と2,300万人の死者を出した。この時わが国でも2,300万人の患者(当時の人口5,700万人の約4割)と38万人を越す死者を出して，空前の大流行となった。その後A型ウイルスの新しい株が出た時，すなわち1957年の(　⑦　)かぜ，1968年の(　⑧　)かぜの時にも大流行を起こした。

　　最近は，H1N1型の(　⑨　)かぜと，H3N2型の(　⑩　)かぜの両亜型が同時に流行を続けている。

(2)　次の設問に答えよ。

①　インフルエンザは，学校内に侵入すると流行を起こしやすい。その理由を3つあげよ。

②　学校におけるインフルエンザ蔓延流行の防止策の1つに隔離がある。この隔離の仕方を3つあげ，簡単に説明せよ。

③　新型インフルエンザとは何か，説明せよ。

④　新型インフルエンザの世界的流行(パンデミック)の可能性が指摘されているが，その理由を説明せよ。

(☆☆☆◎◎◎)

【2】保健学習と保健指導の特質について，次の(1)～(3)の項目別に記せ。

(1)　目標・性格

　(2)　内容

　(3)　進め方

(☆☆☆☆◎◎◎)

【3】腎臓の疾病異常に関する次の設問に答えよ。

　(1)　治療や生活管理を必要とするものを7つ記せ。

　(2)　(1)の7つの中で，学校検尿の最大の目的としているのは，どの疾病異常か。最も関連の深いものを1つ記せ。

(☆☆☆☆◎◎◎)

【4】下記の語群は，不整脈の種類を示したものである。語群(ア)～(ト)を危険性がほとんどないもの(基礎心疾患がない場合)と危険があるものとに分け，記号で答えよ。

語群

　(ア)　完全右脚ブロック　　　(イ)　完全房室ブロック

　(ウ)　不完全右脚ブロック　　(エ)　完全左脚ブロック

　(オ)　多形性期外収縮

　(カ)　運動により増加・多発する期外収縮

　(キ)　1度房室ブロック　　　(ク)　発作性頻拍症

　(ケ)　運動により消失する期外収縮

　(コ)　洞不全症候群　　　　　(サ)　ブルガダ症候群

　(シ)　運動により悪化する房室ブロック

　(ス)　冠静脈洞調律　　　　　(セ)　洞性不整脈

　(ソ)　発作のないWPW症候群

　(タ)　心房性期外収縮　　　　(チ)　いわゆる左房調律

　(ツ)　頻発する期外収縮　　　(テ)　QT延長症候群

　(ト)　移動性ペースメーカー

(☆◎◎◎◎)

【5】小児期からの生活習慣と深いかかわりがある動脈硬化を促進する危険因子を7つ記せ。

(☆☆◎◎◎)

【6】文部科学省が示している「学校環境衛生の基準」(平成16年2月10日一部改訂)の項目をすべて記せ。

(☆☆☆☆◎◎)

【7】保健室登校に関する次の設問に答えよ。

(1) 保健室登校の教育的な意義について述べよ。

(2) 保健室登校の児童生徒を受け入れ，対応する上での確認事項を述べよ。

(☆☆◎◎◎◎)

【8】心の健康に関する次の設問に答えよ。

(1) 非常災害時における子どもの心のケアに関連する次の①～③の語句について説明せよ。

① フラッシュバック

② アニバーサリー反応

③ 遅発性PTSD

(2) 次の表は，子どもの虐待を4つのタイプに分類したものである。例にならい残り3つについて記入せよ。

	タイプ	説　　明
例	身体的虐待	身体に暴力を加えたり，子どもを死に至らしめるような行為。
①	ア	イ
②	ア	イ
③	ア	イ

(3) 独りでいることが多く，話しかけると直ぐ涙ぐむという気になる生徒が保健室に来室した場合，第一段階としてどのような対応をとればよいか述べよ。

(☆☆☆◎◎◎)

【9】 AED(自動体外式除細動器)を使用する際，電極パッドを貼り付ける
ときの留意点を5つ記せ。

(☆☆☆◎◎)

【10】「学校における性教育の考え方，進め方」(平成11年3月文部省)に示
されている「個別指導における留意点」を例にならい記入せよ。

	留意点	説　明
(例)	学校における共通理解	個別指導は，集団指導につながるものなので，指導の継続性や学校とし て組織の責任を認識し指導する必要がある。そのために指導方針を明確に し，共通理解を図っておく必要がある。
(例)	児童生徒等への共感	児童生徒等の悩み等について共感を示す事が重要である。悩み等の辛さ を分かろうとする姿勢を示すこと。
(1)	①	②
(2)	①	②
(3)	①	②
(4)	①	②
(5)	①	②
(6)	①	②
(7)	①	②
(8)	①	②

(☆☆☆☆◎◎◎)

【11】 小学校に1型糖尿病の治療を受けている児童が入学することになっ
た。この児童に対する養護教諭の配慮事項について次の(1)～(2)を説明
せよ。
(1) 治療の援助
(2) 日常の学校における生活規正

(☆☆☆◎◎)

【12】 保健室経営計画に必要な基本的内容について述べよ。

(☆☆☆◎◎)

解答・解説

【1】(1)　①　A　　②　B　　③　C　　④　A　　⑤　B　　⑥　スペイン　　⑦　アジア　　⑧　ホンコン　　⑨　ソ連　　⑩　ホンコン
(①，②，③及び④，⑤は順不同)　　(2)　①　・児童生徒が風邪と自己判断し，学校医等の診断を受けることが遅くなる場合があるため。・インフルエンザは伝染力が強く，蔓延しやすいため。　・学校は密集した集団生活を営んでいるため。②　患者隔離：当該児童生徒に対して出席停止の措置をとる。　接触者隔離：防疫上の措置として学級閉鎖を行う。　健康者隔離：市町村教育委員会，保健所に連絡し助言を受け，学校を単位とする臨時休業を行う。　③　これまで人に感染しなかったが，その性質を変異させることにより人へと感染するようになり，そしてまた人から人へと感染していくインフルエンザウイルス。　④　都市への人口集中や，新型ウイルスは，そのウイルスに対して抵抗力をもたないため，新型インフルエンザは人の間で，広範にかつ急速に拡がる可能性がある。

〈解説〉校長は学校医の助言に基づき，学校保健法第12条の規定による出席停止の措置をとることができる。また，出席停止の措置をとった時，校長は教育委員会に報告する。区市町村教育委員会は，当該学校の欠席状況，登校している児童生徒の罹患状況，学校医の意見，地域の流行状況，保健所の助言などを参考にし，必要があると認められた時は学級閉鎖や学校閉鎖といった臨時休業の措置をとる。出席停止や臨時休業の主体者に加え，学校伝染病の種類や潜伏期間，出席停止の期間等を整理しておくとよい。

【2】(1)　保健学習：健康や安全に関する理解を通じて思考，判断，行動選択，意志決定等の実践力を育成する。　保健指導：日常の具体的な問題に即して実践的能力や態度を育成する。　(2)　保健学習：学習指導要領に示された内容。　保健指導：当面する健康問題で，各学校

が児童生徒の発達段階に即して設定する。 (3) 保健学習：教科の指導として計画的に実施する。 保健指導：特別活動の学級活動・ホームルーム活動，学校行事を中心に個人・集団を対象として計画的継続的に実施する。

〈解説〉保健学習の指導者は学級担任，保健体育科・保健科教員，兼職発令を受けた養護教諭であり，集団を対象として指導を行う。保健指導の指導者は学級担任，養護教諭，栄養教諭等がおり，集団または個人を対象として展開される。

【3】(1) 慢性腎炎症候群(慢性糸球体腎炎)，血尿症候群，蛋白尿症候群(無症候性蛋白尿)，蛋白尿・血尿症候群，急性腎炎症候群，ネフローゼ症候群，続発性腎炎，尿路感染症，腎尿路系の生まれつきの異常，遺伝性腎炎，等より7つ (2) 蛋白尿・血尿症候群

〈解説〉小児に多い腎疾患の一つであるネフローゼ症候群は，高度の蛋白尿を主症状とする。本来尿中にはほとんど出ないはずのたんぱく質が多く検出されることは，病気を示唆する所見と考えられる。しかし，起立性蛋白尿や疾患を伴わない蛋白尿も存在するため，単独では疾病の存在を断定するには至らない。学校で行う検査はあくまでスクリーニングのためのものである。

【4】危険性がほとんどないもの(基礎心疾患がない場合)：(ア)(ウ)(キ)(ケ)(ス)(セ)(ソ)(タ)(チ)(ト) 危険性があるもの：(イ)(エ)(オ)(カ)(ク)(コ)(サ)(シ)(ツ)(テ)

〈解説〉不整脈には，心配のない良性の不整脈がある。例えば，心房期外収縮・心室性期外収縮・不完全右脚ブロックの大半は，良性で特に治療の必要はない。経過観察だけの場合が多いので，学校でも特に運動制限は不要である。危険な不整脈については，主治医から心臓病管理指導表を通して連絡を受け，その指示に従う。生命に危険が及ぶ可能性があるため，運動制限が必要な患児には，その必要性を本人に理解させると共に充分な管理を行うことが必要となる。

【5】高血圧，高脂血症，低HDL―コレステロール，肥満，糖尿病，ストレス，運動不足，喫煙習慣，家族性因子，等より7つ

〈解説〉近年，急激な社会の変化により，糖分や動物性脂肪の過剰摂取，栄養の偏り，運動不足等の問題が起こっている。そして，子ども達の間にも肥満や高コレステロール血症，高血圧，糖尿病等の生活習慣病が増えてきている。中でも肥満は，脳卒中や心筋梗塞などの心臓病の原因になりやすく，子どもの時に太っていた者は大人になっても太ったままの場合が多いため小児期からの予防対策が必要である。保健指導や保健学習を通して，児童生徒が自らの生活習慣を振り返り，健康的なライフスタイルを確立できるよう指導していくことが望まれる。

【6】照度及び照明環境，騒音環境及び騒音レベル，教室等の空気，飲料水の管理，学校給食の食品衛生，水泳プールの管理，排水の管理，学校の清潔，机・いすの整備，黒板の管理，水飲み・洗口・手洗い場，足洗い場の管理，便所の管理，ゴミの処理，ネズミ，衛生害虫等

〈解説〉近年の社会環境の変化等を踏まえ，学校環境衛生の基準が平成16年に改訂された。学校において児童生徒の生命を守る上で，定期環境衛生検査，臨時環境衛生検査，日常点検及びそれらに基づく事後措置の徹底を図るため，検査事項や検査方法等の改定について確実に把握しておくことが重要である。

【7】(1)　心の居場所を得て，心と身体の安定が図れる。養護教諭との信頼関係を図り，安心して自己表現することができる。個別の支援計画に基づき，養護教諭や教職員が個別に対応することができる。養護教諭の支援により，自己を持ち，自己肯定感を高めることができる。他の児童生徒や教職員とのコミュニケーションを通し，人間関係を育むなど社会性が身につくように支援できる。意志決定・自己判断する力を身に付けて，自立を促すことができる。　(2)　本人が保健室登校を望んでいるのか。保護者が保健室登校を理解し，協力する姿勢があるか。教職員の共通理解，協力が得られるか。保健室で受け入れる環

境や条件が整っているか。養護教諭の協力体制，保健室登校支援計画が立てられているか。

〈解説〉児童生徒の心や体の健康問題等の変化とともに保健室への期待も高まっている。保健室登校の児童生徒への対応も同様に求められているため，教育的意義・保健室登校を受け入れるための確認事項は理解しておく必要がある。

【8】(1) ① 恐ろしい体験を繰り返し思い出してしまうという外傷後ストレス障害のひとつの症状で，恐ろしい体験を思い出させる刺激によって精神状態が恐怖体験時に突然戻ってしまい，その出来事が現実に起こっているかのように感じること。 ② 災害が発生した日が近づいた時に子どもが不安定になったり，種々の反応をすること。

③ 災害後に，特に問題なく過ごしていた子どもや，一時的に不安や恐怖が認められていても症状が消失していた子どもが，数ヶ月以上経過した後に，PTSDの症状を現すこと。 (2) ① ア：性的虐待 イ：子どもにわいせつな行為をすること，またはわいせつな行為をさせること。 ② ア：ネグレクト イ：子どもの心身の正常な発達を妨げるような，著しい減食または長時間の放置，その他の保護者としての監護を著しく怠ること。 ③ ア：心理的虐待 イ：心理的いじめで子どもの情緒を不安定にさせたり，心理的外傷をおわせること。

(3) 問診を行い，必要に応じて救急処置をする。問診により内科的症状と判断された場合は，スキンシップや傾聴，助言をし，必要に応じて受診を勧める。

〈解説〉(1)については，非常災害時に児童生徒に見られるものであるため，それぞれを理解しておく必要がある。 (2)については，児童虐待が近年重要視されているため，虐待の種類・その説明を答えられるよう理解しておく必要がある。 (3)については，通報・受診などの措置の前に，保健室で子どもが安心していられる場所を提供し，大人との信頼関係を築けるような対応がまず求められることを知る。

【9】体表との間に隙間をつくらないように胸部に密着させる。パッドを貼る位置が汗や水で濡れていないかを確認し，濡れている場合はタオルなどでパッドを貼る位置をよく拭き取る。胸毛が濃くないかを確認し，濃い場合は取り除くか薄いところに貼る。貼付剤が貼られているかを確認し，貼られている場合は剥がして薬剤を拭き取る。心臓ペースメーカーや除細動器が体内に埋め込まれていないかを確認し，埋め込まれている場合は電極パッドを埋め込まれているところから離して貼る。金属製アクセサリーはないかを確認し，すぐ外せる場合は外し，手間がかかるようなものは電極パッドをできるだけ遠ざけて貼る。から5つ。

〈解説〉AEDは，非常時に命を救うために必要となるものであり，近年は設置場所が増えている。正しい手順を理解することに加え，使用する際の留意点もしっかり理解しておく必要がある。

【10】

(1)	①	教師自身の態度	②	指導者である教師自身が，明確な価値観を持つことが必要である。また，常に自らを見つめなおす態度を持って指導に当たらなければならない。
(2)	①	指導の限界	②	学校で性教育を行うことに限界があると判断した場合は，関係機関へゆだねることが必要である。
(3)	①	教師間の連携・協力	②	指導するに当たって教師間の共通理解を図ると共に，明確な役割分担を行う。
(4)	①	関係機関との連携	②	役割分担を明確にし，連携のタイミングを的確にして，指導を円滑に行う。
(5)	①	家庭との連携	②	性教育は学校だけで担えるものではないので，家庭の協力を得る。
(6)	①	信頼関係の確立	②	児童生徒一人一人への関心を持ち，必要に応じて悩みや不安の相談を受けることを通して，信頼関係を確立する。
(7)	①	問題の背景や要因の把握	②	性にかかわる問題行動の背景には個別に複雑な要因が絡んでいるので，固有の事例として扱う。
(8)	①	秘密の保持	②	個人のプライバシーに配慮し，具体的な事例を挙げる場合には児童生徒等の了解を得た上で行う。

〈解説〉性教育を行うことに，養護教諭が協力できることを以下に3点述べる。 ①指導資料の提供 ②担当教師の行う指導内容の検討と資

料の作成協力　③担任の指導に合わせて養護教諭が直接指導する方が良いと考えられる分野への協力援助

【11】(1)　インスリン自己注射を学校で安心して行えるように配慮し，低血糖症を早期に発見するための観察をして，必要に応じて補食できるような準備態勢を作る。　(2)　主治医によって作成された学校生活管理指導表をもとに，学校での給食(食事)の量・内容を配慮し，体育や特別活動などで行われる運動の強度と時間などについて配慮する。
〈解説〉日常注意すべき事として担任教師と連携して日常の健康管理をしていく。本人の疲労度に配慮すると同時に，常にアメなどを身につけて行動し，低血糖状態にならないように指導する。毎日の食事療法や運動療法を正しく守ることが大切であることを指導し，規則正しい生活習慣を養うための援助をする，などがある。

【12】学校教育目標に基づき，学校保健目標が作成されるが，その学校保健目標に即して保健室経営の方針と重点目標を作成する。なお，その際，児童生徒等の健康状態及び健康課題などを踏まえて，その年度の保健室経営における重点活動を定めることが大事である。
〈解説〉保健室経営計画作成上の留意点として以下に5つ述べる。①学校教育目標を受けるものであること。　②養護教諭の専門性を生かしたものであること。　③保健室の機能を生かしたものであること。　④児童生徒等の心身の健康の保持増進を図ることを目的とした活動を示していること。　⑤教育活動の一環として計画的・組織的に運営すること。

2006年度　実施問題

【1】 性教育に関する次の設問に答えよ。

(1) 次の文は，「学校における性教育の考え方，進め方」(文部省，平成11年3月)より性教育の基本的な目標を示したものである。(　　　)内に適する語句を記せ。

ア　男性又は女性としての(　①　)を確かにさせる。

イ　(　②　)，(　③　)の精神に基づく豊かな男女の人間関係を築くことができるようにする。

ウ　家庭や様々な社会集団の一員として直面する性の諸問題を適切に　(　④　)し，(　⑤　)する能力や資質を育てる。

(2) 学校における性教育を効果的に進めるに当たっての養護教諭の役割を記せ。

(3) 性教育を効果的に行うための学校と家庭との連携について，解答例にならって具体例を5つ記せ。

(解答例)　講演会を通した連携

(☆☆☆○○○)

【2】保健室に関する次の設問に答えよ。

(1) 学校保健法第19条の内容を記せ。

(2) 次の文は保健室の新たな機能について示された平成9年9月の保健体育審議会答申の一部である。( )内に適語を記せ。

> いじめ, (①)等心身の健康問題で悩む児童生徒への(②)の実施など, 保健室の役割の変化に対応する観点から, 保健室の機能を見直す必要がある。まず, (③)の健康問題を抱える児童生徒に対して, (④)を保持しつつ健康相談活動ができる(⑤)を, 保健室に整備することが重要である。また, 健康教育に関する資料や(⑥)を集積し, (⑦)としての機能を担っていく観点から, 例えば, 保健室にパソコンを設置して, 外部の関係諸機関から(⑧)的な(⑨), 健康問題の現況, 適切な処置対応及び指導法などを(⑩)に収集し, 活用できるようにすることも必要である。

(3) 保健室の設置に当たっては「使用に便利な位置にあること」の他に, どんなことに留意すべきか2つ記せ。

(☆☆☆◎◎◎)

【3】健康相談活動及び健康相談に関する次の設問に答えよ。

(1) 保健体育審議会答申(平成9年9月)で示された養護教諭が行う健康相談活動において, 十分に生かさなければならないことは何か2つ記せ。

(2) 保健体育審議会答申(平成9年9月)で示された健康相談活動において, 養護教諭に求められる資質を5つ記せ。

(3) 健康相談活動の対象者が, 「恐ろしさや不安」を訴えている場合の基本的ケア技術を3つ記せ。

(4) 小学校高学年の児童から「私は4歳のとき川崎病にかかりました。川崎病にかかった人は, 体育をしてはいけないのでしょうか。」という相談が寄せられたときの説明のポイントを3つ記せ。

(5)　学校保健法第11条の健康相談は，どのような児童生徒を対象として実施するか4つ記せ。

(☆☆☆○○○)

【４】伝染病に関する次の設問に答えよ。

(1)　次の文は「伝染病」と「感染症」の定義について述べたものである。(　　)内に適語を記せ。

　(　①　)，細菌，(　②　)などの微生物が，人体または(　③　)の体内に侵入し，臓器や組織の中で(　④　)することを「感染」といい，その結果，生じる疾病が「感染症」である。感染症にはインフルエンザ，(　⑤　)，結核などのように直接あるいは(　⑥　)に人から人へ伝染し流行的に発生する「(　⑦　)」と，破傷風，敗血症などのように人から人へと伝染することなく単発する「(　⑧　)」がある。「伝染病」とは(　⑦　)のことである。つまり，伝染病は感染症に含まれているものである。

　例えば，土の中にいる破傷風菌は(　⑨　)から体内に入り，増殖し　(　⑩　)を生じると発病する。しかし，破傷風の患者から周囲の人にうつらないため，感染症ではあるが伝染病ではない。

(2)　伝染病予防の三原則を記せ。

(☆☆☆○○○)

【５】救急処置に関する次の設問に答えよ。

(1)　次の表は熱傷の程度別分類表である。(　　)内に適語を記せ。

段　階	損傷程度	外　　観	自覚症状	瘢　痕
第１度	・(　①　)の損傷	・発　赤	・ヒリヒリする	・痕跡を残さない
第２度	・(　②　)の損傷	・発　赤 ・(　④　)	・痛みがひどい	・痕跡を残すことが多い
第３度	・(　③　)の損傷	・白い、程度がひどいと黒くなる	・しびれて、かえって痛みを感じない	・ひどい(　⑤　)、攣縮を残す

(2)　次の表は，救急時の体位の種類を示したものである。(　　)内に語群から当てはまる記号を選んで表を完成させよ。

〈救急時の体位の種類〉

症状		適応	体位
意識	ない場合	傷病不明	（　①　）
		舌根沈下、窒息の予防	（　②　）
		背部の損傷	（　③　）
	ある場合	傷病不明	（　④　）
		嘔吐、片側の胸に傷がある	（　⑤　）
		脳貧血、ショック	（　⑥　）
		日射病、熱射病、頭蓋内出血	（　⑦　）
		腹部の打撲、損傷、腹痛	（　⑧　）
呼吸	呼吸困難の場合	気管支喘息、心臓衰弱	半座位
		自然気胸	起座位
顔色	蒼白の場合	脳貧血、ショック	（　⑨　）
	紅潮の場合	日射病、熱射病	（　⑩　）
	紫藍色の場合	呼吸困難、舌根沈下	側臥位・腹臥位
その他		出血（上肢・下肢）	四肢の高挙
		足首の骨折、捻挫	患部の高挙
		まむしにかまれた	患部の下垂
		鼻出血	起座位・半座位
		脳貧血の前駆症状	椅子にかけて頭部を下げる

〈語群〉

ア．側臥位　　イ．患部の高挙　　ウ．頭高仰臥位

エ．起座位　　オ．膝屈曲仰臥位　　カ．昏睡位

キ．腹臥位　　ク．足高仰臥位　　ケ．仰臥位　　コ．四肢の高挙

（☆☆☆◎◎◎）

【6】耳の解剖及び機能に関する次の設問に答えよ。

(1)　①から⑩の名称を記せ。

(2)　音が内耳に伝わる道を2つ記せ。

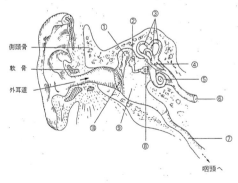

（☆☆☆◎◎◎）

235

【7】脊柱側わんのスクリーニングの方法は，機器によるもの以外に，図に示すように，4つのポイントを調べる前屈検査による視診法がある。①～④の左右の発見の内容について記せ。

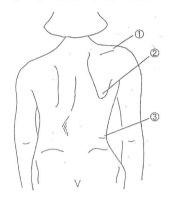
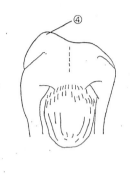

(☆☆☆◎◎◎)

【8】次の文は，「学校環境衛生の基準」(文部科学省，平成16年3月)よりプールの水質の判定を述べたものである。(　　)内に適語や数値を記せ。

(1)　プールの原水は，(　①　)の基準に適合するものであることが望ましい。

(2)　水素イオン濃度は，pH値(　②　)以上(　③　)以下であること。

(3)　濁度は，(　④　)度以下であること。

(4)　遊離残留塩素濃度は，プールの対角線上3点以上を選び，表面及び中層の水について測定し，すべての点で(　⑤　)mg/ℓ以上であること。また，(　⑥　)mg/ℓ以下であることが望ましい。

(5)　過マンガン酸カリウム消費量は，(　⑦　)mg/ℓ以下であること。

(6)　総トリハロメタン濃度は，(　⑧　)mg/ℓ以下であることが望ましい。

(7)　大腸菌群は，(　⑨　)されてはならない。

(8)　一般細菌数は，1mℓ中(　⑩　)コロニー以下であること。

(☆☆☆◎◎◎)

【9】 学校保健に関する次の設問に答えよ。

(1)　学校保健計画の作成上の留意点を5つ記せ。

(2)　次の文は，保健体育審議会答申(平成9年9月)より「学校保健委員会・地域学校保健委員会の活性化」としてその運営の強化を図ることへの提言である。(　)内に適語を記せ。

> 【学校保健委員会・地域学校保健委員会の活性化】
>
> 　学校における(　①　)の問題を研究協議・推進する組織である学校保健委員会について，学校における(　②　)の推進の観点から，運営の強化を図ることが必要である。その際，校内の(　③　)の整備はもとより，外部の(　④　)の協力を得るとともに，家庭・地域社会の(　⑤　)を充実する観点から，学校と家庭・地域社会を結ぶ(　⑥　)として学校保健委員会を(　⑦　)させる必要がある。
>
> 　さらに，地域にある幼稚園や小・中・高等学校の学校保健委員会が(　⑧　)して，地域の子どもたちの(　⑨　)の協議等を行うため，地域学校保健委員会の設置の(　⑩　)に努めることが必要である。

(☆☆☆◎◎◎)

解答・解説

【中高共通】

【1】　(1)　①　自己の認識　②　人間尊重　③　男女平等　④　判断　⑤　対処　(2)　養護教諭としての専門性を生かし積極的に保健教育に参加し，担当教諭と連携し効果的な指導を行う。また，児童生徒等の心身両面にわたる健康相談活動を通し，個人に対する性教育を行っていく。　(3)　・性教育の事態調査を実施する　・学校行事(宿泊学習など)の機会を利用した連携　・授業参観等を通した連携　・懇談会等の機会を使用した連携　・学校保健委員会を通

した連携

〈解説〉養護教諭は，その専門性を生かし保健教育に参加していかなければならない。それは学校の教員集団の一員として，性に関する指導に経営指導していく立場にあるからである。養護教員の「養護をつかさどる」という職務から，どのような視点から性に関する指導に関わっていくか考える必要がある。

【２】(1)　学校保健法第19条には，保健室について「学校には，健康診断，健康相談，救急処置等を行うため，保健室を設けるものとする。」と記載されている。　(2)　①　保健室登校　②　カウンセリング　③　心　④　プライバシー　⑤　相談室　⑥　教材　⑦　健康情報センター　⑧　先進　⑨　医学的知識　⑩　タイムリー　(3)　・通風・採光のよい場所であること　・保健室には救急処置用具・休養用ベッド等必要な器具を備えてあること

〈解説〉保健室は養護教諭の役割を果たす場であり，学校における保健管理及び保健教育の機能を十分に果たすため，これらを総合的に推進する校内の拠点(学校保健センター)としての役割をも持つものである。

【３】(1)　・養護教諭の職務の特質　・保健室の機能　(2)　・「心の健康問題と身体症状」に関する知識理解　・観察の仕方や受け止め方などについての確かな判断力と対応力　・健康に関する現代的課題解決のために個人または集団の児童生徒の情報を収集する力　・健康課題を捉える力量や解決のための指導力　・企画力，実行力，調整能力　(3)　・手をふれる　・安心できるような声かけをする　・落ち着かせる　(4)　・後遺症についての説明をする　(5)　・健康診断の結果，継続的な観察及び指導を必要とする者　・日常の健康観察の結果，継続的な観察及び指導を必要とする者　・病気欠席がちである者　・児童，生徒等で自らが身体の異常に気づいて健康相談の必要を認めた者

〈解説〉保健体育審議会答申(平成9年9月)では，健康相談活動に関連して

「養護教諭の新たな役割」「養護教諭の行う健康相談活動」「資質向上のための養成課程及び現場研修の方策」としての内容が示されている。一度参照しておく必要があるだろう。

【4】(1) ① ウイルス ② 寄生虫 ③ 動物 ④ 増殖
⑤ コレラ ⑥ 間接 ⑦ 伝染性感染症 ⑧ 非伝染性感染症
⑨ 傷口 ⑩ 毒素 (2) ・感染源になる患者と離す(早期発見・早期治療)など伝染病の隔離 ・感染源になっているものを遠ざける(感染している児童生徒の出席停止,学校環境衛生管理の徹底など)などの伝染経路の遮断 ・予防接種の実施,保健教育の強化など個体の抵抗力の増強

〈解説〉伝染病予防は,感染源対策,感染経路対策,感受性対策が基本となる。感染源対策は,細菌やウイルス等を撲滅し伝染病をなくそうとするものである。感染経路対策は,細菌・ウイルス等は一定の経路を経て体内に侵入し感染するので,手洗い,うがい,飲料水,汚染された食物に注意し,体内への侵入を防ごうとするもので,感受性対策は体内に細菌やウイルス等が侵入しても,発病しない抵抗力のある身体をつくろうとするものである。

【5】(1) ① 表皮 ② 真皮 ③ 皮下組織 ④ 水疱
⑤ 瘢痕 (2) ① ケ ② カ ③ キ ④ ケ ⑤ ア
⑥ ク ⑦ ウ ⑧ オ ⑨ ク ⑩ ウ

〈解説〉熱傷の程度は第Ⅰ度から第Ⅲ度に分類される。第Ⅰ度は表皮のみの熱傷で,症状は紅斑と浮腫,灼熱感やヒリヒリした疼痛のみであるが,第Ⅱ度では,紅斑・浮腫が激しく水疱(水ぶくれ)を形成する。さらに,第Ⅲ度になると,皮下組織まで達し,組織は壊死に陥り,治っても高度の瘢痕(時にケロイド)が残る。学校内で熱傷患者が出た時は,まず救急処置として水道水で20分以上冷やすことである。広範囲のもの,または第Ⅱ度以上のものは,大き目の滅菌ガーゼまたはヒビテン液を浸したタオルで軽く覆うように包み,安全ピンで留めて医療機関

に送る。衣服が肌にくっついてしまっている場合は，無理に取り除こうとしないで，そのまま水をかけながら医療機関へ運ぶ。緊急時の体位の種類については，(2)に挙がっているものを覚えておけば充分だろう。

【6】(1)　①　ツチ骨　　②　キヌタ骨　　③　三半規管　　④　前庭
　　⑤　蝸牛　　⑥　内耳神経　　⑦　耳管　　⑧　アブミ管　　⑨　鼓室
　　⑩　鼓膜　　　(2)　空気伝導，骨伝導
〈解説〉耳には，ツチ，キヌタ，アブミ骨があり，それらは鼓膜の振動を
　　増幅して内耳に伝える役割がある。これが骨伝導である。

【7】①　両肩の高さの左右不均衡の有無　　②　肩甲骨の高さと位置の
　　左右不均衡の有無　　③　体の脇線の左右不均衡の有無　　④　背部
　　及び腰部の左右の高さの不均衡の有無
〈解説〉背骨のゆがみは，痛みなどの自覚症状がないので，自分では気づ
　　かないことが多く，家族による発見や学校の健診などで指摘されるこ
　　とがほとんどである。症状が進むと，心臓や肺が圧迫され，息切れ，
　　動悸，呼吸困難などの心肺機能障害を生じることがある。

【8】①　飲料水　　②　5.8　　③　8.6　　④　2　　⑤　0.4
　　⑥　1.0　　⑦　12　　⑧　0.2　　⑨　検出　　⑩　200
〈解説〉基本的な問題である。プールの水質に関するものはもちろん，
　　「学校環境衛生の基準」の主なものは数値もしっかりと暗記しておい
　　たほうがよいだろう。

【9】(1) ① 地域や児童生徒の実態，学校種別，規模，教職員組織等
自校の実情に即して作成する。 ② 収集した資料や調査結果を十分
活用して，学校の実態との関連で適切な計画とする。 ③ 学校の教
育方針，学校行事を考慮して実施の重点事項を精選し，有機的な関連
をもたせる。 ④ 保健教育と保健管理との関連を明確にしておく。
⑤ 学校内関係者だけの一方的な計画にならないように，市町村教育委
員会等はもちろん地域の保健関係機関との連絡調整を十分図る。

(2) ① 健康 ② 健康教育 ③ 協力体制 ④ 専門家
⑤ 教育力 ⑥ 組織 ⑦ 機能 ⑧ 連携 ⑨ 健康問題
⑩ 促進

〈解説〉(1) 学校保健計画作成に当たっては，上記の他にも「関係教職
員の理解と関心を深めるとともに，責任分担を明確にさせる。」「校務
分掌(学校運営分掌)と学校保健分掌との一貫性をもたせる。」「PTAや
地域社会の保健活動との連携を図り，児童生徒が校外においても健康
生活が送れるように配慮する。」などの留意点が挙げられる。

(2) この問題は，平成9年9月に出された保健体育審議会答申「生涯に
わたる心身の健康の保持増進のための今後の健康に関する教育及びス
ポーツ振興の在り方について」の中の「Ⅲ 学校における体育・スポ
ーツ及び健康に関する教育・管理の充実，3 学校健康教育(学校保
健・学校安全・学校給食),(4)健康教育の実施体制(学校保健委員会・
地域学校保健委員会の活性化)」という箇所からの抜粋である。

241

2005年度　実施問題

【1】健康診断に関する次の各問いに答えよ。

(1) 平成15年4月から学校における結核健康診断のシステムが大きく変わり，小・中学校における健診は，学校保健法に基づいた定期健康診断の中で行われることになった。

① 小・中学校において行われていた検査方法で，何が廃止されたか記せ。

② 学校保健法に基づいた定期健康診断の中で，新たに行われる結核健診における対象学年を記せ。また，①の設問の検査方法での対象学年も記せ。

③ 問診票では，本人の結核の既往，家族や同居人の結核患者の有無，結核感染による予防内服の既往を質問する。このほかの問診内容を三つ記せ。

④ 問診票は結核健診の中でも極めて大切なものである。取り扱い上の留意点を記せ。

(2)

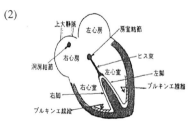

心臓の刺激伝導系

① 心臓の刺激伝導系の図を参考にして，(a)～(j)に適当な語句を記せ。

心臓のリズムは，(a)の働きによって規則正しく行われているものである。この(a)で起こる興奮は，まず(b)を興奮収縮させてから，(c)に伝わり，ここからさらに(d)，(e)，(f)，(g)を経て(h)に伝えられ，その収縮を引き起こす。これによって，心室と心房は，

ほぼ一定の時間間隔をもって規則正しく(i)し，(j)を送り出している。この調律が正常よりはずれた時が不整脈である。

② 突然死を起こす可能性の強い心臓病を次のうちから三つ選べ。

ア 心筋炎　　イ 心房中隔欠損症　　ウ 特発性心筋症

エ 肺動脈狭窄症　　オ 動脈管開存症

カ 僧帽弁閉鎖不全症　　キ 大動脈弁狭窄症

③ 学校で注意すべき難聴についての文である。(a)〜(j)に入るものを，下の語句から選んで記号で答えよ。

・(a)(b)(c)などは，強大な音により(d)の(e)に障害が生じて起こる。このような難聴を(f)という。

・(g)は，片側の耳の高度難聴で就学のころまで気付かれないことがある。座席は(h)の側にくるよう配慮する。

・(i)は，家族，友人関係などとの心理的葛藤から逃れようとして，(j)難聴を訴える。背景にある心理的因子の解明，場合によっては心理療法等が必要である。

ア ディスコ難聴　　　　　イ オージオメータ難聴

ウ アデノイド難聴　　　　エ ロック難聴

オ ヘッドホン難聴　　　　カ 超音波難聴

キ 感覚細胞　　　　　　　ク 耳管

ケ 外耳道　　　　　　　　コ 内耳

サ 中耳　　　　　　　　　シ 外耳

ス 鼓膜　　　　　　　　　セ 音響外傷

ソ 伝音難聴　　　　　　　タ 混合難聴

チ 一側ろう　　　　　　　ツ 他方ろう

テ ムンプス難聴　　　　　ト 他方難聴

ナ 聞こえる耳が教壇　　　ニ 聞こえない耳が教壇

ヌ 心因性難聴　　　　　　ネ 内耳性難聴

ノ 葛藤性難聴　　　　　　ハ 聞こえなくなるために

ヒ 聞こえているにもかかわらず

(☆☆☆◎◎◎)

【２】食中毒・感染症に関する次の各問いに答えよ。

(1)　次のグラフは平成14年度における全国の食中毒患者数の構成割合を示したものである。a～eに当てはまる語句を下の語群から選んで記号を記せ。

食中毒患者数の構成割合

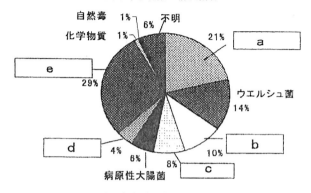

平成14年度厚生労働省食中毒統計より

ア　ノロウィルス	イ　ボツリヌス菌
ウ　連鎖球菌	エ　腸炎ビブリオ
オ　ぶどう球菌	カ　ロタウィルス
キ　デーデルライン桿菌	ク　サルモネラ菌
ケ　ヘルパンギーナ	コ　カンピロバクター

(2)　SARSに関する次の問いに答えよ。

①　SARSを日本語で(　　　)症候群という。

②　WHOが特定したSARSの病原体は(　　　)である。

③　SARSの主な症状を三つ記せ。

(3)　「感染症の予防及び感染症の患者に対する医療に関する法律」(平成11年4月1日施行)にともない，廃止された三つの予防法を記せ。

(4)　あとにあげる第二種の伝染病について，次の問いに答えよ。

①　次の表を完成させよ。

病　名	病 原 体	登　校　基　準
咽頭結膜熱		
麻疹		
流行性耳下腺炎		

※ただし，病状により伝染のおそれがないと認められたときは，この限りではない。

② 次の文は何について説明したものか病名を記せ。

　　ピンク色の発疹，発熱，リンパ節の腫脹と圧痛を訴える疾患である。まれに，髄膜炎，脳炎，血小板減少性紫斑病などの合併症がみられることがある。特に，妊娠早期の妊婦が罹患すると出生児に先天異常をみることがある。

(5) 性感染症に関する次の問いに答えよ。

① 次の表のa〜hに適する語句を記せ。

病　名	性別	病原体	主な症状	合併症として考えられること
淋菌感染症	男	(a)	(b) (c)	尿道狭窄：放置すると前立腺炎，(d)となることがある。
	女		自覚症状がない場合が多い。	卵管狭窄による(e)になることがある。
性器クラミジア感染症	男	(f)	(b)(c)	慢性前立腺炎，(d)を起こすことがある。
	女		自覚症状がない場合が多い。	産道感染：新生児に(g)，乳児に(h)を起こすことがある。

② 性感染症に感染したかもしれない生徒からの次の質問に対して，どのように答えるか記せ。

a 「家族や友達にうつる心配はないのですか？」

b 「どこの病院の何科へ行けばいいのですか？」

c 「相手が病気かどうかわかる方法はありますか？」

d 「私がうつしたかもしれない人には何と言ったらいいのでしょう？」

（☆☆☆◎◎）

【3】次の語句について説明せよ。

(1) PDD

(2) ALDH

(3) DMFT指数

(4) ブリンクマン指数

(5)　ピグマリオン効果

(☆☆☆◎◎◎)

【４】次の各問いに答えよ。

(1)　多くの学校でウサギやニワトリ等の動物を飼育している。学校における環境衛生活動上，飼育動物の施設・設備について，汚れや破損，鍵の状況を調べる等，常に清潔にしておかなければならない。清掃に際しては，専用の身支度や飼育施設専用の清掃用具を準備する必要があるが，その他養護教諭として，児童生徒に指導すべき内容を記せ。

(2)　「学校環境衛生の基準」が一部改訂され，平成14年4月1日から適用された「教室等の空気」で，検査項目として新たに加えられた4物質をあげよ。

　　また，今までの中毒の概念では考えられない，極めて微量の化学物質により不定愁訴の症状をきたし，アレルギー疾患的な特徴と中毒的な要素を兼ね備えた後天的な疾患群を何というか記せ。

(3)　次の図は，手及び前腕の骨を示している。a～eの骨の名称を記せ。

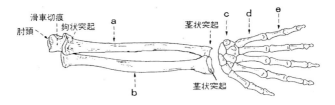

(4)　てんかん発作の既往がある児童生徒に対して，保健指導(個別)を行う上での留意点を三つ記せ。

(☆☆◎◎◎)

【５】喫煙，飲酒，薬物乱用等に関する次の各問いに答えよ。

(1)　中学校学習指導要領では，喫煙，飲酒，薬物乱用についてどのように記載されているか，次の空欄にあてはまる語句や数字を記せ。

領域：　a　分野
内容：健康な生活と　b　の予防。
　　ウ　喫煙，飲酒，薬物乱用などの行為は　c　に様々な影響を
　　　与え，健康を損なう原因となること。また，そのような行為に
　　　は，個人の心理状態や　d　，社会環境が影響することから，
　　　それらに適切に対応する必要があること。
取扱学年：第　e　学年
(2)　たばこに含まれている有害物質三つと，それぞれの身体への影響
　を記せ。
　　また，喫煙防止に関する授業を行う場合，有効と思われる実験を
　一つ取り上げ，その方法と理由を記せ。
(3)　薬物乱用防止教育に関して次の文の空欄にあてはまる語句を記
　せ。
　　最近，MDMA等の　a　の乱用で検挙される少年が急増してお
　り，薬物乱用防止教育の推進が喫緊の課題といえる。
　　現在，文部科学省では平成15年7月29日薬物乱用対策推進本部決
　定の　b　戦略を踏まえた，乱用防止に関する指導の徹底を図っ
　ている。

（☆☆◎◎◎◎）

【6】エイズに関する次の各文について，正しいものには○を，間違って
　いるものには×を記入し，間違っているものについては，正しく訂正
　せよ。
(1)　アメリカCDCに男性同性愛者のカリニ肺炎が報告されたのは，
　1981年のことである。
(2)　1987年，厚生省が東京で日本人女性のエイズ患者が発生と発表し
　た。
(3)　1988年3月，日本のHIV感染者が1000人以上になった。
(4)　1990年1月，世界のHIV感染者は20万人以上となった。
(5)　日本で初の母子感染を確認したのは，1990年5月のことである。

(6)　1999年12月，世界のエイズ患者数は220万人を超えた。

(7)　世界の多くの国では，15～24歳の女性のHIV感染率は同年齢男性の感染率を上回っている。

(8)　HIVは熱に弱く，煮沸3分で確実に滅菌される。

(9)　ウインドウ・ピリオドは，HIVに感染しても血液中にHIVが増えない期間であり，その期間は通常感染後4～8週間である。

(10)　エイズキルトには3種類あり，そのうちの一つであるメッセージキルトは，感染者を力付け支援するために作って贈るキルトである。

(☆☆☆◎◎◎)

解答・解説

【1】(1)　①　ツベルクリン反応検査　BCG再接種(BCG接種可)
②　新たに行われる結核健診における対象学年　小・中学生全員
①の設問における検査方法対象学年　小学校1年生と中学校1年生
③　・結核が蔓延する国での滞在歴　・結核の症状　・BCG接種の有無　④　保護者への周知，プライバシーの保護等のキーワードを主な観点として相対的に評価する。　(2)　①　a　洞房結節
b　心房筋　　c　房室結節　　d　ヒス束　　e　左脚(ef順不同可)
f　右脚(ef順不同可)　g　プルキンエ線維　　h　心室筋
i　収縮　j　血液　　②　ア　ウ　キ　　③　a　ア(abc順不同可)
b　エ(abc順不同可)　c　オ(abc順不同可)　d　コ　　e　キ
f　セ　　g　チ　　h　ナ　　i　ヌ　　j　ヒ
〈解説〉学校における結核健康診断は，結核予防法施行令が平成14年11月に改正されたことで，学校保健法施行規則が平成15年1月に改正された。それにより，平成15年4月から学校における結核検診のシステムが大きく変わった。結核検診の流れは，問診→学校医による診察→結核対策委員会における検討(精密検査の必要性等の検討)→精密検査(エ

248

ックス線直接撮影，ツベルクリン反応検査，喀痰検査等)である。変更
点や全体の流れなどをしっかり把握しておくことが必要である。

【2】(1)　a　ク　　b　エ　　c　コ　　d　オ　　e　ア
(2)　①　重症急性呼吸器　　②　コロナウイルス　　③　38℃以上の
発熱　咳　呼吸困難　等(順不同可)　(3)　伝染病予防法　性病予防法
エイズ予防法(順不同可)　(4)　①　咽頭結膜熱―アデノウイルス―主
症状が消退した後2日を経過するまで出席停止　　麻疹―麻疹ウイル
ス―発疹に伴う発熱が解熱した後3日を経過するまで出席停止　　流
行性耳下腺炎―ムンプスウイルス―耳下腺の腫脹が消失するまで出席
停止　　②　風疹　(5)　①　a　淋菌　　b　排尿痛　(bc順不同可)
c　膿(bc順不同可)　d　副睾丸炎　　e　不妊症　　f　クラミジア・
トラコマティス　　g　結膜炎　　h　肺炎　　②　a　性行為で感染，
日常生活での感染なし等をキーワードに相対的に評価
b　泌尿器科，産婦人科，保健所等をキーワードに相対的に評価
c　無症状，自覚症状なし等をキーワードに相対的に評価　　d　相手
が特定できる，二人で検査・治療等をキーワードに相対的に評価
〈解説〉食中毒・感染症に関する出題は頻出問題である。食中毒に関して
は，病原体とその症状，潜伏期間などについて把握しておきたい。
　学校伝染病に関しては，第1種，第2種，第3種，それぞれの伝染病
の種類と出席停止の期間，伝染病の病態について理解しておきたい。
また，第1種に重症急性呼吸器症候群(病原体がSARSコロナウイルスに
よるもの)と痘瘡が加えられたので注意したい。
　性感染症については，淋菌感染症・性器クラミジア感染症の他に，
性器ヘルペス，せん圭コンジローム，梅毒，トリコモナス症などにつ
いて理解しておきたい。

【3】(1)　広汎性発達障害等をキーワードに相対評価　　(2)　アセトア
ルデヒド脱水素酵素等をキーワードに相対評価　　(3)　一人当たりの
平均う歯経験歯数等をキーワードに相対評価　　(4)　喫煙指数等をキ

ーワードに相対的に評価　　(5)　期待効果等をキーワードに相対的に
評価

〈解説〉(1)のPDDとは広汎性発達障害のことであり，"相対的対人関係の
質的異常"，"コミュニケーションの質的異常"，"常道反復的である行
動パターン"の三つの領域に障害があることで特徴づけられる発達障
害。アスペルガー症候群や高機能自閉症などの，自閉症以外の自閉症
類似の社会性の先天的障害をもつグループのことである。自閉症スペ
クトラムと言われることもある。　　(2)のALDHとはアセトアルデヒド
脱水素酵素であり，血液中のアルコールが肝臓のアルコール脱水素酵
素(ADH)によって分解されたアセトアルデヒドを更に分解することで
酢酸にする。　　(4)のブリンクマン指数とは，喫煙指数のことであり，
「一日当たりの平均喫煙量(本数)×喫煙をしてきた年数」であらわす。
以下の表は，ブリンクマン指数と肺がん発生のリスクの関係を示して
いる。

喫煙開始年齢	ブリンクマン指数				
	～200	200～400	400～600	600～800	800～
吸わぬ	1.0	1.0	1.0	1.0	1.0
30歳以上	1.6	1.5	2.3	3.4	4.1
25歳～29歳	1.6	3.9	4.1	3.4	7.9
20歳～24歳	2.0	2.8	4.8	5.4	7.1
19歳以下	4.6	3.4	6.0	5.9	6.8

ブリンクマン指数別にみた喫煙開始年齢と肺ガン死亡率との関係
(平山：1966～81，日本男子)

【4】(1)　アレルギー疾患・体調不良への対応，かまれたり・引っ掻か
れた場合の対応，手洗い等をキーワードに相対的に評価
(2)　ホルムアルデヒド　　トルエン　　キシレン　　パラジクロロペ
ンゼン(順不可同)　〈疾患群名〉化学物質過敏症
(3)・a　尺骨　　b　橈骨　　c　手根骨　　d　中手骨　　e　指骨
(4)　・規則的な生活，光刺激，内服薬等をキーワードに相対的に評価
〈解説〉平成16年2月にも「学校環境衛生の基準」の一部が改訂された。
教室等の空気については，(1)温熱及び空気清浄度に，「二酸化窒素(判
定基準：0.06ppm以下であることが望ましい)」，(2)ホルムアルデヒド

及び揮発性有機化合物に，必要と認める場合は「エチルベンゼン(判定基準：3800μg/m³(0.88ppm)以下であること)」，「スチレン(判定基準：220μg/m³(0.05ppm)以下であること」，(4)として「ダニ又はダニアレルゲン(判定基準：ダニ数は100匹/m2以下，又はこれと同等のアレルゲン量以下であること)」を新たに盛り込んだ。

　「学校環境衛生の基準」の改訂が行われた場合には，その変更点についてしっかり把握しておきたい。

【5】(1)　a　保健　　b　疾病　　c　心身　　d　人間関係　　e　3
(2)　ニコチン　血管の収縮，依存性等のキーワードを主な観点として相対的に評価する　　一酸化炭素　酸素の運搬能力低下，血管をきずつける等のキーワードを主な観点として相対的に評価する
タール　発がん性物質(固有名詞も可)等のキーワードを主な観点として相対的に評価する
どんな方法(実験)　　どんな理由(効果)
〈方法〉たばこ人形，ミミズの実験等，その他有効性があると認められる実験　　〈理由〉タール，ニコチン，肺，収縮等のキーワードを主な観点として評価する。
(3)　a　合成麻薬　　b　薬物乱用防止新五か年(戦略)
〈解説〉平成15年7月29日薬物乱用対策推進本部決定の「薬物乱用防止新5か年戦略」では，基本目標を『第三次覚せい剤乱用期の一刻も早い終息に向けて総合的に対策を講ずるとともに，世界的な薬物乱用問題の解決に我が国も積極的に貢献する』と定め，それを基に以下の4つの目標を述べている。
　①　中・高校生を中心に薬物乱用の危険性の啓発を継続するとともに，児童生徒以外の青少年に対する啓発を一層工夫充実し，青少年による薬物乱用の根絶を目指す。
　②　薬物密売組織の壊滅を図るとともに，末端乱用者に対する取締りを徹底する。
　③　薬物の密輸を水際でくい止めるとともに，薬物の密造地域にお

ける対策への支援等の国際協力を推進する。
④　薬物依存・中毒者の治療，社会復帰の支援によって再乱用を防
　　止するとともに，薬物依存・中毒者の家族への支援を充実する。
　①の目標の中には，『学校等における薬物乱用防止に関する指導の
充実』も述べられ，薬物乱用防止教育に関して，その知識を十分に養
っておく必要がある。小学校，中学校，高等学校の保健体育の学習指
導要領はもちろんのこと，喫煙・飲酒・薬物乱用が体に及ぼす影響や
効果的な授業方法等についても理解しておきたい。

【6】(1)　○　　　(2)　×　神戸市(神戸)　　(3)　○　　　(4)　×　エイズ
　患者数　　(5)　○　　(6)　○　　(7)　○　　(8)　×　20分
　(9)　○　　(10)　○

〈解説〉1982年にCDCが「ヘルパーT細胞が減少するという免疫異常によ
　り，日和見感染症を起こす病気」として後天性免疫不全症候群
　(AIDS・エイズ)という名称を発表した。1983年には原因のウイルスを
　発見し，その名称をHIVと統一した。1988年には，WHOが「世界エイ
　ズデー」を提唱した。1989年，日本では「後天性免疫不全症候群の予
　防に関する法律(エイズ予防法)」が施行された。エイズキルトの3種類
　とは，①メモリアルキルト(エイズで命を失った人の“かたみ”として
　故人を偲ぶものを集めて作成したもの)，②メッセージキルト(感染者
　を力づけ支援するために作って贈るキルト)，③ベビーキルト(エイズ
　ウイルスに感染した赤ちゃんに愛とぬくもりをとどける運動から生ま
　れた，赤ちゃんを暖かく包むためのキルト)である。現在，世界のエイ
　ズ患者数は4,000万人に上っている。日本でも依然増加傾向が続いてい
　る。学校におけるエイズ教育の充実が求められているので，エイズに
　ついての知識を十分にしておきたい。

2003年度 実施問題

【1】次の語群の中から，大脳辺縁系にあたるものをすべて選べ。

〈語群〉

海馬，シナプス，視床下部，扁桃体，脳弓，味蕾，帯状回，大脳鎌

(☆☆☆☆☆◎◎◎)

【2】以下の語句について説明せよ。

(1) アナフィラキシーショック

(2) マジックマッシュルーム

(3) ブレインストーミング

(☆☆☆☆◎◎◎◎)

【3】ブレスロウの「健康のための7つの提案」を書きなさい。

(☆☆☆☆◎◎)

【4】臨時の健康診断が実施される場合を5つ書け。

(☆☆◎◎◎◎)

【5】(1) 環境衛生検査における教室の空気の判定基準を単位をつけて答えよ。

a 二酸化炭素濃度

b 一酸化炭素濃度

c 落下細菌

d 夏季の温度

e 相対湿度

(2) 児童生徒の身体に適合した①机②いすの高さの算出方法を書け。

(☆◎◎◎◎◎)

【6】保健室登校の意義について説明せよ。

(☆☆☆☆◎◎◎)

【7】ヘルスプロモーションの理念について説明せよ。

(☆☆☆☆◎◎)

【8】以下は学校保健に関する法規である。正しいものには○，誤っているものにはその部分に下線を引き，正しい答えを書け。また，出典法規名を書くこと。

(1)　児童，生徒，学生又は幼児の健康診断票は，5年間保存しなければならない。（　　）（　　）

(2)　学校においては，別に法律で定めるところにより，学生，生徒，児童及び幼児並びに教職員の健康の保持増進を図るため，健康診断を行い，その他その保健に必要な措置を講じなければならない。（　　）（　　）

(3)　学校には，健康診断，健康相談，救急処置等を行うため，保健室を設けるものとする。（　　）（　　）

(4)　校長は，必要があるときは，臨時に，学校の職員の健康診断を行うものとする。（　　）（　　）

(5)　栄養状態は，皮膚の光沢，皮下脂肪の充実，筋骨の発達，貧血の有無等について検査し，栄養不良又は肥満傾向で特に注意を要する者の発見につとめる。（　　）（　　）

(☆☆◎◎◎◎◎)

解答・解説

【1】海馬，脳弓，扁桃体，帯状回
〈解説〉大脳辺縁系は，下等動物にも必ず備わっており本能行動を支配する部分にあたる。したがって，摂食行動，性行動，情動(恐れや怒り)などと関係がある。海馬は記憶の機能と深く関係している。

【2】(1)　Ⅰ型アレルギー反応によっておこる，もっとも激烈な症状を示す状態のこと。他のアレルギー反応と比較して全身的な症状が短時間のうちにおこるのが特徴。おもに注射による薬物が原因となる。
(2)　一般に幻覚性キノコとも呼ばれ，幻視，幻聴，思考の変化などが出現する。平成14年からこれらのキノコの所持，販売，栽培などは違法となっている。　(3)　批判厳禁，自由奔放，質より量，結合改善(便乗歓迎)の4原則のもとで行われる，極めてリラックスした雰囲気で，新しいアイデアを創造するための話し合い方法。

【3】(1)　喫煙しない　　(2)　飲酒を適度にするか，全くしない
(3)　定期的に激しい運動をする　　(4)　適正体重を保つ　　(5)　7〜8時間の睡眠をとる　　(6)　毎日朝食をとる　　(7)　不必要な間食をしない
〈解説〉健康作りのために身につけておきたいよい習慣というのはいろいろあるが，アメリカ・カリフォルニア大学のブレスロウ教授は1965年に，上記の健康習慣の有無が年代別の死亡率に非常に影響することを実証し，この事はアメリカ全体に伝えられた。

【4】(1)　伝染病又は食中毒の発生したとき。　　(2)　風水害等により伝染病の発生のおそれのあるとき。　　(3)　夏季における休業日の直前又は直後。　　(4)　結核，寄生虫病その他の疾病の有無について検査を行う必要のあるとき。　　(5)　卒業のとき。

〈解説〉学校保健法施行規則第8条

【5】(1)　a　1500ppm以下(または0.15％以下)　　b　10ppm以下(または0.001％以下)　　c　一教室平均10コロニー以下　　d　30℃以下　e　30～80％　(2)　①　座高／3＋下腿長　　②　下腿長

【6】(解答例)　保健室は教科や集団によるストレスから解放された場所であるため，教室復帰へのステップとして児童生徒が安心して居やすい。保健室での養護教諭とのやりとりや他の児童生徒とのやりとりから人間関係を学んだり，自分と向き合う時間をとることができる。保健室登校は学校とのかかわりが途切れないで教職員が支援しやすいという点でも大きな意義がある。

【7】一人一人が健康に関して深い認識を持ち，適切な意志決定や行動選択をすることが不可欠であることを理解できるようにし，また個人の行動選択とそれを支える社会環境づくりを重視する考え方。

〈解説〉1986年，カナダのオタワでWHOが「ヘルスプロモーションに関するオタワ憲章」を提唱した。そこでは，ヘルスプロモーションとは「人々が自らの健康をコントロールし，改善できるようにするプロセスである」と定義された。

【8】(1)　(○)　(学校保健法施行規則)　　(2)　(職員)　(学校教育法)　教職員　　(3)　(○)　(学校保健法)　　(4)　(学校の設置者)　(学校保健法)　校長　　(5)　(色沢)　(学校保健法施行規則)　光沢

〈解説〉(1)　第6条　　(2)　第12条　　(3)　第19条　　(4)　第8条2項　(5)　第1条

第3部

チェックテスト

養護教諭

【1】 学校保健について，次の文中の各空欄に適する語句を答えよ。

（各2点　計10点）

　　学校保健は学校における(①)と保健管理をいう。(①)の目的は，自らが健康な行動を選択し，決定し，実践していくことのできる主体の育成にある。また，(①)は保健学習と(②)に大別され，保健学習は教科の体育及び保健体育を中心に，(②)は特別活動の(③)・ホームルーム活動を中心に教育活動全体を通じて行われる。このため，保健学習は，小学校では体育科の(④)で，中学校では保健体育科の(⑤)で，高等学校では保健体育科の科目保健で，学習指導要領に示された内容と授業時数で行われるようになっている。また，関連教科や総合的な学習の時間においても，健康や安全に関する学習が行われる。

【2】 学校安全について，次の各問いに答えよ。

（(1) 各2点，(2) 4点　計10点）

(1)　学校安全における3領域を答えよ。

(2)　危機管理対策の一環として心のケアを位置づける必要性がある理由を答えよ。

【3】 学校環境衛生基準(平成30年4月)について，(1)～(8)の文中にある①～⑱に適切な語句や数値をあとのア～ネから1つずつ選び，記号で答えよ。

（各1点　計18点）

(1)　机面の高さは(①)に座高の(②)を加えたもの，いすの高さは(①)であるものが望ましい。

(2)　教室の温度は，(③)℃以上，(④)℃以下であることが望

ましい。

(3)　教室内の(　⑤　)は，0.06ppm以下であることが望ましい。

(4)　ダニ又はダニアレルゲンについては，(　⑥　)/m²以下又はこれと同等の(　⑦　)以下であること。

(5)　コンピュータ教室等の机上の照度は，(　⑧　)～(　⑨　)lx程度が望ましい。

(6)　日常点検は毎授業日に教職員が実施するものだが，教室の換気については，外部から教室に入ったとき，不快な刺激や(　⑩　)がないか，換気が(　⑪　)に行われているかを点検する。

(7)　まぶしさは，児童生徒等から見て，(　⑫　)の外側15°以内の範囲に輝きの強い光源(昼光の場合は(　⑬　))がないこと。

(8)　次のような場合，臨時に必要な検査を行うものとする。

ア　感染症又は(　⑭　)の発生のおそれがある場合や，発生したとき

イ　(　⑮　)等により環境が不潔になり又は汚染され，感染症の発生のおそれがあるとき

ウ　新築，(　⑯　)，改修等及び机，いす，(　⑰　)等新たな学校用備品の搬入等により(　⑱　)の発生のおそれがあるとき，その他必要なとき

ア	風水害	イ	500	ウ	コンピュータ
エ	300	オ	適切	カ	下腿長
キ	食中毒	ク	100匹	ケ	揮発性有機化合物
コ	二分の一	サ	24	シ	1500
ス	臭気	セ	三分の一	ソ	二酸化炭素
タ	1000	チ	黒板	ツ	アレルゲン量
テ	改築	ト	17	ナ	二酸化窒素
ニ	200匹	ヌ	28	ネ	窓

【4】養護教諭の行う健康相談活動の定義について，文中の各空欄に適する語句を答えよ。

(各2点　計12点)

259

健康相談活動の定義　～平成9年保健体育審議会答申～

養護教諭の（　①　）や（　②　）を十分に生かし，児童生徒の様々な訴えに対して，常に心的な要因や背景を念頭に置いて，（　③　），（　④　），（　⑤　），（　⑥　）など，心や体の両面への対応を行う活動です。

【5】次の文は，平成27年12月21日に中央教育審議会から出された「チームとしての学校の在り方と今後の改善方策について」(答申) の中の「3.「チームとしての学校」を実現するための具体的な改善方策」で，養護教諭の現状について述べたものである。文中の各空欄に適する語句を答えよ。

(各2点　計10点)

養護教諭は，児童生徒等の「養護をつかさどる」教員(学校教育法第37条第12項等)として，児童生徒等の保健及び（　①　）の実態を的確に把握し，心身の健康に問題を持つ児童生徒等の指導に当たるとともに，健康な児童生徒等についても健康の増進に関する指導を行うこととされている。

また，養護教諭は，児童生徒等の身体的不調の背景に，や虐待などの問題がかかわっていること等の（　②　）にいち早く気付くことのできる立場にあることから，近年，児童生徒等の（　③　）においても重要な役割を担っている。

特に，養護教諭は，主として保健室において，教諭とは異なる（　④　）に基づき，心身の健康に問題を持つ児童生徒等に対して指導を行っており，健康面だけでなく（　⑤　）面でも大きな役割を担っている。

【6】次の各文は，児童生徒の健康診断について述べたものである。文中の各空欄に適する語句を答えよ。

(各1点　計14点)

(1)　特発性側わん症は発見された年齢により乳児期側わん症，学童期側わん症，思春期側わん症の3つに分けられるが，（　①　）％以上が（　②　）側わん症で占められ，7対1の割合で（　③　）に多い。

(2) 視力検査において, 視力表の視標は (④)m用が望ましいが, (⑤)m用を使用してもよい。また視標面の照度は (⑥)~ (⑦)ルクスとする。

(3) 就学時健康診断あるいは, 定期健康診断において栄養状態が悪い と思われる子どもの場合は,「子どもの(⑧)」を心にとめておく 必要がある。

(4) 心臓検診の目的は, 心疾患の(⑨)と心疾患児に日常生活の適 切な指導を行い子どもの(⑩)を高め, 生涯を通じて, できるだ け健康な生活を送ることができるように子どもを援助することであ る。

(5) 聴力検査は, 正常の聴力の人が(⑪)Hz(⑫)dBの音をはっ きり聞きとれるくらいの静かな場所で行う。検査学年は, 小学校 (⑬), 6学年及び中・高等学校(⑭)学年は除くことができる。

【7】 次の文は, ある疾病及び用語について説明したものである。それぞ れの疾病名又は用語を答えよ。

(各2点 計20点)

(1) あごの関節痛, 関節雑音, 開口障害が主な症状で, 心理的ストレ ス, そしゃく機能の低下, 歯列, 咬合異常などが原因とされる。

(2) 心疾患の1つで特徴のあるデルタ波を生じる不整脈で, ケント束 という副伝導があり, 発作性上室性頻脈を伴うことがある。発作時 は, 動悸や呼吸困難がある。

(3) 医療機能が制約される中で, 一人でも多くの傷病者に対して最善 の治療を行うため, 傷病者の緊急度や重症度によって処置の優先順 位を決めること。

(4) 「化学物質過敏症」の1つで建材や家具に使用されているホルムア ルデヒドや有機溶剤などが原因となり, 頭痛, 目・鼻の刺激症状, せき, 呼吸困難などを感じたり発疹が出たりする。

(5) 神経性習癖の1つで, 繰り返し体の一部を無意識的にかつ無目的 に急に動かす(例えば顔をしかめたり, まばたきしたり, 首を振っ

たりするなど）。何らかの心理的な悩みが続き，その結果生じた不安や心の緊張が習癖となって現れる。学童期の男子に多く，ほとんどの症例は，一過性である。

(6)　10～15歳の男子に多く認められる。急激な骨の成長による筋，腱の成長のアンバランスから，腱に対する牽引力，負荷増大によって起こる。膝の下部が前方にとび出していて，エックス線写真で見ると成長軟骨の一部が不規則な状態になっている。

(7)　事件・事故や自然災害等に遭遇すると，恐怖や喪失体験などにより心に傷を受け，その時のできごとを繰り返し思い出し，情緒不安定や睡眠障害などが現れ，生活に大きな支障をきたすことがある。この状態が1か月以上長引くような症状。

(8)　不安感・緊張感や意識されない心理的な葛藤など，さまざまな原因によって，発作的に呼吸が頻回になり，二酸化炭素の濃度が正常より低くなる。特徴的な症状として，手足のしびれ感やけいれんが起こったり，重症のときには意識障害が起こることもある。

(9)　青年期に好発する代表的な精神疾患であり，幻覚や妄想が主な症状である。約120人に1人という高い割合で発症する。以前は治りにくい疾患と思われていたが，早期治療と適切なケアにより3人に1人は治癒し，完治しなくても日常の生活を送ることができる。

(10)　アレルギー反応や運動，物理的な刺激などにより，じんましんなどの皮膚症状，腹痛や嘔吐などの消化器症状，呼吸困難などの呼吸器症状が，複数同時にかつ急激に出現し，なおかつ血圧や意識の低下，脱力状態が見られる。

【8】食物アレルギーについて，文中の各空欄に適する語句を答えよ。

（各2点　計12点）

　食物アレルギーとは，一般的に特定の食物を摂取することによって，（　①　），呼吸器，（　②　），あるいは全身性に生じるアレルギー反応のことをいう。

　原因食物は多岐にわたり，学童期では（　③　），（　④　）だけで全体

の約半数を占めるが，実際に学校の給食で起きたアレルギー発症事例の原因食物は(⑤)類，(⑥)類が多くなっている。

【9】熱中症について，次の各問いに答えよ。

((1) 各2点，(2) 4点　計10点)

(1) 熱中症は，症状により分類される。その名称を3つ答えよ。

(2) WBGTについて説明せよ。

【10】次の図の①〜⑦に当てはまる臓器の名称を答えよ。

(各2点　計14点)

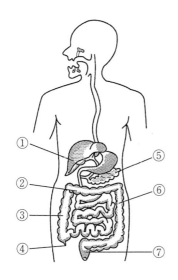

【11】次の文章は心の健康問題への対応について養護教諭の役割のポイントが述べられている。文中の各空欄に適する語句を答えよ。ただし，同じ番号には同じ語句が入る。

(各2点　計20点)

(1) 子どもの心の健康問題の解決に向けて中核として(①)を助け円滑な対応に努める。

(2) 学級担任等と連携した組織的な(②)，健康相談，(③)を

行う。

(3)　子どもの心身の健康状態を日ごろから的確に把握し，問題の早期
　　　発見・早期対応に努める。

(4)　受診等の必要性の有無を判断する。

(5)　子どもが相談しやすい保健室の(　④　)つくりに努める。

(6)　子どもの(　⑤　)を受け止め，心の安定が図れるように配慮する。

(7)　常に(　⑥　)に心がけ，問題の背景要因の把握に努める。

(8)　子どもの(　⑦　)の教育支援計画作成に参画する。

(9)　学校ではどこまで対応できるのか(　⑧　)を明確にする。

(10)　校内関係者や(　⑨　)等との連携調整等を行う。

(11)　医学的な情報を教職員等に(　⑩　)する。

(12)　地域の医療機関や相談機関等の情報を教職員等へ(　⑩　)する。

【12】保健室経営計画について，次の各問いに答えよ。

((1) 4点，(2) 各2点　計14点)

(1)　中央教育審議会答申(平成20年1月)にある「保健室経営計画」の定
　　　義を書け。

(2)　養護教諭が，保健室経営計画を立てて職務を行うにあたり，期待
　　　できるメリットを，箇条書きで5つ書け。

【13】養護教諭の職務について，次の各問いに答えよ。

(各2点　計20点)

(1)　中央教育審議会答申(平成20年1月17日)に示されている養護教諭の
　　　職務を5つ答えよ。

(2)　養護教諭は児童生徒の心身の健康問題を発見しやすい立場にあ
　　　る。その職務の特質を5つ簡潔に述べよ。

【14】次の各文は学校保健安全法の条文の一部である。文中の各空欄に
　　適する語句を答えよ。

(各2点　計16点)

第6条　文部科学大臣は，学校における換気，（　①　），照明，保温，清潔保持その他(　②　)に係る事項について，児童生徒等及び職員の健康を保護する上で維持されることが望ましい基準を定めるものとする。

第9条　養護教諭その他の職員は，相互に連携して，(　③　)又は児童生徒等の健康状態の(　④　)な観察により，児童生徒等の心身の状況を把握し，健康上の問題があると認めるときは，遅滞なく，当該児童生徒等に対して必要な指導を行うとともに，必要に応じ，その保護者に対して必要な助言を行うものとする。

第10条　学校においては，救急処置，健康相談又は(　⑤　)を行うに当たつては，必要に応じ，当該学校の所在する地域の(　⑥　)その他の関係機関との連携を図るよう努めるものとする。

第29条　学校においては，児童生徒等の(　⑦　)の確保を図るため，当該学校の実情に応じて，危険等発生時において当該学校の職員がとるべき措置の具体的内容及び手順を定めた(　⑧　)を作成するものとする。

解答・解説

【1】① 保健教育　② 保健指導　③ 学級活動　④ 保健領域　⑤ 保健分野

解説　学校保健の構成については，図表化して整理しておくとよい。

【2】(1)　生活安全，交通安全，災害安全(防災)　(2)　強い恐怖や衝撃を受けた場合，不安や不眠などのストレス症状が現れることが多い。こうした反応は，誰にでも起こりうることであり，場合によっては長引き，生活に支障をきたすなどして，その後の成長や発達に大きな障害となることもあるため，適切な対応を図り，支援していくことが必要であるため。

解説 (1) 学校安全は安全教育と安全管理からなり，学校における安全教育の領域として生活安全，交通安全，災害安全の3つに分けられている。 (2) 災害発生時の心の健康問題としてPTSDが考えられる。不安や恐怖が持続し，たとえ一時的に症状が消失しても，再び睡眠障害や集中困難などの症状が出現することもあるため，長期的に支援する必要がある。日常生活だけでなく，その後の子どもの成長や発達に重大な障害を残すこともあるため，適切な対応を図ることが大切である。

【3】① カ ② セ ③ ト ④ ヌ ⑤ ナ ⑥ ク
⑦ ツ ⑧ イ ⑨ タ ⑩ ス ⑪ オ ⑫ チ
⑬ ネ ⑭ キ ⑮ ア ⑯ テ ⑰ ウ ⑱ ケ

解説 学校環境衛生基準は，学校保健安全法第6条で規定されている。また，平成21年4月1日施行の「学校環境衛生基準」には，詳しい基準等が記載されている。新しい基準は今後，出題される可能性が高いので数値等については，確実に覚えておこう。

【4】① 職務の特質 ② 保健室の機能 ③ 心身の観察
④ 問題の背景の分析 ⑤ 解決のための支援
⑥ 関係者との連携 (③，④，⑤，⑥は順不同)

解説 本答申は頻出である。身体的症状の訴えに対して，健康観察や器質性疾患の有無の確認等を通して心因性の疑いを判断していく。養護教諭に関する答申として，中央教育審議会答申「子どもの心身の健康を守り，安全・安心を確保するために学校全体としての取組を進めるための方策について」(平成20年1月17日)も目を通しておきたい。

【5】① 環境衛生 ② サイン ③ 健康相談 ④ 専門性
⑤ 生徒指導

解説 出題の答申では，チームとしての学校が求められる背景として，「学校において子供が成長していく上で，教員に加えて，多様な価値観や経験を持った大人と接したり，議論したりすることで，より厚み

のある経験を積むことができ，本当の意味での「生きる力」を定着さ
せることにつながる。そのために，「チームとしての学校」が求めら
れている」としている。また同答申では，「国は，養護教諭が専門性
と保健室の機能を最大限に生かすことができるよう，大規模校を中心
に，養護教諭の複数配置を進める」という考えが示されていることを
併せて確認しておこう。

【6】(1) ① 80　② 思春期　③ 女子　(2) ④ 5　⑤ 3
⑥ 500　⑦ 1,000　(3) ⑧ 虐待　(4) ⑨ 早期発見
⑩ QOL(生活の質，クオリティ・オブ・ライフも可)
(5) ⑪ 1000　⑫ 25　⑬ 4　⑭ 2

解説 (3) 養護教諭は，職務上けがや身体的不調など心身の多様な健康
問題で保健室を訪れる子どもの対応に当たっていることから，身体
的・心理的な虐待などを発見しやすい立場にあり，児童虐待の早期発
見・早期対応にその役割が期待されている。　(4) 先天性心疾患とし
ては大血管転位症，単心室，ファロー四徴症等がある。手術後も突然
死の可能性が有りうるので，学校・家庭・主治医間で連携し，健康状
態の把握をすることが大切である。

【7】(1) 顎関節症(がくかんせつしょう)　(2) WPW症候群　(3) トリアージ　(4) シ
ックハウス症候群　(5) チックまたはチック症またはチック障害
(6) オスグートシュラッター病(オスグッド・シュラッター病)
(7) 心的外傷後ストレス障害(PTSD)　(8) 過換気症候群　(9) 統
合失調症　(10) アナフィラキシーショック

解説 (1) 『学校保健実務必携』第1部　学校保健　第2編学校における
保健管理「第9章 健康診断時に注意すべき疾病及び異常」顎関節の状
態を確認するとよい。子どもの顎関節症患者が最近増えている。顎関
節症の主な症状として，①あごが痛い，②口を大きく開けられない，
③耳の近くでカクカクと音がする，④かみ合わせに違和感がある，⑤
口を完全に閉じられない，がある。　(2) 健康診断時に注意すべき心

臓疾患の1つ。WPW症候群とは，心臓自体には何らの異常がない人が，特有の心電図所見を示し，しばしば発作性心頻拍症を起こし，またこれらの心電図異常が突然正常化する興味深い例があることが1915年頃から知られている。1930年，Wolff, Parkinson, Whiteという3人の心臓病研究者が，このような例を12例集め，その臨床所見，心電図などについて詳しく報告して以来，この疾患は3人の頭文字をとってWPW症候群と呼ばれるようになった。WPW症候群の臨床像の特徴は次の3点に要約される。①特有のWPW型心電図を示す。②このWPW型心電図が，自然に，または何らかの操作により突然正常化する。③発作性心頻拍，心房細動(粗動)などの頻脈発作を高率に合併する。しかし，中にはWPW型心電図のみを示し，頻脈発作を伴わない例や，いろいろな操作によっても正常化しないような例もある。WPW型心電図のみを示し，なんら頻脈発作を伴わない例は，学校の身体検査や人間ドックで偶然発見される。　(3)　トリアージ(Triage)は，治療(Treatment)，搬送(Transport)とともに，災害時医療で最も重要な3つの要素(3T)の1つである。多数の傷病者が一度に発生する特殊な状況下において，現存する限られた医療資源の中で，まず助かる可能性のある傷病者を救命し，社会復帰へと結びつけることに，トリアージの意義がある。負傷者を重症度，緊急度などによって分類し，治療や搬送の優先順位を決めることであり，救助，応急処置，搬送，病院での治療の際に行う。(4)　『学校保健実務必携』第1部　学校保健　第2編学校における保健管理「第3章 学校環境衛生」第2節Ⅲの8 揮発性有機化合物の項目を確認するとよい。シックハウス症候群とは住宅の高気密化や化学物質を放散する建材・内装材の使用等により，新築・改築後の住宅やビルにおいて，化学物質による室内空気汚染等により，居住者の様々な体調不良が生じている状態を指す。症状が多様で，症状の仕組みをはじめ，未解明な部分が多く，また様々な複合要因が考えられることから，シックハウス症候群と呼ばれる。　(5)　「教職員のための健康観察の方法と問題への対応」(文部科学省，平成21年3月)第6章 主な疾患と解説を参照すること。チック障害の原因は，家族の育て方や子どもの性格

の問題では決してなく，「その児童がもともとチック障害になりやすい脳の働きを有している」という理解に基づいて，本人と一緒にチックとうまく付き合っていくことが治療の基本である。学校での対応としては，チックを無理にやめさせようと叱らないと同時に，子どもの特徴の1つとして受け入れて自然体で接することが望ましい。不必要な不安や緊張は，かえってチックを悪化させることに注意する。生活に支障をきたす場合には，児童精神科を受診する必要がある。

(6)　不適切なトレーニングや身体の使い過ぎなどで発生する慢性期の疾患をスポーツ障害という。小学校高学年から中学校にかけては成長が著しい時期であり，骨端症と総称されるオスグートシュラッター病，リトルリーグショルダー，セーバー病が発症しやすい時期でもある。リトルリーグショルダーとは，間違った投球練習などにより，上腕骨骨頭の骨端部(肩)にねじれの負荷がかかり，軟骨部が損傷される(骨端線の離開)疾患である。セーバー病とは，踵骨骨端部の骨化が完成する発育期に，ジャンプ，ダッシュ，ランニングなどの激しい運動をすることにより，踵骨骨端部にアキレス腱や足底腱膜の引っ張る力が加わり，炎症と痛みが生じる疾患である。　(7)　心的外傷後ストレス障害の主な症状には，再体験症状，回避・麻痺症状，覚醒・亢進症状があり，フラッシュバックがみられることもある。災害があった数年後の同日が近付いた際に，不安など様々な反応を示すことがあり，これをアニバーサリー反応という。災害発生後の時間経過に伴う症状と対応について整理しておこう。　(8)　血液や体液がアルカリ性に傾いた状態をアルカローシス(アルカリ血症)という。処置としては，ゆっくり浅く呼吸させる呼吸調整法や紙袋呼吸法を行う。　(9)　統合失調症は，10代後半から20代での発症が多く，以前は精神分裂病と呼ばれていた。神経系に障害がみられ，幻覚や幻聴，意欲減退などの症状が見られる。

(10)　アナフィラキシーの対応に関し，エピペンの使用についてもおさえておくこと。「学校のアレルギー疾患に対する取り組みガイドライン」((財)日本学校保健会)を参考にし，食物アレルギーや喘息，アトピー性皮膚炎の特徴や学校での対応を確認するとよい。

【8】① 皮膚　② 消化器　③ 乳製品　④ 鶏卵　⑤ 甲殻
⑥ 果物　(①②，③④，⑤⑥はそれぞれ順不同)

解説 特定の食物を摂取することによって，(1)皮膚症状：全身の熱感，掻痒感に引き続き，紅斑，じんましん，血管性浮腫など，(2)消化器症状：腹痛，下痢，嘔吐など，(3)重症例では，呼吸困難，喘鳴，血圧低下，意識消失など生命の危険を伴うこともある。それらを予防するためには，①原因と考えられる食物を摂取しないこと，②食事摂取直後，特に2〜4時間以内の運動を制限すること，③運動中に熱感，皮膚掻痒感，紅斑，じんましんなどの初期症状を認めたときは直ちに運動を中止すること，④万一，初期症状が出た場合は，早めに医療機関を受診して治療を受けること。アナフィラキシーの症状を経験する頻度は，中学生で6000人に1人程度とまれである。

【9】(1)　熱けいれん，熱疲労，熱射病，熱失神から3つ　(2)　湿球黒球温度のこと。人体の熱収支に影響の大きい気温，湿度，輻射熱の3つを取り入れた指標で，乾球温度，湿球温度，黒球温度の値を使って計算する。

解説 (1)　熱中症は総称であり，Ⅰ度が熱けいれん，熱失神，Ⅱ度が熱疲労，Ⅲ度が熱射病である。それぞれの発症機序と応急処置をまとめておくとよい。熱中症の応急処置の基本は，安静，冷却，水分補給である。　(2)　算出方法は，屋外と屋内で異なる。屋外：WBGT＝0.7×湿球温度＋0.2×黒球温度＋0.1×乾球温度，屋内：WBGT＝0.7×湿球温度＋0.3×黒球温度である。WBGT31℃以上は「運動は原則禁止」，28℃〜31℃は「厳重警戒」，25℃〜28℃は「警戒」，21℃〜25℃は「注意」，21℃以下は「ほぼ安全」とされる。

【10】① 肝臓　② 横行結腸　③ 上行結腸　④ 虫垂
⑤ 膵臓　⑥ 下行結腸　⑦ 直腸

解説 体の部位は漢字で正確な表記ができるようにしておくこと。

【11】① 校長 ② 健康観察 ③ 保健指導 ④ (例) 環境
(場) ⑤ (例) 訴え(悩み，声，叫び) ⑥ 情報収集 ⑦ 個
別 ⑧ 見立て ⑨ 関係機関 ⑩ (例) 提供(発信，伝達)

解説 学校保健安全法第9条(保健指導)では，「養護教諭その他の職員は，
相互に連携して，健康相談又は児童生徒等の健康状態の日常的な観察
により，児童生徒等の心身の状況を把握し，健康上の問題があると認
めるときは，遅滞なく，当該児童生徒等に対して必要な指導を行うと
ともに，必要に応じ，その保護者に対して必要な助言を行うものとす
る。」と示されている。また，健康相談活動は養護教諭の新たな役割
として，平成9年保健体育審議会答申により提言された。養護教諭は，
専門性と保健室の機能を最大限に生かして，心の健康問題にも対応し
た健康の保持増進を実践できる資質の向上を図る必要がある。

【12】(1) 保健室経営計画とは，当該学校の教育目標及び学校保健の目
標などを受け，その具現化を図るために，保健室の経営において達成
されるべき目標を立て，計画的・組織的に運営するために作成される
計画である。 (2) ① 学校教育目標や学校保健目標等に基づく保
健室経営を計画的，組織的に進めることができる。 ② 保健室経営
計画を教職員や保護者等へ周知を図ることによって，理解や協力が得
られやすくなる。 ③ 保健室経営計画の評価を行うことにより，課
題が明確になり，次年度に活かすことができる。 ④ 養護教諭の複
数配置の場合には，お互いの活動内容の理解を深めることができ，効
果的な連携ができる。 ⑤ 異動による引き継ぎが，円滑(スムーズ)に
行える。

解説 (1)(2) 子どもが心身ともに健やかに育つことは，すべての人々
の願いであり，教育の目的や目標そのものであるといえる。教育の基
礎となる心身の健康・安全の確保と推進には，関係者が相互に連携を
深めながら，子どもの心身の健康の保持増進を図ることが必要であり，
学校保健活動のセンター的役割を果たしている保健室経営は重要であ
る。中央教育審議会答申(平成20年1月)を確実に理解するとともに，学

校保健実務必携の保健室経営の記述を覚えること。

【13】(1)　救急処置，健康診断，疾病予防などの保健管理，保健教育，健康相談活動，保健室経営，保健組織活動 (以上から5点)

(2)　①　全校の児童生徒を対象としており，入学時から経年的に児童生徒の成長・発達を見ることができる。　②　活動の中心となる保健室は，誰でもいつでも利用でき安心して話ができるところである。

③　健康診断(身長や体重測定，内科検診，歯科検診等)，救急処置，健康相談等を通して，子どもの健康状態を把握することによって，虐待等を早期に発見しやすい。　④　子どもは，心の問題は言葉に表すことが難しく，身体症状として現れやすいので，問題を早期に発見しやすい。　⑤　保健室頻回来室者，不登校傾向者，非行や性に関する問題など様々な問題を抱えている児童生徒と保健室でかかわる機会が多い。　⑥　職務の多くは学級担任をはじめとする教職員，学校医，保護者等との連携の下に遂行される。(以上から5点)

解説 (1)　中央教育審議会答申「子どもの心身の健康を守り，安全・安心を確保するために学校全体としての取組を進めるための方策について」に関する出題。同答申では，養護教諭の役割として7項目があげられており，そのうち5つを答えればよい。本答申は今後も出題が予想されるので熟読し，特に養護教諭の項目は暗記するとよいだろう。

【14】①　採光　②　環境衛生　③　健康相談　④　日常的
⑤　保健指導　⑥　医療機関　⑦　安全　⑧　対処要領

解説 学校保健安全法からの出題は全国的に頻出である。旧法(学校保健法)と比べ，「学校保健計画」と「学校安全計画」を独立させて策定することとなった点や，健康相談の実施者の拡大等の改正点をしっかりと押さえておくとよい。また，各条文のキーワードは暗記しておきたい。なお，その他保健室や養護教諭に関わる法律や答申については文科省ホームページを確認し目を通しておきたい。

第4部

養護教諭
頻出問題演習

Part 1

【1】 学校の実態に適した学校保健計画の立案にあたって情報の収集源として考えられるものについて, 文中の各空欄に適する語句を答えよ。

(1) (①)の評価記録からの情報

(2) (②)の健康に関する情報

(3) (③)の状況に関する情報

(4) (④)の保健・衛生に関する課題の情報

(5) 児童生徒, 教師, (⑤), (⑥)等保健関係者, (⑦)からの情報

【2】「学校環境衛生基準」について, 次の各問いに答えよ。

(1) 教室等の備品の管理の項に机, いすの高さが検査項目としてある。そこで示されている机面の高さといすの高さの基準を書け。

(2) 机, いすの高さの日常点検の方法を書け。

(3) 机, いすの高さの定期検査は毎学年何回行うか書け。

【3】 次の文は平成21年3月に発行された「教職員のための子どもの健康観察の方法と問題への対応」第1章健康観察からの抜粋である。文中の各空欄に適する語句を答えよ。

> 健康観察の目的は以下のとおりである。
> ・子どもの心身の健康問題の(①)・早期対応を図る。
> ・(②)や食中毒などの(③)を把握し, 感染の拡大防止や予防を図る。
> ・日々の(④)な実施によって, 子どもに自他の健康に興味・関心をもたせ, (⑤)の育成を図る。

【4】 次の文章は，ある疾病について説明したものである。それぞれの疾病名を答えよ。

(1)　激しい痛みや耳漏(耳だれ)などがなく，ほとんど無症状に経過し，知らない間に難聴になっている場合が多い。小学校低学年では，約4%位存在する。病態は中耳腔に漿液性，時には，にかわ状の滲出液が長時間貯留するものである。発症に関与する因子には，急性中耳炎の既往，慢性副鼻腔炎，アレルギー性鼻炎などが指摘されている。

(2)　主に，ブドウ球菌による急性化膿性炎症である。瞼が赤く腫れ，痛みがある。治療は抗生剤による薬物療法によるが，膿をもった場合は切開する。

(3)　自律神経失調症の一つで，立ちくらみが主な症状である。思春期前後に多く，家族性がみとめられる。症状による診断基準が作られている。朝起きられなかったり，午前中調子が悪かったりするので不登校と間違われることがある。

(4)　ピンク色の発疹，発熱，リンパ節の腫脹と圧痛を訴える疾患である。まれに，髄膜炎，脳炎，血小板減少性紫斑病などの合併症が見られることがあり，特に妊娠早期の妊婦が罹患すると出生児に先天異常をみることがある。

【5】 次の不整脈のうち，基礎心疾患がない場合には危険性がほとんどないものを，①〜⑤から1つ選べ。
①　完全房室ブロック
②　発作性頻拍症
③　完全左脚ブロック
④　QT延長症候群
⑤　完全右脚ブロック

【6】 応急手当について，次の各問いに答えよ。
(1)　次の応急手当について正しいものには○を，間違っているものには×で答えよ。

① 運動中，突然倒れ，呼吸がなく，心停止状態のときには，AED
を使用する。

② 虫に刺されたら，アンモニアを塗る。

③ 鼻血が出たら，顎を上げティッシュをつめる。

(2) 熱中症は症状により分類されるが，その中で，熱が体外に放出さ
れず体温の上昇が激しく，意識障害を生じるものを何というか。ま
た，その応急手当を答えよ。

【7】次の文は，腎臓について説明したものである。文中の各空欄に適す
る語句を下のア〜スから1つずつ選び，記号で答えよ。

腎臓は，(①)から第2腰椎の高さに左右1個ずつあるソラマメ形
の臓器である。実質内部は(②)と(③)で構成されている。
(③)は十数個の錐体からなり，その先端は乳頭を形成する。(②)
には糸球体が存在し，毛細血管塊で血液の濾過を行う。腎臓の機能単
位はネフロンと呼ばれ，1個の腎臓に約100万個存在する。糸球体で濾
過された原尿は(④)を通過する間に再吸収と分泌を受けて最終尿
が形成される。

腎臓は，尿の生成を通して有毒物質や(⑤)の排出，水・(⑥)
の調節，酸塩基平衡の調節などにより生体の内部環境を維持している。
腎臓はさらに，レニンやプロスタグランジンの産生と分泌を介して
(⑦)の調節，またエリスロポエチンの産生を介して骨髄における
(⑧)の産生を行っている。

ア	皮質	イ	灰白質	ウ	髄質	エ	老廃物
オ	血圧	カ	赤血球	キ	白血球	ク	第9胸椎
ケ	第11胸椎	コ	電解質	サ	尿細管	シ	免疫
ス	尿管						

【8】次の文は，心理的な反応として現れる防衛機制について述べたもの
である。文に該当する防衛機制を，あとの①〜⑦から1つずつ選べ。

(1) 自分の置かれている苦痛な状況を，正当化するような理由づけを
行うこと。

(2)　性的あるいは攻撃的な衝動をそのまま行動に移さず，社会的価値に従って有用の目標に向け変えること。

(3)　他人または集団の持つ身分，特権などをあたかも自分のものであるように見なすことで，自己価値観を増すこと。

(4)　実現困難な欲求や苦痛な体験などを心のなかに抑えこんで安定しようとすること。

① 同一化　　② 抑圧　　③ 昇華　　④ 合理化
⑤ 解離　　　⑥ 退行　　⑦ 逃避

【9】小学校3年生の女子児童が，休み時間に教室でおにごっこをしていたところ，机の角で腹部を強打した。痛がっている児童を担任が抱え保健室に運んできた。次のa～eのうち，保健室での救急処置や経過観察のポイントとして正しいものの組合せを，下の①～⑤から1つ選べ。

a　ベッドに仰臥位で寝かせ，膝は少し高くするか，痛い方を下に側臥位をとらせる。

b　腹部を触診し，腹膜刺激症状がないか調べる。

c　腹部が大きく膨隆していないか観察する。

d　腹痛・吐き気・嘔吐がないか観察する。また，血尿が出るのは，肝臓が損傷している場合が多いので注意する。

e　腹腔内に大出血がおこりショック状態に陥った場合，頻脈及び顔面の紅潮が見られるので，脈拍と顔色に注意して観察する。

① b・d・e　　② a・c・e　　③ a・b・d　　④ a・b・c
⑤ b・c・d

【10】次の各問いに答えよ。

(1)　平成17年度に心血管疾患予防の目的として定義された疾患概念と診断基準が示され，内臓脂肪蓄積に加えて空腹時血糖や血清脂質，血圧が一定以上の値を示している病態を何というか。

(2)　「近年における国民の食生活をめぐる環境の変化に伴い，国民が生涯にわたって健全な心身を培い，豊かな人間性をはぐくむための食育を推進することが緊要な課題となっていることにかんがみ，食

育に関し，基本理念を定め，及び国，地方公共団体等の責務を明らかにするとともに，食育に関する施策の基本となる事項を定めることにより，食育に関する施策を総合的かつ計画的に推進し，もって現在及び将来にわたる健康で文化的な国民の生活と豊かで活力ある社会の実現に寄与すること」を目的として，平成17年6月に成立したこの法を何というか。

(3) 「21世紀の我が国を，すべての国民が健やかで心豊かに生活できる活力ある社会とするため，壮年期死亡の減少，健康寿命の延伸及び生活の質の向上を実現すること」を目的とする国民健康づくり運動の「趣旨」，「基本的な方向」，「目標」，「地域における運動の推進」などについて，その概要を解説するとともに各分野の数値目標を掲載しているものを何というか。

【11】次の文は，小学校学習指導要領(平成20年3月)の第1章総則　第1の3「体育・健康に関する指導」について書かれたものである。文中の各空欄に適する語句を下のア〜セから1つずつ選び，記号で答えよ。

　学校における体育・健康に関する指導は，児童の発達の段階を考慮して，学校の（　①　）全体を通じて適切に行うものとする。特に，学校における（　②　）の推進並びに体力の向上に関する指導，（　③　）に関する指導及び心身の健康の保持増進に関する指導については，体育科の時間はもとより，家庭科，特別活動などにおいてもそれぞれの（　④　）に応じて適切に行うよう努めることとする。また，それらの指導を通して，家庭や（　⑤　）との連携を図りながら，日常生活において適切な体育・健康に関する活動の実践を促し，生涯を通じて健康・安全で活力ある生活を送るための（　⑥　）が培われるよう配慮しなければならない。

ア　教科　　イ　医療機関　　ウ　教育活動　　エ　基本
オ　能力　　カ　防犯　　　　キ　性教育　　　ク　個性
ケ　特質　　コ　地域社会　　サ　食育　　　　シ　保健活動
ス　安全　　セ　基礎

【12】学校において予防すべき感染症に対し出席停止を行ったら，校長は学校の設置者に対し書面をもって報告しなければならない。出席停止の報告事項を5つ答えよ。

【13】次の語句について説明せよ。

(1) DMF歯数

(2) アナフィラキシー

(3) 起立性調節障害(OD)

(4) オスグッド病

━━━━━ 解答・解説 ━━━━━

【1】(1) ①　学校保健活動　　(2) ②　児童生徒　　(3) ③　学校環境衛生　　(4) ④　地域社会　　(5) ⑤　保護者　　⑥　学校医　　⑦　地域

| 解 | 説 | 学校保健計画の立案にあたって，特に配慮すべき点は，学校の実態に適した計画であるということである。そのためには，様々な角度から情報を収集し，自校の学校保健の実態を把握して年度の重点課題や内容を設定していくことが大切である。

【2】(1)　机の高さ… $\dfrac{座高}{3}$ ＋下腿長　いすの高さ…下腿長　　(2)　身体と机，いすの適合状況を調べる。　　(3)　1回

| 解 | 説 | 学校環境衛生検査については，数値や検査項目等が変更する場合があるので，文科省ホームページ等で最新の情報をチェックしたい。学校環境衛生基準は全国的に頻出であるので，各項目や検査回数，検査方法，数値等は時間をかけても正確に暗記しておこう。

【3】①　早期発見　　②　感染症　　③　集団発生状況　　④　継続的　　⑤　自己管理能力

| 解 | 説 | 健康観察とは，児童生徒が心身ともに健康な状態であるか，一定の方針に基づいて詳しく見極めることである。基本的には，学級担任が朝の学級での活動(朝の会等)に行う。児童・生徒一人ひとりの心

身の健康状態の把握はもっとも重要になる。学校内の教職員全員が，あらゆる場面で，日常的な健康観察を行っていくことが大切であるが，特に学級担任は，平常と異なる点に気づいた場合，なるべく早く養護教諭に連絡をとらなければならない。

【4】(1)　滲出性中耳炎　　(2)　麦粒腫　　(3)　起立性調節障害(OD)
(4)　風しん

解説 (1)　その他の種類の中耳炎との違いを押さえておくとよい。(2)　麦粒腫は，「ものもらい」とも呼ばれ，まぶたに局所的な赤みの出現，軽度の痛みや痒みを伴う。治療には内服薬・点眼薬により抗生物質を用いて行われる(麦粒腫用の市販薬も存在する)。通常は2〜3日で症状は治まるので，患部を清潔に保ち，不潔な手で触ったりしないことが必要である。　(3)　その他，風呂でのぼせる，動悸や息切れ，食欲がない，疲れやすい等の症状も見られる。　(4)　風しんは，学校で予防すべき感染症の第2種に分類される。出席停止期間は，発しんが消失するまでである。

【5】⑤

解説 不整脈のうち，基礎心疾患がない場合には危険性がほとんどないものとして，完全右脚ブロックの他に，「洞性不整脈」「冠静脈洞調律」「いわゆる左房調律」「移動性ペースメーカー」「1度房室ブロック」「心房期外収縮」「運動により消失する期外収縮」「発作のないWPW症候群」「不完全右脚ブロック」などがあげられる。

【6】(1)　①　○　　②　×　　③　×　　(2)　疾患名…熱射病　応急手当…涼しくて風通しのよい場所に移し，できるだけ裸に近い状態にして，冷たい濡れタオルで全身を拭いたり，覆ったりし，扇風機などで風を送る。さらに，頸部，わきの下，大腿の付け根にある脈がふれる動脈にアイスパックや氷をあてるなど，とにかく体温を下げる。早急に救急車の出動を依頼する。

解説 (2)　熱中症の手当の基本は，休息，冷却，水分補給である。熱中症は，重度によりⅠ〜Ⅲ度に分類される。それぞれの発症の仕方と症状や，応急処置についてまとめておくとよい。

【7】① ケ　② ア　③ ウ　④ サ　⑤ エ　⑥ コ
⑦ オ　⑧ カ

解説 腎臓は血液からの老廃物や余分な水分の濾過及び排出(尿)，体液の恒常性の維持を主な役割とする。腎臓に関する問題は頻出なので，その主な役割や尿生成と排出などは，泌尿器と共に構造図できちんと確認しておこう。

【8】(1) ④　(2) ③　(3) ①　(4) ②

解説 ⑤　解離とは，心理的な苦痛や衝撃を伴った体験，さらには自分でも認めることのできない願望，欲求などを自分には属さないものとして自己の意識から切り放す無意識の心理機制のひとつである。⑥　退行とは，幼少時期の未熟な行動に戻る無意識的な防衛機制のひとつである。　⑦　逃避とは，不安を喚起する場面，あるいは適応できないような場面から逃れようとするための心理機制のことである。

【9】④

解説 dは，血尿が出るのは，腎臓，尿管，膀胱，尿道の損傷を疑う。eは，ショック状態に陥ると，脈は弱く，速くなり，顔色は蒼白になる。

【10】(1)　メタボリック症候群　(2)　食育基本法　(3)　健康日本21

解説 (1)　高血圧や糖尿病といった生活習慣病を複数もっている状態であり，男性では腹囲85cm以上，女性では90cm以上が目安となる。(2)　近年，食育に関する出題は増加傾向であるため，関連する法律や答申等には目を通しておくとよい。　(3)　平成15年に，国民の健康の増進を図り，国民保健の向上を図ることを目的として制定された健康増進法がもとになってつくられたものである。

【11】① ウ　② サ　③ ス　④ ケ　⑤ コ　⑥ セ

解説 ここでは特に，学習指導要領の改正ポイントである②食育推進，③安全に関する指導を確実におさえておくとよい。

【12】・学校の名称　・出席を停止させた理由及び期間　・出席停止を指示した年月日　・出席を停止させた児童生徒等の学年別人員数・その他参考となる事項

解説 学校保健安全法施行規則第20条を参照のこと。関連事項として学校保健安全法第19条，同法施行令第6〜7条も確認しておきたい。

【13】 (1) 永久歯のう蝕経験数を表す。Dは未処置のう歯，Mはう蝕による喪失歯，Fは処置歯を示す。 (2) アレルギー反応により，蕁麻疹などの皮膚症状，腹痛や嘔吐などの消化器症状，呼吸困難などの呼吸器症状が複数同時にかつ急激に出現した状態。その中でも，血圧が低下して意識の低下や脱力をきたすような場合を，特にアナフィラキシーショックと呼び，直ちに対応しないと生命にかかわる重篤な状態。 (3) 10歳前後から高校生くらいまでに見られる自律神経の失調による疾患。不登校との関係に注意が必要。主症状は立ちくらみ，めまい，頭痛，食欲不振，午前中の不調など。 (4) 10歳から17歳頃の発育期の男子に多く見られるスポーツ障害のひとつ。下肢の使いすぎが原因で，頸骨粗面に腫れや痛みが生じる。練習量を軽減し，十分なストレッチングを行うとよい。

解説 (1) DMF歯数は，$\dfrac{全受診者のDMF歯の合計}{全受診者数}$ で表す。 (2) アナフィラキシーショックが発生した場合は気道の確保，抗原の除去，保温，安静をしながら，救急車を要請し，一刻も早く医療機関へ搬送する。 (3) 起立性調節障害は朝なかなか起きられず，調子が悪く，学校に行きたがらないために不登校と間違われることがある。

(4) これ以外にも成長期に多く発症するスポーツ障害についてまとめておくとよい。

養護教諭 頻出問題演習 ♫♫ Part2

【1】 次の文を読み，文中の各空欄に適する語句を下の①～⑨から1つず つ選べ。

　　学校保健安全計画は，（　A　）第5条に次のように規定されている。

　　学校においては，児童生徒等及び職員の心身の健康の保持増進を図るため，児童生徒等及び職員の健康診断，（　B　），児童生徒等に対する指導その他保健に関する事項について計画を策定し，これを実施しなければならない

　　また，昭和47年保健体育審議会答申では，次のように述べられている。

(前略)　この計画は，学校における保健管理と保健教育との調整にも留意するとともに，体育，（　C　）など関連する分野との関係も考慮して策定することがたいせつである。

(後略)

① 環境衛生検査　　　　② 学校保健安全法施行規則
③ 学校給食　　　　　　④ 保健教育
⑤ 学校保健安全法施行令　⑥ 学校保健安全法
⑦ 特別活動　　　　　　⑧ 学校安全
⑨ 安全教育

【2】 「学校環境衛生基準」に定められている内容について，下線部の数値が正しい場合は○，間違っている場合は正しい数値を答えよ。

(1)　一酸化炭素は，100ppm以下であること。

(2)　相対湿度は，30％以上，80％以下であること。

(3)　教室及び黒板のそれぞれの最大照度と最小照度の比は，10：1を超えないこと。

(4)　トルエンは，220μg/m³以下であること。

(5)　プール水は，透明度に留意し，水中で2m離れた位置からプール

の壁面が見える程度に保たれていること。

(6) 定期及び臨時に行う検査の結果に関する記録は，検査日から<u>1</u>年間保存する。

【3】学校における児童生徒の健康診断に関する記述として<u>正しくないもの</u>はどれか。次の①～⑤から1つ選べ。

① 健康診断では，学校保健安全法に基づいた各種検診・検査によって疾病異常等の確定診断を行う。

② 健康診断では，児童生徒のプライバシーに配慮し，知り得た結果については守秘義務を遵守しなければならない。

③ 健康診断には，保健管理や保健教育に必要な基礎的資料を得るという目的がある。

④ 健康診断は，学習指導要領の中の特別活動における「健康安全・体育的行事」として位置づけられる。

⑤ 児童生徒等の健康診断票は，5年間保存しなければならない。

【4】麻しん発生および流行を予防するため，予防接種に関する制度が改正され，平成20年4月以降，学校と設置者が連携して，予防接種の積極的勧奨を行うこととされた。次の各問いに答えよ。

(1) 新たに定期予防接種の対象者に位置づけられたのは，何年生に相当する年齢の者か。

(2) 平成20年4月以降，何年間の措置か。

(3) 予防接種を促す時期は，4月から6月頃がよいといわれているが，理由を20字以内で書け。

【5】次の各問いに答えよ。

(1) 脳・神経系の疾患について<u>誤っているもの</u>はどれか。次のア～エから1つ選び，記号で答えよ。

ア 小児の急性脳症はライ症候群とも称される。

イ 副鼻腔炎や中耳炎が髄膜炎の原因となることがある。

ウ てんかんの欠伸発作は間代性けいれんが特徴である。

エ　日本脳炎は夏季に発生するウイルス性疾患である。

(2)　性感染症について<u>誤っているもの</u>はどれか。次のア～エから1つ選び，記号で答えよ。

ア　ヒトパピローマウイルス感染による尖圭コンジローマはがん化率が高い。

イ　クラミジア感染症は女性の場合，症状が乏しく，放っておくと不妊症の危険性がある。

ウ　淋病は，男性では強い排尿痛を伴った急性化膿性尿道炎を示す。

エ　梅毒は，感染後約3週間で外陰部無痛性潰瘍と鼠径リンパ節の無痛性腫脹を示す。

(3)　体温調節中枢はどれか。次のア～エから1つ選び，記号で答えよ。

ア　小脳　　イ　延髄　　ウ　視床下部　　エ　下垂体

【6】救急処置について<u>適切でないもの</u>はどれか。次の①～⑤から1つ選べ。

①　頭，胸，腹の打撲などで内出血が疑われる場合には，飲食物を与えてはいけない。

②　上腕部の下方のけがをした場合，止血する動脈は，上腕動脈である。

③　眼球にガラス破片が刺さった場合は，ガラス破片を急いで抜き，すぐに病院で診察を受ける。

④　鼻出血の際は，キーゼルバッハ部位を指で押さえる。

⑤　硬い物を指先で急激に突いた場合は，患部を固定し冷やす。

【7】次のホルモンを主に分泌する内分泌器官の名称を答えよ。

(1)　カルシトニン　　(2)　性腺刺激ホルモン　　(3)　エストロゲン

(4)　アルドステロン

【8】発達障害について，次の各問いに答えよ。

(1)　次の文は発達障害者支援法第2条である。文中の各空欄に適する

語句を答えよ。

第2条　この法律において「発達障害」とは，自閉症，（　①　）その他の広汎性発達障害，学習障害，（　②　）その他これに類する（　③　）の障害であってその症状が通常（　④　）において発現するものとして政令で定めるものをいう。

2　この法律において「（　⑤　）」とは，発達障害を有するために日常生活又は（　⑥　）に制限を受ける者をいい，「発達障害児」とは，（　⑤　）のうち（　⑦　）のものをいう。

3　この法律において「発達支援」とは，（　⑤　）に対し，その心理機能の適正な発達を支援し，及び円滑な（　⑥　）を促進するため行う発達障害の特性に対応した（　⑧　），福祉的及び教育的援助をいう。

(2)　学習障害の定義を書け。

【9】次の文を読んで，下の各問いに答えよ。

全校生徒200人，各学年2クラスの中学校で，12月下旬のある朝，2年1組の担任より，おう吐，下痢，腹痛，発熱等の症状による欠席者が5人いるとの報告が養護教諭にあった。

(1)　管理職に報告した後，養護教諭として，校内で収集する必要のある情報を3つ記せ。

(2)　収集した情報を基に学校医に相談したところ，ノロウィルスによる感染性胃腸炎の疑いがあるとのことだった。この場合のノロウィルスに対して有効な消毒薬を薬品名で1つ記せ。

(3)　感染症予防においては，伝染経路のうちの三段階のいずれかで遮断する対策をとればよいとされている。

①　その三段階の対策名を，それぞれ記せ。

②　それぞれの段階の対策について，学校で行う感染症予防の具体的な方法を簡潔に記せ。

【10】ある小学校では，体調不良で保健室に来室する児童に，服薬を希望する傾向がみられるので，「薬と病気をなおす力」をテーマに，全校児童を対象として，全校朝会で20分間の保健指導を行うことにした。その際の指導内容のポイントを答えよ。

【11】次の文章は，「中学校学習指導要領(平成20年3月告示)」第1章「総則」において，障害のある生徒の指導について述べたものの一部である。文章を読んで，下の各問いに答えよ。

　　障害のある生徒などについては，特別支援学校等の助言又は援助を活用しつつ，例えば指導についての計画又は家庭や医療，福祉等の業務を行う関係機関と連携した支援のための計画を個別に作成することなどにより，個々の生徒の障害の状態等に応じた指導内容や指導方法の工夫を計画的，組織的に行うこと。

(1)　上記の内容を実施するに当たって，次のような配慮が重要である。文中の各空欄に適する語句を下のa～kから1つずつ選び，記号で答えよ。

　　ア　担任教師だけが指導に当たるのではなく，(　①　)を設置し，(　②　)を指名するなど学校全体の支援体制を整備し，組織的に取り組むこと。

　　イ　障害のある生徒一人一人について，必要に応じて指導の目標や内容，配慮事項などを示した計画(個別の指導計画)を作成し，(　③　)の共通理解の下，きめ細かな指導を行うこと。

　　ウ　障害のある生徒については，学校生活だけでなく，家庭生活や地域での生活も含め，(　④　)から(　⑤　)までの一貫した支援を行うことが重要である。

　　　　a　特別支援教育サポーター　　b　学校卒業後
　　　　c　就学指導委員会　　　　　　d　老後
　　　　e　教職員　　　　　　　　　　f　保護者
　　　　g　校内委員会　　　　　　　　h　幼児期
　　　　i　誕生　　　　　　　　　　　j　スクールカウンセラー

　　k　特別支援教育コーディネーター

(2)　次のような生徒に対して，養護教諭としてどのような対応をしたらよいか3つ書け。

　　A男は発達障害があり，友達と遊びたいと思っても相手の嫌がることをしてしまい，注意されるとますます興奮してしまうことから友達とのトラブルが多い。このA男が，昼休みに遊びの輪に入れず暴言を吐いたことから喧嘩になり，パニック状態で保健室に走ってきた。

【12】次の文は，学校保健安全法施行規則第13条及び第14条である。文中の各空欄に適する語句または数字を答えよ。

　第13条　法第15条第1項の健康診断における検査の項目は，次のとおりとする。

　一　身長，体重及び腹囲

　二　視力及び聴力

　三　結核の有無

　四　血圧

　五　尿

　六　胃の疾病及び異常の有無

　七　貧血検査

　八　肝機能検査

　九　血中脂質検査

　十　（　①　）

　十一　（　②　）

　十二　その他の疾病及び異常の有無

　　2　妊娠中の女性職員においては，前項第（　③　）号に掲げる検査の項目を除くものとする。

　　3　第1項各号に掲げる検査の項目のうち，（　④　）の職員においては第1号の身長を，35歳未満の職員及び36歳以上40歳未満の職員，妊娠中の女性職員その他の職員であって腹囲が（　⑤　）

の蓄積を反映していないと診断されたもの，BMI(次の算式に
より算出した値をいう。以下同じ。)が20未満である職員並びに
自ら腹囲を測定し，その値を申告した職員(BMIが22未満であ
る職員に限る。)においては第1号の腹囲を，20歳未満の職員，
21歳以上25歳未満の職員，26歳以上30歳未満の職員，31歳以上
35歳未満の職員又は36歳以上40歳未満の職員であって感染症の
予防及び感染症の患者に対する医療に関する法律施行令(平成
10年政令第420号)第12条第1項第1号又はじん肺法(昭和35年法
律第30号)第8条第1項第1号若しくは第3号に掲げる者に該当し
ないものにおいては第3号に掲げるものを，40歳未満の職員に
おいては第6号に掲げるものを，35歳未満の職員及び36歳以上
40歳未満の職員においては第7号から第11号に掲げるものを，
それぞれ検査の項目から除くことができる。

$$BMI = \frac{体重(kg)}{(⑥)}$$

第14条　法第15条第1項の健康診断の方法及び技術的基準については，
次項から第9項までに定めるもののほか，第3条(同条第10号中知能
に関する部分を除く。)の規定を準用する。

2　前条第1項第2号の聴力は，1000ヘルツ及び4000ヘルツの音に係
る検査を行う。ただし，45歳未満の職員(35歳及び40歳の職員を
除く。)においては，医師が適当と認める方法によって行うことが
できる。

3　前条第1項第3号の結核の有無は，胸部エツクス線検査により検
査するものとし，胸部エツクス線検査によって病変の発見された
者及びその疑いのある者，結核患者並びに結核発病のおそれがあ
ると診断されている者に対しては，胸部エツクス線検査及び
(⑦)を行い，更に必要に応じ聴診，打診その他必要な検査を
行う。

4　前条第1項第4号の血圧は，血圧計を用いて測定するものとする。

5　前条第1項第5号の尿は，尿中の蛋白及び糖について試験紙法に
より検査する。

6　前条第1項第6号の胃の疾病及び異常の有無は,（　⑧　）その他の医師が適当と認める方法により検査するものとし,癌その他の疾病及び異常の発見に努める。

7　前条第1項第7号の貧血検査は,（　⑨　）及び赤血球数の検査を行う。

8　前条第1項第8号の肝機能検査は,血清グルタミックオキサロアセチックトランスアミナーゼ(GOT),血清グルタミックピルビックトランスアミナーゼ(GPT)及びガンマ－グルタミルトランスペプチダーゼ(γ－GTP)の検査を行う。

9　前条第1項第9号の血中脂質検査は,低比重リポ蛋白コレステロール(LDLコレステロール),高比重リポ蛋白コレステロール(HDLコレステロール)及び(　⑩　)の量の検査を行う。

【13】次の(1)〜(3)について,それぞれの語句の説明をせよ。

(1)　起立性調節障害

(2)　ヘルスプロモーション

(3)　アニバーサリー反応

━━━━━━━━━━━ 解答・解説 ━━━━━━━━━━━

【1】 A　⑥　　B　①　　C　③

解|説 学校保健安全計画については,学校保健安全法第5条に規定されている。学校保健活動は,多様な人々によって,多様な領域・側面でおこなわれる組織活動なので,計画を立案することが不可欠となる。

【2】 (1) 10　(2) ○　(3) 20　(4) 260　(5) 3　(6) 5

解|説 どれも学校環境衛生基準に示されているため,他の基準も含めて確認しておこう。数値については他の数値と混同しないように確実に憶える必要があるので,注意すること。

【3】 ①

解|説 健康診断は確定診断を行うのではなく,健康であるか,健康上問題があるか,疾病や異常の疑いがあるかという視点で選び出すスク

リーニング(選別)である。

【4】(1)　中学1年生，高校3年生　　(2)　5年間　　(3)　麻しんの流行の
ピークが5月頃であるから

解説(1)　これまで1回しか定期接種の機会が与えられていなかった世
代であるため，新たに定期接種の対象者に位置づけられることとなっ
た。　　(2)　2007年に経験した高校・大学を中心とする学校等での麻し
んの流行を繰り返さないようにするため，平成20年4月から向こう5年
間に限り，これまで1回しか定期接種の機会が与えられていなかった
世代である以下の者が新たに定期接種の対象者に位置づけられること
となった。　　(3)　学校においては平時から麻しん流行が起きないよう
対策を講じることが重要である。

【5】(1)　ウ　　(2)　ア　　(3)　ウ

解説(1)　間代性けいれんが特徴であるのは強直間代発作(大発作)であ
るため，ウは誤りである。　　(2)　がん化するヒトパピローマウイルス
と尖圭コンジローマになるヒトパピローマウイルスは型が異なるため
誤り。　　(3)　視床下部には，体温調節中枢，下垂体ホルモンの調節中
枢，浸透圧受容器などがある。また，摂食行動や飲水行動，性行動，
睡眠などの本能行動の中枢，及び怒りや不安などの情動行動の中枢で
もある。機能とともに位置も確認しておくとよい。

【6】③

解説ガラス片はそのままにして，清潔なガーゼで覆い，ただちに医
療機関へ搬送する。

【7】(1)　甲状腺　　(2)　下垂体前葉　　(3)　卵巣　　(4)　副腎皮質

解説ホルモンは，生体内の特定の器官の働きを調節するための情報
伝達を担う物質であり，栄養分などとは違って，ホルモンの体液中の
濃度は非常に微量であるのが特徴である。内分泌器官と各ホルモンを
対応させて覚えておくとよい。

【8】(1)　①　アスペルガー症候群　　②　注意欠陥多動性障害
③　脳機能　　④　低年齢　　⑤　発達障害者　　⑥　社会生活
⑦　18歳未満　　⑧　医療的　　(2)　学習障害とは，基本的には全般

的な知的発達に遅れはないが，聞く，話す，読む，書く，計算する又
は推論する能力のうち特定のものの習得と使用に著しい困難を示す
様々な状態を指すものである。

解説 発達障害を持つ児童生徒には校内全体で，あるいは専門機関と
の連携によって支援していく。また自尊心を傷つけるようなかかわり
をしない，本人が肯定されるような体験を増やす，わかりやすく，見
通しが持てるような指示や提示を行う等の点に配慮したかかわりをす
る。

【9】(1) ・同様の症状で欠席している生徒数の確認　・出席している生
徒で同様の症状を呈している生徒数の確認　・数日前からの欠席者数
の推移　　(2)　次亜塩素酸ナトリウム　　(3)　①　1　感染源対策
2　感染経路対策　　3　感受性対策　　②　1　出席停止　　2　安全
な飲食物の提供　　3　予防接種

解説 ノロウィルスによる集団感染が疑われたときに養護教諭がとる
べき対応として，・欠席率に注意し，患者の早期発見に努める。　・学
校医や保健所から地域の感染症の情報を得る。・学校医，学校薬剤師，
教育委員会，保健所に連絡し，患者の措置に万全を期す。　・学校医，
その他の意見を聞き，健康診断，出席停止，臨時休業，消毒，その他
の事後措置の計画を立て，これに基づき予防処置を行う。　・学校給食
の中止については，保健所の指導，学校医・教育委員会の助言を総合
的に判断し決定する。　・保健所，教育委員会が行う調査や検便に協力
する。　・児童生徒，保護者に状況を説明し，予防措置や食生活につい
て注意を呼びかける。等がある。

【10】①　基本的生活習慣(食事・運動・休養・睡眠)　　②　自然治癒力
③　薬の効果と弊害

解説 小学校の保健指導の目標は，児童が健康な生活を営むために必
要な事柄を体得できるようにし，積極的に健康を保持増進できる能力
や態度を育てることである。「薬と病気をなおす力」の指導内容とし
ては，①子どもの体調不良の原因は基本的生活習慣の乱れによること
が多いことから，基本的生活習慣が健康な生活のもとになることをお

さえる。②人間には本来，身体を健康な状態に維持するための仕組みである自然治癒力が備わっていることに触れる。具体的には，ホメオスタシス(恒常性維持)，自己防衛(病原菌と戦う機能)，自己再生(傷ついた細胞を修復する機能)の3本柱があることに触れる。③薬の使用はあくまでも，自然治癒力を補うものであること，したがって正しく使用することの必要性について触れる。以上の3点について，1年生から6年生の発達段階の違いに配慮して，パネルや視聴覚教材を活用して，わかりやすく，興味を持たせ，行動につながるように指導する。なお，評価については，保健室に来室した際の児童の様子や担任からの情報を得て判断する。

【11】(1) ① g　② k　③ e　④ h　⑤ b　(2)・けがの有無を確認し，必要に応じて手当てをする　・パニック状態をクールダウンさせる　・話をしっかり聞く　・どうすればよかったか一緒に考える　・学級担任に状況を報告する　・今後，どのように指導していくか，共通理解を図る　などから3つ

解説 (1)　中学校学習指導要領(平成20年3月告示)第1章「総則」，および同解説を確認すること。　(2)　「教職員のための健康観察の方法と問題への対応」(文部科学省，平成21年3月)や『学校保健実務必携』第1部 第2編 第9章「健康診断時に注意すべき疾患及び異常」において，発達障害(LD，ADHD，高機能自閉症など)の定義及び特徴，対応について確認しておこう。

【12】① 血糖検査　② 心電図検査　③ 6　④ 20歳以上　⑤ 内臓脂肪　⑥ 身長$(m)^2$　⑦ 喀痰検査　⑧ 胃部エックス線検査　⑨ 血色素量　⑩ 血清トリグリセライド

解説 職員の健康診断については第12条(時期)，第15条(健康診断票)，第16条(事後措置)，第17条(臨時の健康診断)も同時に確認しておきたい。また，児童生徒等の健康診断の検査項目(第6条)と比較し，差異を検討してみるのもよい。

【13】(1)　ODともいう。学童期から思春期にかけて，身体の発達が顕著な時期に起こる自律神経失調症の一種である。特に立つことによって

血液循環をコントロールする自立神経が失調を起こすために起こる。大症状としては，立ちくらみ，めまい，少し動くと動悸，息切れ，朝起きれない等があり，小症状としては，食欲不振，疲れやすい等の症状がある。　(2)　生涯にわたって健康に生きるために，「人々が自らの健康をコントロールし，改善することができるようにするプロセスである。」WHOオタワ憲章(1986年)において考え方が提言された。

(3)　被害の大きい災害に遭遇した被害者には強いストレスが加わり様々な健康問題を呈する。一般に被害が生じてから徐々に症状は消失されるが，1年後や2年後に災害発生日が近づいた時に被害者が不安定になったり種々の反応をすること。追悼式等災害に関連した行事を行う時には，こうしたことを念頭に置く必要がある。

解説 (1)　診断基準は，①大症状3項目以上，②大症状2項目小症状1項目以上，③大症状1項目小症状3項目以上あり，器質的疾患が他に認められなければ診断する。　(2)　ヘルスプロモーションは健康の実現のための環境づくり等を含む包括的な概念である。平成9年保体審答申においても冒頭部でとりあげられている。　(3)　災害が発生した日が近づいた時に，子どもが不安定になったり種々の反応をすること。その日が近づいた頃に，どのような反応が生じる可能性があるか子どもや保護者に伝えておく。不安定になった場合の対応方法をあらかじめ考え，周囲の連携を図る。非常災害発生時の心の健康問題については頻出であり，関連してPTSDについてもまとめておきたい。

 **Part3**

【1】学校保健計画の作成にあたり，主に保健室の活動で得られる情報について内容を5つ記せ。

【2】次の(A)～(D)にあてはまる語句の組み合わせとして正しいものを，下の①～⑤からそれぞれ1つずつ選べ。

(1) 換気及び保温等の揮発性有機化合物の検査については，児童生徒等がいない教室等において，(A)以上換気の後(B)以上密閉してから採取し行う。

① A：5分　　B：1時間
② A：10分　　B：2時間
③ A：20分　　B：8時間
④ A：30分　　B：5時間
⑤ A：60分　　B：3時間

(2) 水泳プールに係る学校環境衛生基準において，水質のpH値は，(C)以上(D)以下である。

① C：2.8　　D：7.8
② C：3.6　　D：5.8
③ C：4.5　　D：6.8
④ C：5.8　　D：8.6
⑤ C：6.5　　D：9.4

【3】学校保健安全法第18条において「学校の設置者は，この法律の規定による健康診断を行おうとする場合その他政令で定める場合においては，保健所と連絡するものとする。」とあるが，「その他政令で定める場合」を2つ書け。

【4】**感染性胃腸炎について，次の各問いに答えよ。**

(1) 次の文中の各空欄に適する語句を答えよ。

感染性胃腸炎の原因となる病原体のうち，代表的なウイルスには
（ ア ）や（ イ ）があり，感染経路は，ほとんどが（ ウ ）である
が，ウイルスが大量に含まれる（ エ ）や嘔吐物からの（ オ ）に
よりまん延することがある。

(2) 嘔吐物の処理方法について，留意すべきことを具体的に4つ述べ
よ。

【5】**アレルギー性疾患について，次の各問いに答えよ。**

(1) アトピー性皮膚炎に対する治療には3つの柱がある。それぞれ簡
潔に書け。

(2) アトピー性皮膚炎の子どもが，屋外プールで水泳をする際に配慮
すべきことを2つ書け。

(3) 気管支ぜん息は，死亡する危険性のある疾患で，また，それは重
症の児童生徒のみに起こるとは限らない。気管支ぜん息による死亡
の要因として，一番多いのはどんな場合か，書け。

【6】**右上腕部の開放性骨折の児童の救急処置について正しくないもの**は
どれか。次の①〜⑤から1つ選べ。

① 滅菌ガーゼを幾層にも当てて圧迫し，包帯をする。

② 骨折端が屈曲しているので，元に戻してから副子で固定する。

③ 骨折部分を確認後，すぐに救急車を要請する。

④ 冷や汗などのショック症状を起こしやすいので，ショックを防ぐ
処置をする。

⑤ 救急隊員に引き渡すときに，受傷の状況，出血状態，開放創に対
する応急手当ての概要等を伝達する。

【7】**脳の構造について，次の各問いに答えよ。**

(1) 大脳皮質は新皮質，旧皮質，古皮質に分けられる。次の部分を何
というか，書け。

① 旧皮質，古皮質から成り，人間の本能的な情動をつかさどるところ

② 大脳皮質の下部にあり，運動機能のコントロールや顔の筋肉の調節をするところ

(2) 脳は3層の膜で包まれているが，それぞれの名称を外層から順に書け。

(3) 大脳は次の4つの領域に分けられる。①～④の名称を答えよ。

① 主に感覚にかかわる領域

② 主に視覚にかかわる領域

③ 精神活動や運動性言語にかかわる領域

④ 聴覚や嗅覚にかかわる領域

(4) 大脳と小脳・脊髄の間にある，生命を維持するために重要な働きをしている部位は何と呼ばれているか。

【8】メンタルヘルスに関する次の文章を読んで，下の各問いに答えよ。

　小学校6年生の女子Aは，友人関係の問題があり，情緒が不安定であったので健康相談を行っていた。その中で家族から暴言を常に言われているなど，a虐待の事実が明らかになった。

(1) 下線部aの虐待の分類と定義を答えよ。

(2) 児童虐待の防止等に関する法律において，学校及び教職員に求められている役割を4つ答えよ。

(3) 児童虐待への対応を行う際の養護教諭の役割について，職務の特質を詳しく述べた上で答えよ。

【9】健康相談活動で，児童虐待を受けたと思われる児童が確認された場合，「児童虐待の防止等に関する法律」で通告しなければならないと定められている機関を2つ記せ。

【10】保健教育の基本的な考え方について，文中の各空欄に適する語句をあとのア～サから1つずつ選び，記号で答えよ。

(1) 保健学習は，心身の健康を保持増進するための(　①　)事項の理解を通して，思考力，判断力，意思決定や行動選択等の(　②　)の育成を図ることをめざして行われる。(　③　)に示された教科としての(　④　)な心身の健康に関する内容について，体育，保健体育また関連する教科において計画的に実施する。実施に当たっては，(　⑤　)に基づき，実践的な理解が図られるよう問題解決的，体験的な学習を展開する。

(2) 保健指導は，(　⑥　)における健康問題について自己決定し，対処できる能力や態度の育成，(　⑦　)を図ることをめざして行われる。各学校の児童生徒が当面している，または近い将来に当面するであろう健康に関する内容について，(　⑧　)の学級活動，ホームルーム活動を中心に(　⑨　)を通じて行われる。実施に当たっては，(　⑩　)時間数を定め，計画的，継続的に実践意欲を誘発しながら行う。実施の対象は集団または個人を対象とした指導に大別できる。

ア　年間指導計画　　　イ　学習指導要領　　　ウ　基礎的・基本的
エ　習慣化　　　　　　オ　実践力　　　　　　カ　実態に応じた
キ　教育活動全体　　　ク　特別活動　　　　　ケ　日常の生活
コ　一般的で基本的　　サ　総合的

【11】平成20年告示の小学校学習指導要領の「体育」に関して，次の各問いに答えよ。

(1) 次の文は[第5学年及び第6学年]の2の「G保健」の一部である。(　①　)～(　⑥　)に当てはまる語句を書け。

> (2) けがの防止について理解するとともに，けがなどの簡単な手当ができるようにする。
>   ア　(　①　)や身の回りの(　②　)が原因となって起こるけがの防止には，(　③　)に気付くこと，(　④　)の下に安全に行動すること，(　⑤　)を安全に整えることが必要であること。
>   イ　けがの簡単な手当は，(　⑥　)行う必要があること。

(2)　指導計画の作成に当たって，「G保健」に配当する授業時数については，効果的な学習が行われるよう，どのような事項に配慮することと示されているか答えよ。

【12】次の文は，ある法律の条文の一部である。下の各問いに答えよ。

第1条　この法律は，学校における児童生徒等及び職員の健康の（　ア　）を図るため，学校における（　イ　）に関し必要な事項を定めるとともに，学校における教育活動が安全な環境において実施され，児童生徒等の安全の確保が図られるよう，学校における（　ウ　）に関し必要な事項を定め，もつて（　エ　）の円滑な実施とその（　オ　）の確保に資することを目的とする。

第5条　学校においては，児童生徒等及び職員の（　カ　）の健康の保持増進を図るため，児童生徒等及び職員の健康診断，（　キ　），児童生徒等に対する指導その他保健に関する事項について（　ク　）を策定し，これを実施しなければならない。

第7条　学校には，健康診断，健康相談，（　ケ　），救急処置その他の保健に関する措置を行うため，保健室を設けるものとする。

第19条　（　コ　）は，感染症にかかつており，かかつている疑いがあり，又は（　サ　）のある児童生徒等があるときは，（　シ　）で定めるところにより，出席を停止させることができる。

(1)　この法律名を正しく書け。

(2)　文中の（　ア　）～（　シ　）にあてはまる語句を答えよ。

(3)　（　ケ　）について具体的に書かれているのは，この法律の第何条か書け。

【13】語句の説明として誤っているものはどれか。次の①～⑤から1つ選べ。

①　ヘルスプロモーション…人々が自らの健康をコントロールし，改善することができるようにするプロセスのこと。

②　マルトリートメント…人生の質には，多くの社会的役割を実行できる能力だけではなく，自分の生活への満足感や幸福感も含まれる

という考え方。

③　トリアージ…多数の傷病者が同時に発生した場合に，傷病者の緊急度や重症度に応じた適切な手当や，医療機関へ搬送を行うための傷病者の優先順位を決定する行為のこと。

④　ブースター効果…1回だけの接種では効果が落ちる予防接種をある程度の間隔をあけて追加接種することにより，より長期に高い抗体価を維持させる効果をいう。

⑤　ホスピス…延命のための治療よりも，病気による苦しみを和らげることを目的とした施設。

===== 解答・解説 =====

【1】・児童生徒の健康状態や体格，体力，疾病，栄養状態に関する実態
・心の健康に関する実態　・学校環境衛生に関する実態
・保健室利用状況　・学校保健組織活動の活動状況

解説 養護教諭の職務と保健室の機能を照らし合わせ，保健室の活動で得られる情報は何か把握し，その中で学校保健計画作成に必要とされる情報として適切なものを答える。保健主事は，学校における保健に関する事項の管理の要として，学校保健計画の策定等の保健に関する企画立案，連絡調整，学校保健委員会など保健に関する組織活動の推進など役割を持つ。保健主事に養護教諭を充てることができるようになったことは，いじめ問題や学校保健における養護教諭の積極的なかかわりへの期待といえるだろう。

【2】(1)　④　　(2)　④

解説 (2)は学校環境衛生基準の第4に規定されている。検査回数は，使用日の積算が30日以内ごとに1回である。基準は，5.8以上8.6以下である。また，〈第2 飲料水等の水質及び施設・設備に係る学校環境衛生基準〉(1)，(3)，(4)のpH値における基準も同様，5.8以上8.6以下である。

【3】出席停止が行われた場合，学校の休業を行った場合

解説 学校保健安全法施行令第5条(保健所と連絡すべき場合)では「法

第19条の規定による出席停止が行われた場合」「法第20条の規定による学校の休業を行つた場合」としている。

【4】(1)　ア，イ　ノロウイルス・ロタウイルス・腸管アデノウイルスから2つ　ウ　経口感染　エ　ふん便(便も可)　オ　二次感染
(2)　・手袋・マスクを着用する。　・新聞紙等で嘔吐物を覆う。
・次亜塩素酸ソーダ溶液を直接嘔吐物にまんべんなくかけ，新聞紙等で覆いをした状態で10〜20分程度放置し，嘔吐物や新聞紙等をビニール袋に入れて密封し捨てる。　・嘔吐した場所を次亜塩素酸ソーダを染みこませた新聞紙等で再度覆った後ふき取り，ビニール袋に入れて密封し捨てる。

解説(1)　これらは第3種の感染症である。学校で予防すべき感染症，病原体，主な症状，感染方法，潜伏期間をよく確認し覚えておくこと。
(2)　ノロウイルスの吐物の処理方法は，少人数で，大人が行い，マスクと手袋を着用する。吐物に新聞紙をかけ，次亜塩素酸ナトリウムを60倍程度に稀釈したものをふりかけ，ウイルスの拡散を防ぐ。新聞紙でそのまま取り，さらにペーパータオルや雑巾で拭き取る。汚染された床は，換気しながら，0.05〜0.1％の次亜塩素酸ナトリウムで消毒する。拭き取った吐物，ペーパータオル，雑巾，手袋，マスクはビニール袋などに入れ，密閉して廃棄する。処理後の手洗いはトイレ等に決め，蛇口や手栓の消毒を行う。

【5】(1)　原因・悪化因子を除く，スキンケア(皮膚の清潔と保湿でもよい)，薬物療法　(2)　長時間強い紫外線を浴びないようにすること。プール後，皮膚に付着した塩素をシャワーでよく落とすこと。
(3)　予期せぬ急激な悪化，適切な受診時期の遅れ(突然ひどい発作が起こり，対応が遅れた場合)

解説(1)　アトピー性皮膚炎の治療の3つの柱は原因・悪化因子を除く，スキンケア，薬物療法である。原因・悪化因子は年齢や体質によって異なる。そのほかにも，重症度の目安や皮膚症状の出やすい部位についても確認しておこう。　(2)　プールでは塩素の消毒が強いので，そのために皮膚炎が悪化することもある。また皮膚病にもかかりやす

いと言われている。プールに入る前に保湿剤を塗るなどの配慮も大切である。　(3)　気管支ぜん息は空気の通り道である気管支がアレルギーなどで炎症を起こし過敏になり，何かの刺激で腫れたり痰が出たりして狭くなり呼吸が苦しくなる慢性の病気のことである。気管支ぜん息については重症度(発作型)の分類，発作の程度，発作に対する対応についても確認しておくとよい。

【6】②

解説 ②　無理に正常位に戻そうとすると，鋭利な骨折端が神経，血管などを傷つける恐れがあるので，もとに戻そうとせずに固定する。

【7】(1)　①　大脳辺縁系　　②　大脳基底核　　(2)　(外層)硬膜，(中層)クモ膜，(内層)軟膜　　(3)　①　頭頂葉　　②　後頭葉　　③　前頭葉　　④　側頭葉　　(4)　脳幹

解説 脳は，大脳，間脳，脳幹，小脳に分けることができる。大脳は，前頭葉，側頭葉，頭頂葉，後頭葉から成る。間脳は，視床上部，視床，視床下部から成る。視床下部は体温の調節と各種ホルモンを産生する。脳幹は，中脳，橋，延髄より成る。橋は，聴覚，咀嚼などの機能を有する。延髄は，血圧，心拍，呼吸の中枢が存在する。小脳は，体幹の平行や眼球運動，姿勢の保持や歩行，協調運動などを司る。脳の働き，部位，位置について確認しておくことが望ましい。

【8】(1)　分類…心理的虐待　定義…児童に対する著しい暴言又は著しい拒絶的な反応，子どもが同居する家庭における配偶者に対する暴力，その他の子どもに対する著しい心理的外傷を与える言動を行うこと。(2)　①児童虐待の早期発見に努めること。(第5条)，③虐待を受けたと思われる子どもについて，児童相談所等へ通告すること。(第6条)，④虐待を受けたと思われる子どもの保護・自立支援に関し，関係機関への協力を行うこと。(第8条)，②虐待防止のための子どもへの教育又は啓発に努めること。(第5条)　　(3)　養護教諭の職務は，救急処置，健康診断，疾病予防などの保健管理，健康教育，健康相談活動，保健室経営，保健組織活動など多岐にわたる。また，活動の対象は，全校の子どもであるので，入学時から経年的に子どもの成長・発達を見るこ

とができる。そして，職務の多くは担任，教職員，保護者等との連携の下に遂行される。さらに，活動の中心となる保健室は，誰でもいつでも利用できる場所にある。このような養護教諭の職務の特質から，児童虐待を発見しやすく，早期発見，早期対応ができる立場にある。

解説 (1)　児童虐待はほかに，身体的虐待…児童の身体に外傷が生じ，又は生じる恐れのある暴行を加えること　性的虐待…児童にわいせつな行為をすること又は児童をしてわいせつな行為をさせること　ネグレクト…児童の心身の正常な発達を妨げるような著しい減食又は長時間の放置，保護者以外の同居人による身体的・性的・心理的虐待の放置その他の保護者としての監護を著しく怠ること，と定義されている。(児童虐待の防止等に関する法律第2条)　　(2)(3)　児童虐待対応については『養護教諭のための児童虐待対応の手引』(平成19年10月，文部科学省)が必読である。

【9】 ・児童相談所　　・福祉事務所

解説 平成20年における児童虐待防止法及び児童福祉法の一部改正法では，児童虐待防止対策強化を図る観点から，児童の安全確認等のための立入調査等の強化，保護者に対する面会・通信制限の強化等の措置が講じられている。また，児童虐待の防止等に関する法律第5条第1項では「教職員は児童虐待を発見しやすい立場にあることを自覚し，児童虐待の早期発見に努めなければならない」と教職員に努力義務を課している。

【10】 ①　ウ　　②　オ　　③　イ　　④　コ　　⑤　ア　　⑥　ケ
⑦　エ　　⑧　ク　　⑨　キ　　⑩　カ

解説 保健教育は保健学習および保健指導からなる。主な指導の機会は，保健学習は体育・保健体育科および関連する教科，また総合的な学習の時間で行い，保健指導は教育活動全体を通して行われる。

【11】 (1)　①　交通事故　　②　生活の危険　　③　周囲の危険
④　的確な判断　　⑤　環境　　⑥　速やかに　　(2)　適切な時期にある程度まとまった時間を配当すること。

解説 (2)　学習指導要領解説「体育編」指導計画の作成と内容の取扱

い(4)を確認する。保健領域の指導について児童の興味・関心や意欲など
を高めながら効果的に学習を進めるためには，学習時間を継続的又
は集中的に設定することが望ましいことを示している。なお，小学校
と同様に，中学校・高等学校の学習指導要領解説において記載されて
いる指導内容や配慮点もおさえておくこと。

【12】(1)　学校保健安全法　　　(2)　ア　保持増進　　イ　保健管理
ウ　安全管理　　エ　学校教育　　オ　成果　　カ　心身　　キ　環
境衛生検査　　ク　計画　　ケ　保健指導　　コ　校長　　サ　かか
るおそれ　　シ　政令　　(3)　第9条

解説 (1)　学校保健法は名称，内容が一部改正され，学校保健安全法
となり，平成21年4月より施行された。改正点についての問題も多く
出題されているのできちんと確認しておくことが望ましい。　　(2)　キ
ーワードや順序を覚えておくとよい。また，第19条(出席停止)と第20
条(臨時休業)の内容を混同しないよう注意。　　(3)　第9条(保健指導)な
どの改定部分も頻出である。よく確認しておくこと。

【13】②

解説 ②　マルトリートメントとは「大人の子どもへの不適切なかか
わり」を意味している。児童虐待とまではいかないが，子どもへの不
適切な関わりを広く捉えた概念である。

Part4

【1】 学校保健委員会に関する次の各問いに答えよ。

(1)　次の文章は，学校保健委員会の活性化について述べたものである。
（　①　）～（　④　）に適当な語句を記入せよ。

　　学校における健康の問題を研究協議・推進する組織である学校保
健委員会について，学校における（　①　）の推進の観点から，運営
の強化を図ることが必要である。その際，校内の（　②　）の整備は
もとより，外部の専門家の協力を得るとともに，家庭・地域社会の
（　③　）を充実する観点から，学校と家庭・地域社会を結ぶ組織と
して学校保健委員会を（　④　）させる必要がある。

「平成9年保健体育審議会答申」から抜粋

(2)　学校保健委員会の構成メンバーである保健関係機関を3つ答えよ。

(3)　学校保健委員会を年3回，第1回を7月，第3回を2月に開催する場
合，協議題としてふさわしいものをそれぞれ2つ答えよ。

(4)　学校保健委員会における保健主事(主任)と養護教諭の役割をそれ
ぞれ答えよ。

(5)　学校保健委員会を円滑に運営するために必要な「7つの約束」の
うち4つ答えよ。

【2】 学校環境衛生検査について下線部が適切なものはどれか。次の①～
⑤から1つ選べ。

①　校長は，学校環境衛生基準に照らしてその設置する学校の適切な
環境の維持に努めなければならない。

②　騒音レベルにおいて，測定結果が著しく基準値を下回る場合には，
以後教室等の内外の環境に変化が認められない限り，次回からの検
査を省略することができる。

③　日常における点検は，五感法によるもののほか，学校環境衛生基
準の第1から第4に掲げる検査方法に準じた方法で行うものとする。

305

④ プール水等を排水する際には，事前にpHを中性にし，その確認を
行う等，適切な処理を行うものとする。

⑤ 机面の高さは，$\dfrac{座高}{4}+下腿長$ ，いすの高さは，下腿長であるも
のが望ましい。

【3】 次の文は，養護教諭の行う健康相談の各プロセスにおける対応につ
いて述べたものである。文中の各空欄に適する語句を下のア～タから
1つずつ選び，記号で答えよ。

(1) 基本的な対応の仕方が，児童生徒の(①)の訴え等に対しては，
まず(②)があるかどうかを見極めることが大切である。その上
で，(③)の分析を行うことが重要である。

児童生徒は，自分の気持ちを十分言葉に表現することができなく，
(①)として現れることが多いことから，児童生徒の訴えや話を
よく聞き受け止めることが大切である。

(2) 緊急な対応が必要なものには，(④)，いじめ，(⑤)，自
殺念慮，(⑥)，災害時(事件・事故を含む)等がある。関係機関
と連携しつつ適切な(⑦)が必要である。

(④)の早期発見に当たっては，骨折，内出血，傷跡，火傷，
(⑥)，衣服の汚れ等がある場合は注意が必要である。また，
(⑧)時の観察も大切である。

ア	体重減少	イ	健康相談	ウ	背景要因
エ	身体症状	オ	健康診断	カ	危機管理
キ	器質性疾患	ク	摂食障害	ケ	家族要因
コ	神経症状	サ	精神疾患	シ	危機介入
ス	暴力行為	セ	虐待	ソ	薬物乱用
タ	自傷行為				

【4】 次の記述のうち，「学校保健安全法施行規則」(平成28年4月1日施行)
第19条で感染症ごとに定めた出席停止の期間の基準の条文として正し
くないものはどれか。次の①～⑤から1つ選べ。

① 咽頭結膜熱にあつては，主要症状が消退した後2日を経過するまで。

② 水痘にあつては，すべての発しんが痂皮化するまで。

③ 百日咳にあつては，特有の咳が消失するまで又は5日間の適正な抗菌性物質製剤による治療が終了するまで。

④ 麻しんにあつては，発しんの消失後3日を経過するまで。

⑤ 流行性耳下腺炎にあつては，耳下腺，顎下腺又は舌下腺の腫脹が発現した後5日を経過し，かつ，全身状態が良好になるまで。

【5】次は，校内での事件・事故災害発生時の対処，救急及び緊急連絡体制の一例を示したものである。文中の各空欄に適する語句を答えよ。

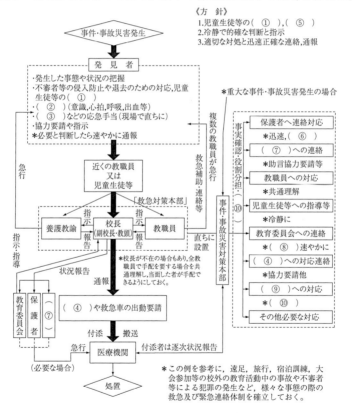

参考:安全教育参考資料「『生きる力』をはぐくむ学校での安全教育」(平成22年3月発行　文部科学省)

【6】アレルギー疾患について，次の各問いに答えよ。

(1) アトピー性皮膚炎への対処の方法について，「原因・悪化因子を除くこと」の他の2つを書け。

(2) アナフィラキシーショックの主な症状を2つ書け。

【7】次の文中の各空欄に適する語句を答えよ。

(1) 膵臓は膵液を分泌する以外に，ランゲルハンス島のα細胞からは血糖値が低下すると(①)が分泌され，β細胞からは血糖値が上昇すると(②)が分泌される。

(2) 肝臓では1日に500〜1,000mLの(③)を分泌するほか，物質代謝・(④)・造血などの重要な働きがある。

(3) 飲食物の消化は，口腔，咽頭，食道，胃，(⑤)，空腸，回腸，上行結腸，横行結腸，下行結腸，(⑥)，直腸の消化管の順に行われる。

【8】中学生の心の健康問題に関して，次の各問いに答えよ。

(1) 生徒の心の健康問題を早期に発見するための観点を2つ書け。

(2) 悩みや不安などを抱えて保健室に来室した生徒に対して，どのように対応したらよいか，留意点を2つ書け。

【9】保健室登校の意義について，5つ答えよ。

【10】学校プールにおける水泳指導について，次の各問いに答えよ。

(1) 保健室では，児童生徒の健康管理に関する様々な資料を保管している。健康面で配慮を要する児童生徒を事前に把握してもらうために，どの資料を活用して情報提供をしていくか。3つ答えよ。

(2) 水泳指導が始まる前に，保健だよりを発行する。身体の衛生面に関することで，保護者にお願いしたいことを2つ答えよ。

【11】次のア〜ケの文は，中学校学習指導要領(平成20年3月) 第5章 特別活動 第2 各活動・学校行事の目標及び内容〔学級活動〕 2 内容 (2) 適応と成長及び健康安全 に示されている9つの内容項目で

ある。文中の各空欄に適する語句を答えよ。

ア　思春期の(①)や悩みとその解決

イ　自己及び他者の(②)の理解と尊重

ウ　社会の一員としての自覚と責任

エ　(③)相互の理解と協力

オ　望ましい人間関係の確立

カ　(④)活動の意義の理解と参加

キ　心身ともに健康で安全な生活(⑤)や習慣の形成

ク　性的な(⑥)への適応

ケ　食育の観点を踏まえた学校給食と望ましい食習慣の形成

【12】次の条文は，学校保健安全法施行規則から引用したものである。文中の各空欄に適する語句を答えよ。ただし，同じ記号の空欄には，同じ語句が入るものとする。

(臨時の健康診断)

第10条　法第13条第2項の健康診断は，次に掲げるような場合で必要があるときに，必要な検査の項目について行うものとする。

一　(ア)又は(イ)の発生したとき。

二　風水害等により(ア)の発生のおそれのあるとき。

三　(ウ)における休業日の直前又は直後

四　(エ)，(オ)その他の疾病の有無について検査を行う必要のあるとき。

五　(カ)のとき。

【13】次の(1)～(3)の略語を，例にならって日本語表記で答えよ。

例)　ADHD：注意欠陥多動性障害

(1)　OD：

(2)　AED：

(3)　PTSD：

━━━ ■■■ 解答・解説 ■■■ ━━━

【1】(1)　①　健康教育　②　協力体制　③　教育力　④　機能
(2)　・保健所　・市町村保健センター　・精神保健福祉センター
・児童相談所　・教育相談・教育センター　・警察署　などから3つ
(3)　第1回(7月)…・学校保健計画　・定期健康診断の結果について
・水泳(プール使用)における健康管理と衛生管理について　・夏季休
業前の健康上の留意点　などから2つ　第3回(2月)…・学校保健計画の
総括　・児童生徒の健康状況の報告　・感染症への対策について
・次年度の学校保健計画案　などから2つ　(4)　保健主事(主任)…学
校保健委員会を組織し，その運営にあたる。　養護教諭…専門的な立
場から積極的に企画調整・運営に協力する。　(5)　・始めと終わり
の時間を明確にしておく。　・テーマに即したわかりやすい資料の提
供をする。　・学校医等は専門的立場からの助言をする。　・委員は出
欠を事前に連絡しておく。　・次回のテーマ，日時・場所の確認をす
る。　・協議内容は速やかに職員会議等に報告し，共通理解を図る。
・家庭には，「学校保健だより」等で確実に伝える。　などから4つ

解説 学校保健を担当する教職員としては，養護教諭，保健主事，学
級担任等の教諭だけではなく，学校医，学校歯科医，学校薬剤師等の
職員，栄養教諭，学校栄養職員など幅広く考える必要がある。学校に
おいては，互いの役割を明らかにし連携して組織的に学校保健に取り
組むことが重要である。　(1)　学校保健委員会での研究協議を通じて
日ごろから全教職員で児童生徒の健康課題を把握するとともに，情報
交換や研修に努めるなど，組織的な機能を発揮できるよう，指導体制
を整えることが必要不可欠である。

【2】②

解説 ①は，「校長」ではなく「学校の設置者」が正しい。学校保健安
全法第6条第2項による規定である。③は「五感法」ではなく「官能法」。
学校環境衛生基準〈第5 日常における環境衛生に係る学校環境衛生基
準〉による規定である。④は，「phを中性に」ではなく「残留塩素を

低濃度に」である〈第4水泳プールに係る学校環境衛生基準〉プール本体の衛生状況等による規定である。⑤は「$\dfrac{座高}{4}$＋下腿長」ではなく「$\dfrac{座高}{3}$＋下腿長」が適切。〈第3 学校の清潔，ネズミ，衛生害虫及び教室等の備品の管理に係る学校環境衛生基準〉机，いすの高さによる規定である。

【3】① エ　② キ　③ ウ　④ セ　⑤ タ　⑥ ア　⑦ シ　⑧ オ

解説 『新訂版 学校保健実務必携〈第2次改訂版〉』第1部 第2編 第5章のⅧ 各プロセスにおける対応についてからの出題である。Ⅶの養護教諭の行う健康相談のプロセスのフローチャート図もおさえておくとよい。また，養護教諭の行う健康相談(健康相談活動)と学校医・学校薬剤師等が行う健康相談の違いを確認し，説明できるようにしておくとよい。

【4】④

解説 正しくは「麻しんにあつては，解熱した後3日を経過するまで。」である。

【5】① 安全確保　② 傷病者の症状の確認　③ 心肺蘇生法　④ 警察　⑤ 生命維持最優先　⑥ 誠意　⑦ 学校医　⑧ 逐次　⑨ 報道機関　⑩ 窓口の一本化

解説 学校における救急処置や救急法の範囲は，医療機関に送り込むまでの処置と，一般の医療の対象にならない程度の軽微な傷病の処置である。学校での救急体制を考える際に，5年ごとに見直しが行われる心肺蘇生法のガイドライン(2015が最新)についても教職員で共通理解を図るようにするとよい。

【6】(1) スキンケア(異常な皮膚機能の補正)，薬物療法　(2) 血圧低下，発疹，喘鳴，呼吸困難等などから2つ

解説 (1) 石鹸を使用して皮膚の洗浄を1日数回行うこと，皮膚の保湿をすること，爪を短く切ってなるべく掻かないようにすることなど適切なスキンケアを行うことで皮膚機能異常を補正する必要がある。強い皮疹を伴う中等症以上の患者では，ステロイド外用剤とタクロリム

ス軟膏などの抗炎症作用に優れた外用剤が必要になる。しかし，薬物療法においては不適切な使用を繰り返すことで重症化したり，副作用が大きくなることがあるため，薬剤の使用にあたっては，それぞれの副作用とその回避法を理解できるように説明することが重要である。

(2)　アナフィラキシーショックは，基本的には血管が拡張し血漿成分が漏れ出ることによる。それに加えて，気道の平滑筋が収縮したり気道のむくみを起こしたり，分泌物が増加することによる閉塞，血管運動性のむくみ，じんま疹などのI型アレルギーの症状が現れる。ハチに刺された，皮膚からハチ毒のアレルゲンが入った場合には，早いときにはハチに刺された後，数分〜15分以内には症状が出てくる。食べ物の場合は，原因食物を摂取した後15分〜1時間以内に起こることが多く，喉のはれや痛みを伴う気道閉塞，心停止，酸素欠乏，血圧低下等によって死にいたることがあるので，直ちに病院で受診して適切な治療を受けなければならない。

【7】①　グルカゴン　　②　インスリン　　③　胆汁　　④　解毒
⑤　十二指腸　　⑥　S状結腸

‖解‖説‖(1)　その他に，膵臓のδ細胞から分泌されるソマトスタチンは，14個のアミノ酸からなるペプチドである。ソマトスタチンは，インスリンやグルカゴン，ガストリンの分泌を抑制する。　(2)　胆汁の97%は水で，そのほかに胆汁酸，ビリルビン(胆汁色素)，コレステロールなどが含まれる(消化酵素は含まれていない)。胆汁酸は脂肪を乳化し，消化・吸収させやすい形に変化させたり，脂溶性ビタミンの吸収を助けたりする。

【8】(1)　・生徒の体重減少など身体の変化　　・欠席，遅刻，早退，保健室への来室回数　など　　(2)　じっくり話を聞き，安心できる居場所を作る。　自立を促すために自己肯定感をもたせる。　など

‖解‖説‖近年では保健室登校等にみられる心の健康問題が深刻化していることから，実際の反応法など，心の健康問題に関する問題は頻出である。　(1)　精神面だけでなく，児童生徒の様々な訴えに対して常に心的な要因や背景を念頭に置いて対応を行うことが求められる。

(2)　信頼関係ができた時，生徒は安心して自分を語り，その子らしい態度をみせ，養護教諭との人間関係の中で成長すると考えられる。自己肯定感を高め，自分は人から好かれている・必要とされている存在であることを体験させていき，他者との人間関係を上手く築ける力を育成する。

【9】・心の居場所を得て，心と身体の安定が図れる。　・養護教諭との信頼関係を図り，安心して自己を表現することができる。　・個別の支援計画に基づき，養護教諭や教職員が個別に対応することができる。　・養護教諭の支援により，自信を持ち，自己肯定感を高めることができる。　・他の児童生徒や教職員等とのコミュニケーションを通し人間関係をはぐくむなど社会性が身に付くように支援できる。　・保護者を支援することができる。　・意志決定・自己判断する力を身に付けて，自立を促すことができる。　から5つ。

┃解┃説┃保健室登校の経過として，初期(信頼関係をつくりだす)，中期(意図的に人間関係をつくる)，後期(教室へ戻る機会をつくる)がある。各段階の養護教諭の対応としては，初期…・信頼と安心感を確立する　・いつでも話を聴く　・心身ともに安心していられる場所づくりを行う　・校外，校内との連携を行う　・支援計画を立てる(本人・保護者への支援，方向・目標をもつ)　中期…・人間関係を深める　・自己を表現する支援をする　・時間・場所を設定して話を聴く　後期…・意図的に保健室以外の場所へ行くことができるようにさせる　・規則を認識させる　・選択肢を決定し実行させる　・自分の気持ちを認識し，コントロールさせる，などがあげられる。

【10】(1)　健康診断票，精密検査結果(学校生活管理指導表など)，保健調査票，治療状況，健康手帳，けがや病気の記録などから3つ
(2)　耳垢の掃除，爪きり，皮膚病の治療，洗髪などから2つ

┃解┃説┃(1)　健康管理に関する資料は，いわゆるプライバシーに係る要素が非常に強いことから取り扱いに留意が必要である。なお，健康診断票は学校保健安全法施行規則第8条規定の法定表簿である。
(2)　保健だよりは，各学校行事における事前指導としての意義ももつ。

Part4

他に，タオルを各自持参させることも伝染病予防上重要である。

【11】① 不安　② 個性　③ 男女　④ ボランティア
⑤ 態度　⑥ 発達

解説 健康の保持増進及び安全に関する教育は，教育活動全体を通じて行うものとされている。養護教諭は体育・保健体育科を中心としながら，関連教科や特別活動(学校行事，学級活動，ホームルーム，児童・生徒会活動，総合的な学習の時間など)において指導できる。

【12】ア 感染症　イ 食中毒　ウ 夏季　エ 結核　オ 寄生虫病　カ 卒業

解説 健康診断は臨時の健康診断の他に就学時健診，児童生徒の健康診断，職員の健康診断がある。それぞれ，実施時期，実施主体，検査項目が異なるので確認しておくとよい。学校で行われる健康診断は，疾病や異常の発見だけでなく，健康の保持増進を目的とした健康状態の把握である。つまり，詳細な臨床検査をもととして，確定診断を行うのではなく，問題のあるもの，疑いのあるものを選び出すスクリーニングと位置づけられている。

【13】(1) 起立性調節障害　(2) 自動体外式除細動器　(3) 心的外傷後ストレス障害

解説 (1) 起立性調節障害とは，立ちくらみやめまい，朝の寝起きが悪い，頭痛，腹痛などの訴えがあるが器質的疾患をもたない症候群であり，思春期前後に発病する。診断基準は，①大症状3項目以上，②大症状2項目小症状1項目以上，③大症状1項目小症状3項目以上あり，器質的疾患が他に認められなければ診断する。　(2) 自動体外式除細動器はコンピュータによって自動的に心室細動の有無を解析し，除細動の要否を音声で指示する機器である。一次救命処置として用いられる。　(3) 心的外傷後ストレス障害とは，本人若しくは近親者の生命や身体保全に対する重大な脅威となる心的外傷的な出来事に巻き込まれたことにより生じる障害である。持続的に再体験したり，同様の出来事を回避しようとしたり，覚醒レベルの亢進した症状がみられる。

314

Part5

【1】学校保健委員会に関する次の各問いに答えよ。

(1) 次の文は学校保健委員会について述べている。文中の(a)～(d)に当てはまる語を入れよ。

　　学校保健委員会は，学校における健康の問題を研究協議し，(a)を推進する(b)である。様々な健康問題に適切に対処するため，(c)，地域社会等の教育力を充実する観点から，(d)と(c)，地域社会を結ぶ(b)として学校保健委員会を機能させることが求められている。

(2) 学校保健委員会を活性化するための工夫を3つ記せ。

(3) 学校保健委員会を開催するにあたっては，地域社会との連携が大切である。次の①～③の健康課題について，参加してもらうとよい関係機関(又は関係者)を2つずつ記せ。

① 飲酒・喫煙について

② 結核など感染症予防について

③ 登下校の安全について

【2】学校における環境衛生検査について，次の各問いに答えよ。

(1) 教室等の空気の判定基準について，次の①～⑤の下線部が正しいものには○，間違っているものには×を書け。

① 教室の最も望ましい温度は，冬期では10℃以上，夏期では30℃以下であること。

② 二酸化炭素は，換気の基準として室内は1500ppm以下であることが望ましい。

③ 一酸化炭素は，15ppm以下であること。

④ 相対湿度は，30〜80%であることが望ましい。

⑤ 落下細菌は，1教室平均15コロニー以下であること。

(2) 環境衛生検査の判定基準について，文中の各空欄に適する語句ま

たは数字を答えよ。

① 教室及びそれに準ずる場所の照度の下限値は(ア)ルクスとする。さらに，教室及び黒板の照度は(イ)ルクス以上であることが望ましい。

② 教室内の等価騒音レベルは，窓を閉じているときはLAeq(ウ)dB以下，窓を開けているときはLAeq(エ)dB以下であることが望ましい。

③ 換気回数は40人在室，容積180m³の教室の場合，幼稚園・小学校においては，2.2回／時以上，中学校においては，3.2回／時以上，高等学校等においては，(オ)回／時以上であること。

【3】「教職員のための子どもの健康観察の方法と問題への対応」(平成21年3月，文部科学省)に示されている，健康観察の主な目的を3つ書け。

【4】保健室での健康相談活動について，次の各問いに答えよ。

(1) 健康なA子が，ある日突然保健室に来室し，「がんは，治らないのですか？」と聞いてきた。養護教諭は，意外で唐突な感じを受けた。養護教諭として，まずA子にかける最初の言葉(会話)を15字以内で書け。

(2) A子の質問から把握すべきことは何か40字以内で書け。

【5】次の文は，「教職員のための子どもの健康相談及び保健指導の手引」(文部科学省　平成23年8月)に示された学校における健康相談の基本的理解の一部抜粋である。各問いに答えよ。

(1) 健康相談の目的

　健康相談の目的は，児童生徒の心身の健康に関する問題について，児童生徒や保護者等に対して，関係者が連携し相談等を通して問題の解決を図り，(ア)によりよく適応していけるように支援していくことである。

－中略－

(4) 健康相談実施上の留意点

①　(　イ　)に健康相談を位置付け，計画的に実施する。また，状況に応じて計画的に行われるものと(　ウ　)に行われるものとがある。

②　学校医・学校歯科医・学校薬剤師等の医療的見地から行う健康相談・保健指導の場合は，事前の打合せを十分に行い，相談の結果について養護教諭，学級担任等と(　エ　)を図り，連携して支援を進めていくことが必要である。

③　健康相談の実施について周知を図るとともに，児童生徒，保護者等が相談しやすい(　オ　)を整える。

④　相談場所は，相談者の(　カ　)が守られるように十分配慮する。

⑤　継続支援が必要な者については，(　キ　)及び必要に応じて関係機関と連携して実施する。

(1)　文中のア〜キに当てはまる語句をそれぞれ書け。

(2)　健康相談の主な対象者として，健康相談を希望する者や保護者等の依頼による者以外に考えられる対象を4つ書け。

(3)　健康相談を実施するに当たり，最も留意しなければならない点を書け。

【6】多量の出血の際の止血法について，次の各問いに答えよ。

　人間の血液量は体重1kg当たり約(　ア　)mLで，一時に全血液量の(　イ　)以上失うと生命に危険がある。傷からの大出血は直ちに止血をしなければならない。止血法には次の2つの方法がある。

①　直接圧迫止血

　出血しているきず口をガーゼやハンカチなどで直接強く押さえて，しばらく圧迫し，医師の診療を受けるようにする。

②　(　ウ　)圧迫止血

　きず口より心臓に近い(　エ　)を手や指で圧迫して血液の流れを止めて止血する方法。

　止血は，①が基本であり，②は，ガーゼやハンカチなどを準備するまでの間など，①をすぐに行えないときに応急的に行うものである。

(1) 文中の(　　)に適する語句及び数字を答えよ。

(2) ①直接圧迫止血を実施する際の注意点を答えよ。

(3) ②(　ウ　)圧迫止血の止血をし，次に①直接圧迫の止血を始めた場合，②(　ウ　)圧迫止血の止血はどうするか，答えよ。

(4) 鼻中隔粘膜の細かい血管の外傷による鼻出血の場合にとらせる体位の注意点とその理由を答えよ。また，＿＿＿部位の名称を答えよ。

(5) 頭を打って鼻出血のある場合の処置を答えよ。

【7】内分泌腺及び内分泌器官について，次の各問いに答えよ。

(1) 下図の①～⑥は，内分泌腺及び内分泌器官の位置を示したものである。①～⑥の各名称を答えよ。

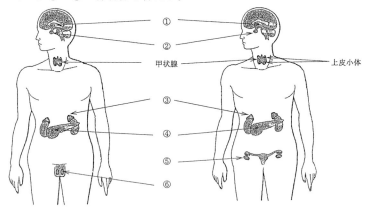

(2) 次の文は，ホルモンについて説明したものである。文中の各空欄に適する語句を答えよ。

　ホルモンは，主として(　①　)を介して他の組織の機能を特異的に調節する物質である。そのうち，甲状腺ホルモンには，サイロキシンやトリヨードサイロニン等があり，各組織の正常な発育にとって不可欠である。甲状腺ホルモンが過剰であれば，安静にしていても，脈が速くなって動悸がしたり，たくさん食べられるのにやせてきたりなどの(　②　)の諸症状が現れることがある。

【8】次の(1)～(5)は発達障害について説明したものである。何について述べたものか，名称を答えよ。

(1) 特定のことに対するこだわりが極端に強く，言語的又は非言語的な意思伝達能力が乏しいため，人とのかかわりがうまくできない症候群の総称である。PDDと略す。

(2) 基本的には全般的な知的発達の遅れはないが，聞く，話す，読む，書く，計算する又は推論する能力のうち特定のものの習得と使用に著しい困難を示す様々な状態を指すものである。

(3) 知的発達の遅れを伴わず，かつ，自閉症の特徴のうち言語の発達の遅れを伴わないものである。

(4) 3歳位までに現れ，他人との社会的関係の形成の困難さ，言葉の発達の遅れ，興味や関心が狭く特定のものにこだわることを特徴とする行動の障害である自閉症のうち，知的発達の遅れを伴わないものをいう。

(5) 年齢あるいは発達に不釣り合いな注意力，及び衝動性，多動性を特徴とする行動の障害で，社会的な活動や学業の機能に支障をきたすものである。

【9】保護者から，「子どもの色覚異常が心配なので，どのようにしたらよいのか教えてほしい。」と相談があった。このとき，「児童生徒等の健康診断マニュアル」(平成27年8月　公益財団法人日本学校保健会)に示されている色覚検査の意義を踏まえて，養護教諭としてどのように保護者に説明するか。

【10】小学校学習指導要領解説「総則編」(平成20年6月)の「3　体育・健康に関する指導」について，次の各問いに答えよ。

(1) 児童の心身の調和的発達を図るために，「体育・健康に関する指導」で示されている現代的課題について，「健康的な生活習慣を形成することが必要である」以外の課題について2つ記せ。

(2) 肥満傾向の増加など，食に起因する健康課題に適切に対応するた

め，学校における食育の推進において重視すべき指導内容について
5つ記せ。

【11】学校保健安全法(平成27年6月24日公布・平成28年4月1日施行)について，次の各問いに答えよ。

(1) 次の文中の各空欄に適する語句を答えよ。

第1条　この法律は，学校における児童生徒等及び職員の健康の保
持増進を図るため，学校における(ア)に関し必要な事項を定
めるとともに，学校における教育活動が安全な(イ)において
実施され，児童生徒等の安全の(ウ)が図られるよう，学校に
おける安全(エ)に関し必要な事項を定め，もつて学校教育の
円滑な実施とその成果の確保に資することを目的とする。

第7条　学校には，(オ)，健康相談，(カ)，救急処置その他
の保健に関する措置を行うため，保健室を設けるものとする。

第9条　養護教諭その他の職員は，(キ)して，健康相談又は児童
生徒等の健康状態の(ク)により，児童生徒等の(ケ)を把
握し，健康上の問題があると認めるときは，遅滞なく，当該児童
生徒等に対して必要な指導を行うとともに，必要に応じ，その
(コ)(学校教育法第16条に規定する(コ)をいう。第24条及
び第30条において同じ。)に対して必要な助言を行うものとする。

(2) 学校保健計画を策定する際に，盛り込むべき事項を3つ記せ。

(3) 近年の児童生徒等の健康・安全を取り巻く状況の変化に伴い，学
校保健法が「学校保健安全法」という名前に改められた。この法律
が改正されるにいたった状況の変化とは何か。4つ記せ。

【12】次の(1)，(2)の語句について説明せよ。

(1) 吃音(きつおん)

(2) 緘黙症(かんもくしょう)

■■■■■■■■■ 解答・解説 ■■■■■■■■■

【1】(1)　a　健康つくり　　b　組織　　c　家庭　　d　学校

(2)　・テーマに即し，分かりやすい資料を提供し，協議の焦点をしぼる。　・学校医，学校歯科医，学校薬剤師は，専門的立場から提言する。　・家庭には，「学校だより」や「PTA通信」等で確実に伝える。

(3)　①　保健所，警察署　　②　教育委員会，保健所　　③　警察署，道路管理者

解説 生活習慣病や心の健康問題など多様化する子どもの健康問題に適切に対応していくためには，学校と家庭，地域社会が連携して，子ども自身の健康的な生活行動の確立や健康な生活の向上に必要な能力を育むことが重要である。

【2】(1)　①　×　　②　○　　③　×　　④　○　　⑤　×

(2)　ア　300　　イ　500　　ウ　50　　エ　55　　オ　4.4

解説 (1)　それぞれの誤りを正すと以下のようになる。　①　教室の温度は，冬期では17℃以上，夏期では28℃以下であること。　③　一酸化炭素は，10ppm以下であること。　⑤　1教室平均10コロニー以下であること。

【3】〈解答例〉・子どもの心身の健康問題の早期発見・早期対応を図る。・感染症や食中毒などの集団発生状況を把握し，感染の拡大防止や予防を図る。　・日々の継続的な実施によって，子どもに自他の健康に興味・関心をもたせ，自己管理能力の育成を図る。

解説 この資料は，「学校保健安全法」で示された児童生徒の健康観察の重要性や目的，具体的な手順や方法，評価等をまとめたものである。特に増加しつつある心の健康問題については，主な疾患に加え，組織的対応の進め方を提示し，具体例を多数あげて解説している。学級担任や養護教諭はもちろん，特別支援教育コーディネーター，スクールカウンセラー，学校医などすべての学校関係者が健康観察について共通理解を図り，健康問題への早期対応を行うための手引きとなるものである。

【4】(1) 何か心配なことがあるの？　(2)　なぜそのような質問をするのか，家族や友人の病気を心配しているのか，その背景や要因(40字)

解説 (1) 本人が気づいていない無意識の部分を言葉にして返してあげる明確化の技法を使うとよい。　(2)　A子の真意は何か，多角的に背景や要因を探っていくようにする。その際，養護教諭に話しかける様子(表情や声の調子，まなざし)も注意深く観察することが大切である。

【5】(1)　ア　学校生活　イ　学校保健計画　ウ　随時
エ　共通理解　オ　環境　カ　プライバシー　キ　校内組織
(2)　・健康診断の結果，継続的な観察指導を必要とする者　・保健室等での児童生徒の対応を通して健康相談の必要性があると判断された者　・日常の健康観察の結果，継続的な観察指導を必要とする者　・修学旅行，遠足，運動会，対外運動競技会等の学校行事に参加させる場合に必要と認めた者　(その他…登下校指導を行う者やゲストティーチャー等の学校協力者からの依頼等)　(3)　カウンセリングで解決できるものと医療的な対応が必要なものとがあるので，問題の本質を見極める必要がある。

解説 (1)　健康相談の目的，健康相談の対象者，実施上の留意点など，健康相談の基本的な考え方を理解すること。　(2)　解答例中の「日常の健康観察の結果，継続的な観察指導を必要とする者」とは，欠席・遅刻・早退の多い者，体調不良が続く者，心身の健康観察から健康相談が必要と判断された者などが含まれる。　(3)　教育現場で直接関わる子どもたちへの対応について，本問で取り上げた手引にある具体的事例等を読み込みながら，健康相談の様々なケースを想定し，どのような留意事項があるか考察してみるとよい。

【6】(1)　ア　80　イ　三分の一　ウ　間接　エ　止血点(動脈)
(2)　・血液には直接触れない　・傷口は心臓よりも高くする　・ガーゼ等に血がにじみ出たら新しいガーゼを重ねていく(ガーゼは無理にとらない)　(3)　中止する　(4)　注意点…頭を後ろに反らせない　理由…血液が喉に回り苦しくなる(飲み込んで気分が悪くなる)　名称

　　…キーゼルバッハ部位　　(5)　直ちに救急車を呼ぶ

解説 (1)　成人の総血液量は，体重の13分の1〜14分の1(7〜8％)といわれており，このうち急激に20％失うとショック症状が出現し，急激に30％失うと生命に危険を及ぼす。また，止血点は頻出であり，全身の止血点をまとめておくとよい。　　(2)　ほとんどの出血はこの方法で止血することができる。片手で止血できなければ両手で圧迫したり，体重をかけたりして圧迫し止血する。また，感染防止のため，ゴム手袋やビニール手袋などを使用することが勧められる。　　(3)　長時間の間接圧迫止血は，疲れてきて確実な止血が難しくなる。早期に三角巾や包帯等を巻いて直接圧迫止血法に切り替える。また，体幹部(首，胸，腹，背中，腰など)には止血点がないので，直ちに直接圧迫止血を判断する。　　(4)　鼻出血の際は，椅子に腰掛け，頭をやや高くし鼻翼を圧迫して止血し，鼻根部を冷やす。胃内に血液が入ると吐き気が起こるので，仰臥位にしない。　　(5)　頭部外傷の際の鼻出血は危険性があるので，直ちに医療機関を受診する。

【7】(1)　①　視床下部　　②　下垂体　　③　副腎　　④　すい臓　⑤　卵巣　　⑥　精巣　　(2)　①　血液　　②　甲状腺機能亢進症

解説 (1)　①　視床下部とは，間脳に位置し，自律機能の調節を行う総合中枢である。　　②　下垂体は，多くのホルモンを分泌する内分泌器官であり，前葉と後葉とに分けられる。　　③　副腎は多種のホルモンを分泌する内分泌器の一つである。　　④　すい臓には外分泌機能もあるので確認しておくとよい。　　⑤　卵巣からは月経の周期などにかかわるエストロゲンやプロゲステロンが分泌される。　　⑥　精巣からは第二次性徴などにかかわるアンドロゲンが分泌される。各器官の位置と分泌されるホルモン，主作用もあわせて確認しておこう。

(2)　甲状腺機能亢進症には甲状腺がほぼ一様に腫れて眼球が突出してくるバセドウ病などがある。

【8】(1)　広汎性発達障害　　(2)　学習障害(LD)　　(3)　アスペルガー症候群(AS)　　(4)　高機能自閉症(HFA)　　(5)　注意欠陥多動性障害(ADHD)

┃解┃説┃自閉症者，学習障害者，注意欠陥多動性障害者は通級による指導の対象である(学校教育法施行規則)。　(1)(3)(4)　自閉症の症状のうち，知的発達の遅れを伴わないケースを高機能自閉症とよび，知的発達の遅れや言語発達の遅れのみられないケースをアスペルガー症候群とよぶ。いずれも広汎性発達障害に含まれる。　(2)　中枢神経系の機能障害によるものとされている。　(5)　知能発達に大きな遅れはない。

【9】色覚の検査は定期健康診断には含まれていないが，児童生徒等が自身の色覚の特性を知らないまま進学や就職等で不利益を受けることがないように，学校医による健康相談等において，必要に応じ個別に検査を行うことができる。検査の結果，「色覚異常の疑い」となった場合は，眼科の専門医の受診を勧める。

┃解┃説┃平成15年4月1日より，学校における健康診断の必須項目から色覚検査が削除された。学校での色覚の検査の実施には，児童生徒等や保護者の事前の同意が求められる。その際，保護者に対して色覚の検査の意義について説明した上で，学校医と相談し，希望者を対象とした色覚の検査を行う。また色覚異常のある児童生徒等に学習指導等を行う場合，どのような支障があるか日常観察等を通じて把握するとともに，プライバシーを尊重し，劣等感を与えないように適切に配慮する。そのためすべての教職員は，色覚異常について正しく理解し，共通理解を深めることが重要である。

【10】(1)　①児童生徒の安全・安心に対する懸念が広がっていることから，安全に関する指導の充実が必要である。　②児童生徒が心身の成長発達について正しく理解することが必要である。　(2)　①栄養のバランス，②規則正しい食生活，③食品の安全性，④自然の恩恵・勤労などへの感謝，⑤食文化

┃解┃説┃(1)　養護教諭における小学校教育の目的は，健康，安全で幸福な生活のために必要な習慣を養い，心身の調和的発達を図ることであることをおさえておくこと。

【11】(1)　ア　保健管理　　イ　環境　　ウ　確保　　エ　管理
オ　健康診断　　カ　保健指導　　キ　相互に連携　　ク　日常的な

観察　　ケ　心身の状況　　コ　保護者　　(2)　児童生徒及び職員の
健康診断・環境衛生検査・児童生徒等に対する指導　　(3)　メンタル
ヘルスに関する問題・アレルギー疾患を抱える児童生徒等の増加・児
童生徒等が被害者となる事件，事故，災害等の発生・学校給食の重要
性の高まり

‖解‖説‖(2)　学校保健安全法第5条にある。学校保健計画は保健教育が教
育課程の基準としての学習指導要領の示すところに従って，意図的計
画的に進められること，また学校における保健管理が多数の関係職員，
関係機関によって進められなければならないこと，さらに学校保健や
学校安全の充実には学校や地域の相違があること，そして教育課程に
基づく保健教育と保健管理の調整を図る必要があること等の理由から
策定する必要がある。学校保健計画は全校的な立場から年間を見通し
た保健に関する諸活動の総合的な基本計画として，作成する必要があ
る。　　(3)　文部科学省スポーツ・青少年局長通知「学校保健法等の一
部を改正する法律の交布について(平成20年7月9日)」からの出題であ
る。本通知には，改正の概要や留意点が記述されているので，確認し
ておくこと。

【12】(1)　言語器官の協調運動がうまくいかず，話し言葉のリズムに障
害をきたす状態である。最初の音や音節を反復するもの，引き伸ばす
もの，途中で急につまって出てこなくなるものなどがある。　　(2)　言
葉を理解し，話す能力がありながら言葉を発しない状態をいう。あら
ゆる場所で話さない場合を全緘黙，特定の場面で話さない場合を選択
性緘黙(場面)という。

‖解‖説‖(1)(2)のほか，ADHD・LD・アスペルガー症候群・自閉症・広汎
性発達障害等もまとめておくとよい。

Part6

【1】 学校安全計画の策定等について，次の各問いに答えよ。

(1) 学校安全計画の策定等について規定する法令について，その法令名及び第何条に定めがあるか答えよ。

(2) 次の文章は，(1)で出題した法令の一部である。文中の(ア)〜(オ)に入る語句を答えよ。

学校においては，児童生徒等の(ア)を図るため，当該学校の施設および設備の(イ)，児童生徒等に対する(ウ)を含めた学校生活その他の日常生活における(エ)，(オ)その他学校における安全に関する事項について計画を策定し，これを実施しなければならない。

【2】 臨時に行う学校環境衛生検査について下線部が<u>適切でないもの</u>はどれか。次の①〜⑤から1つ選べ。

① 検査の結果に関する記録は，<u>検査の日から3年間保存する</u>ものとする。

② 検査は，<u>定期に行う検査に準じた方法</u>で行うものとする。

③ <u>感染症又は食中毒の発生のおそれ</u>があり，また，発生し，必要があるときに行うものとする。

④ <u>風水害等により環境が不潔になり又は汚染され</u>，感染症の発生のおそれがあり，必要があるときに行うものとする。

⑤ <u>新築，改築，改修等及び机，いす，コンピュータ等新たな学校用備品の搬入等</u>により揮発性有機化合物の発生のおそれがあり，必要があるときに行うものとする。

【3】 健康診断について，次の各問いに答えよ。

(1) 定期健康診断の法的根拠について答えよ。

(2) 次の文中の各空欄に適する語句を答えよ。

　　① 健康診断は，教育課程上では，学習指導要領で「（　ア　）」の
　　　　（　イ　）的行事に位置付けられ，（　ウ　）として実施される。
　　② 歯科検診での検診項目は，（　エ　）の状態，（　オ　）の状態，
　　　　（　カ　）の状態，歯の状態である。
　　③ 国際標準に準拠した（　キ　）を使用した視力表で視力検査を行
　　　　う。視力表から眼までの距離は（　ク　）メートルとし，視標面の
　　　　照度は（　ケ　）～（　コ　）ルクスとする。
　(3)　小学4年生に実施しなければならない定期健康診断の項目を次
　　　からすべて選べ。

身長	体重	座高
栄養状態	聴力	歯及び口腔
視力	眼鏡使用者の裸眼視力	色覚
心臓の臨床医学的検査	心電図検査	尿
寄生虫卵	胸部X線検査	BCG接種

【4】 次の文章は，眼科領域における「健康診断時に注意すべき疾病及び
異常」について書かれたものである。正しいものに○，間違っている
ものに×を書け。

(1)　アレルギー性結膜炎になると眼に不快感やかゆみが現れ，ひどく
　　なると痛みや涙，目やにがでるようになる。
(2)　無調節状態で，平行光線が網膜より前に焦点を結ぶ眼を遠視とい
　　う。
(3)　斜視は自分が見ようとする目標に両眼が同時に向かず，片眼は目
　　標に他の眼は目標以外の方向に向いているものをいう。
(4)　麦粒腫は主に，マイボーム腺という結膜の下にある分泌腺が詰ま
　　って，その周りに慢性の炎症をおこし，硬いしこりができるもので
　　ある。
(5)　不同視とは，左右の眼の屈折度の違うもので，その差が大きいと
　　両眼でものを見ることが困難になる。

【5】食物アレルギーによるアナフィラキシー症状を発現した児童生徒へ
の緊急対応について答えよ。

【6】救急処置時の対応について，次の各問いに答えよ。
(1) ショックの状態とは，どのような状態か。特徴的な症状を4つ答
えよ。
(2) 次の文章について，ショック状態に対する救急処置として下線部
が正しいものには○を，誤っているものは正しい答えを書きなさい。
ア 傷病者を<u>半座位</u>にする。
イ 両下肢を15〜30cmぐらい<u>高く上げる</u>。
ウ 血液の循環を考慮し，ネクタイやベルトを<u>緩める</u>。
エ 冷や汗は清拭し，<u>毛布や衣服を掛け保温する</u>。
オ 意識の状態が悪化していないかの確認のため，傷病者へ<u>声かけ
をする</u>。

【7】次の(1)〜(5)の文のうち，正しいものには○，誤っているものには×
で答えよ。
(1) 肺の外観は，右は上葉・下葉の2葉，左は上葉・中葉・下葉の3葉
に分かれている。
(2) 胃の名称は，食道に連なる部を噴門，右上方の膨れた部を胃底と
いう。
(3) 腎臓を構成する主要なものは腎小体と尿細管である。腎小体とそ
れに続く尿細管をネフロンといい，片方の腎臓に1万位のネフロン
がある。
(4) 心臓が拡張したときの血圧を最大血圧，収縮したときの血圧を最
小血圧という。
(5) 皮膚は表皮，皮下組織の2層からなり，厚さは身体の部位によっ
て異なる。

【8】児童生徒のメンタルヘルスへの対応について，次の各問いに答えよ。
(1) 校内で事例検討会を実施する目的を書け。

(2) てんかん発作を頻繁に起こす児童(生徒)が転入してきた。あなたは校内外と連携し，どのように対応していくかを具体的に書け。

(3) 児童(生徒)に神経性無食欲症の疑いがある場合，あなたは校内外と連携し，どのように対応していくかを具体的に書け。

【9】中学校2年生の男子が「息が苦しい，胸が痛い」と言って保健室に来室した。次の各問いに答えよ。

(1) 疑われる疾患名を4つ答えよ。

(2) 見極めのためのアセスメントについて，「問診」「視診」「バイタルサイン」「随伴症状」について，チェック内容を記入せよ。

【10】保健室登校について，次の各問いに答えよ。

保健室登校とは，常時保健室にいるか，特定の授業に出席できても，学校にいる間は主として保健室にいる状態をいう。なお，保健室に隣接する部屋にいて，養護教諭が常に対応している場合も保健室登校とする。

(1) 保健室登校として児童生徒を受け入れる際に，事前にどのような事項を確認しておくべきか，3つ書け。

(2) 保健室登校をすることによって，今後どのような教育的効果が期待されるか，3つ書け。

【11】「外部講師を用いたがん教育ガイドライン」(平成28年4月　文部科学省)に示されている，外部講師を活用したがん教育の進め方の基本方針を3つ簡潔に書け。

【12】次の文章は，学校保健安全法施行規則第21条の条文である。文中の各空欄に適する語句を答えよ。

第21条　校長は，学校内において，感染症にかかつており，又はかかつている疑いがある児童生徒等を発見した場合において，必要と認めるときは，(　①　)に診断させ，法第19条の規定による(　②　)

の指示をするほか，(③)その他適当な処置をするものとする。

2 校長は，学校内に，感染症の(④)に汚染し，又は汚染した疑いがある物件があるときは，(③)その他適当な処置をするものとする。

3 学校においては，その附近において，第1種又は第2種の感染症が発生したときは，その状況により適当な(⑤)方法を行うものとする。

【13】次の語句について，簡潔に説明せよ。

(1) 光化学オキシダント

(2) ドライアイ症候群

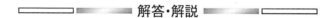
解答・解説

【1】(1) 学校保健安全法第27条 (2) ア 安全の確保 イ 安全点検 ウ 通学 エ 安全に関する指導 オ 職員の研修

解|説 学校安全は安全教育，安全管理，組織活動からなる。安全教育は安全学習と安全指導に分けられ，一方，安全管理は心身の安全管理及び生活や行動の安全管理からなる対人管理と，学校環境の安全管理からなる対物管理，そして危機管理に分けられる。学校安全計画は，校長が学校安全(学校保健)委員会に諮って立てるもので，安全主任等担当者を中心として全教職員の協力によって実施する。また，必要に応じて警察署，消防署等の関係機関，地域の協力も得ることがある。

【2】①

解|説 ①は〈第6 雑則〉に規定されている。「定期及び臨時に行う検査の結果に関する記録は，5年間保存する」「毎授業日に行う点検の結果は記録するよう努めるとともに，その記録を点検日から3年間保存するように努めるものとする」と定めている。

【3】(1) 学校保健安全法第13条第1項「学校においては，毎学年定期に，児童生徒等(通信による教育を受ける学生を除く。)の健康診断を行わなければならない。」を法的根拠とする。 (2) ア 特別活動

イ　保健・安全　　ウ　教育活動　　エ　歯列・咬合，顎関節
オ　歯垢　カ　歯肉　キ　ランドルト環　ク　5　ケ　300
コ　700　　(3)　身長，体重，座高，栄養状態，歯及び口腔，視力，心臓の臨床医学的検査，尿

解説 (1)　あわせて，学校保健安全法第1条の目的のなかに記されている保健管理の中核となるのが健康診断であることをおさえること。
(2)　ア～ウ…健康診断は，学校における保健管理の中核であるとともに，教育活動であるという2つの性格を持っていることを示している。そのため，単に健康診断を実施するというだけでなく，事前，実施時，事後にわたって教育活動として位置づけることや常に教育的配慮が必要であることを意味している。　エ～コ…健康診断の方法及び技術的基準は学校保健安全法施行規則第7条，および(財)日本学校保健会の「児童生徒の健康診断マニュアル(改訂版)」を参照のこと。　(3)　学校保健安全法施行規則第6条に規定されている。

【4】(1)　○　　(2)　×　　(3)　○　　(4)　×　　(5)　○

解説 (2)　「網膜より後ろに焦点を結ぶ」の誤りである。　(4)　「硬いしこりができる」が誤り。麦粒腫は，「ものもらい」とも呼ばれ，まぶたに局所的な赤みの出現，軽度の痛みや痒みを伴う。治療には内服薬・点眼薬により抗生物質を用いて行われる(麦粒腫用の市販薬も存在)。通常は2～3日で症状は治まるので，患部を清潔に保ち，不潔な手で触ったりしないことが必要である。

【5】〈解答例〉異変に気付いたら，大声で応援を呼び，反応があるか確認する。
〈反応なし〉
・エピペンの自己注射(可能な場合)。
・119番通報(救急車要請)。
・AEDの準備，実施。
・一次救命処置(気道確保，自発呼吸がない場合は胸骨圧迫・人工呼吸・AED装置など)
〈反応あり〉

・意識状態，呼吸，心拍等の把握。

・症状・経過の把握。

・基礎情報(管理指導表)を確認し，最低1時間は目を離さないようにする。

※　注意事項

・動き回らせないように注意する。

・摂取した食べ物が口腔内に残っている場合は自分で吐かせる。

・「背部叩打法」(相手の背中を強く叩き異物を除去する方法)等により異物を除去させる。

・意識がない場合には無理やり吐かせる必要はない。

・口をすすいで，口腔内に異物がないことを確認する。

・その場でできるだけ安静にし，あお向けの状態で，足を15cm〜30cmほど高くする姿勢(ショック体位)で横たえる。

・移動させる必要がある場合は，担架等の体を横たえることができるものを利用する。

・症状が回復した後でも絶対に一人では下校させない配慮が必要で，医療機関に必ず行くように手配する。

・管理職への連絡。

・周囲の教職員への応援要請。

解説 即時型アレルギーに対する薬(エピペン等)を学校に携帯してくる際の対応として，次のようなことがあげられる。①薬を携帯している児童生徒を把握すること。②もし，保護者から児童生徒が携帯する薬の保管(保健室等)を求められた場合は，その薬を児童生徒が自己管理できるか保護者に確認すること。③必要であれば，その薬を処方した医師が記載した指示書(服用のタイミング，使用する際の注意点，副作用等の安全性に関する注意点，保管に関する注意点等が書かれたもの)の提出を保護者に求めることも考慮すること。④もし，学校側が児童生徒が校内で携帯することを認める場合は，他の児童生徒が誤って使用して事故が起きないような予防策を検討する必要があること。ショック症状(アナフィラキシーショック)や発作が起こった際に使用する

薬を携帯してきている場合は，素早く対応するために，どこにその薬を保管しているか本人以外にも児童生徒を看護できる立場の教職員は知っておくことが大事であること。

【6】(1)　・目はうつろとなる。(虚脱状態)　　・表情はぼんやりし問い掛けの反応が鈍くなる。(無欲状態)　　・皮膚は青白くなる。(皮膚，顔面蒼白)　　・呼吸は速く浅くなる。　　(2)　ア　仰臥位
イ　○　ウ　○　エ　○　　オ　○

解説 ショック状態以外についても，症状に適した体位や処置を答えられるようにしておくこと。喘息や熱中症の処置について問われることがある。　(1)　他に，冷汗が出る，唇が紫色もしくは白っぽくなる(チアノーゼ)，体が震えているなどの症状があげられる。
(2)　ア　ショック状態では，仰臥位や仰臥位で足側を高くした体位(足側高位)をとらせる。ただし，頭にケガのある場合は半座位のほうがよい。

【7】(1)　×　　(2)　○　　(3)　×　　(4)　×　　(5)　×

解説 (1)　左右が逆である。右肺が上葉・中葉・下葉の3つ，左肺が上葉，下葉の2つに分けられる。左肺内側に心臓が位置する。　(3)　片方の腎臓にネフロンは100万位ずつある。　(4)　逆である。心臓が収縮し，血液を送り出すとき最大血圧となり，収縮が終わって拡張し，心房から心室に血液が流入するとき最低血圧となる。　(5)　皮膚は，3層からなり，表面を覆う表皮という上皮組織と，真皮と皮下組織という2層の組織からなる。毛や爪は，表皮が変化したものである。

【8】(1)　(例)　対象となる児童生徒の課題や問題状況について理解を深めることで，これまでの指導等について客観的に見直し，今後のあり方を検討するとともに，教職員の共通理解により，緊密な連携ができるようにする。　(2)(例)・保健調査票でこれまでの既往歴や服薬を確認するとともに，担任と連携し保護者と面談をする。　・発作の症状や起きやすい時間帯，服薬の状況，発作後の対処や発作以外の症状，緊急時の家庭や医療機関への連絡方法等を確認し，学校長や学校医に報告する。　・必要に応じて保護者の了解のもと，担任とともに主治

医に連絡を取り，学校で発作が起きたときの対応等について指示を受ける。　・個別の対応マニュアルを作成することで校内で共通理解を図るとともに，保健主事と連携し，発作時の対応について校内研修を行う。　・発作時には周囲に危険な物がないか確認し，発作時間や状況を記録するなどマニュアルに従って対応する。　・生活習慣に乱れがあると発作を起こしやすいため，担任とともに毎日の健康観察で健康状態を把握し，必要に応じて生活指導を行う。　・抗てんかん薬による副作用で眠気を起こす場合があるので，担任と連携し必要に応じて保健室で休養させる。　(3)（例）・発育状況(身長・体重)をグラフ化するとともに，本人に無月経(女子)や吐きダコ，下剤の使用，肥満や体型への過剰なこだわりがないか等を問診や触診で確認し担任に連絡する。　・担任とともに保護者と面談し，家庭での様子を聞くとともに，状況を学校長，学校医に報告する。　・学校医の指示を受け，緊急性がある場合は，専門医を保護者に紹介し，受診を勧める。

・担任や保健主事と連携し，校内で支援の共通理解を図る。　・本人が治療への意欲が起きるよう，主治医の指示の下，メンタル面でのサポートをするとともに食事や栄養について保健指導を行う。　・体重減少に伴う，貧血や動悸，めまい等で学習が困難な場合は担任と連携し保健室で休養させる。　・保護者に対しても家庭における食事のあり方などについて助言するとともに，必要に応じてスクールカウンセラーと連携し，本人，保護者が目標を持って治療に取り組めるようにコーディネイトする。

解説(1)　事例検討を行うことで，教職員の共通認識，共通理解を図ることができる。　(2)　てんかんとは，大脳ニューロンの過剰興奮によって生じる，反復性の発作を主な症状とする慢性の脳疾患であり，比較的頻度の高い疾患である。大半が適切な薬物によって発作をコントロールすることができ，治療の継続によって治癒も期待できる。(3)　体重や体型についてのゆがんだ認識も原因の一つである。精神神経疾患のなかで，致死率が最も高い疾患の一つであるため，速やかに適切な対応をしていかなくてはならない。

【9】(1)　・心筋梗塞　　・気胸　　・過呼吸症候群　　・心因性胸痛　・気管支喘息　　・拡張型心筋症　　・肺炎(この中から4つ書けていればよい)　　(2)　問診…胸痛の状況(いつから，どこが，どのように)，胸部打撲の有無　　視診…表情(苦悶様)，顔色，チアノーゼ，起坐呼吸　　バイタルサイン…呼吸(呼吸音)・体温・脈拍・血圧・意識レベル　　随伴症状…咳・喘鳴の有無，動悸，吐き気

┃解┃説┃(1)　養護教諭にはどのような場合にも対応できる知識・技術が求められる。どのような問題にも答えられるよう，具体的な傷病への対応は整理しておくことが望ましい。　　(2)　問診，視診，バイタルサイン，随伴症状はきちんと行えるよう確認しておくこと。それらとともに救急体制についても理解しておくとよい。

【10】(1)　・本人が保健室登校を望んでいるか　　・保護者が保健室登校を理解し，協力を得られるか　　・教職員の共通理解，協力が得られるか　等　　(2)　・児童生徒が，養護教諭に受容されることにより学校内で居場所を得て，心身の安定が図れる　　・養護教諭との信頼関係を図ることで，安心して自己を表現することができる　　・養護教諭や教職員が連携して個別の支援計画に基づき，支援ができる　　・保健室で他の来室児童生徒と係わることで他者理解につながる　等

┃解┃説┃(1)　その他，保健室で受け入れる環境が整っているか，養護教諭として保健室登校に対しての協力体制・支援体制はあるか等。(2)　保健室(学校)にいることによって，教師や友人との人間関係を保つことができる。保健室で大切にされる体験や認められる体験をさせることで自己肯定感を高められるようなかかわりをしていく。

【11】・講師の専門性が十分に生かされるよう工夫する。　　・学校教育活動全体で健康教育の一環として行う。　　・発達段階を踏まえた指導を行う。

┃解┃説┃学校におけるがん教育の目標の1つは，がんが身近な病気であることや，がんの予防，早期発見・検診等について関心をもち，正しい知識を身に付け，適切に対処できる実践力を育成する。また，がんを通じて様々な病気についても理解を深め，健康の保持増進に資する。

2つ目は，がんについて学ぶことや，がんと向き合う人々と触れ合うことを通じて，自他の健康と命の大切さに気付き，自己の在り方や生き方を考え，共に生きる社会づくりを目指す態度を育成する，である（「学校におけるがん教育の在り方について(報告)」文部科学省　平成27年7月）。なお，平成29年告示の中学校学習指導要領　第2章　第7節保健体育では，生活習慣病などの予防でがんを取り扱うことになり，がん教育が健康教育の一環として行われる。

【12】　①　学校医　　②　出席停止　　③　消毒　　④　病毒　　⑤　清潔

解説　法第19条とは学校保健安全法第19条(出席停止)のことであり，「校長は，感染症にかかつており，かかつている疑いがあり，又はかかるおそれのある児童生徒等があるときは，政令で定めるところにより，出席を停止させることができる」となっている。さらに，学校保健安全法施行規則第20条(出席停止の報告事項)も確認しておくとよい。

【13】(1) (例) オゾンやアルデヒド類等の酸化性物質の総称。二酸化窒素や炭化水素を原料として太陽光のエネルギーにより生成される二次汚染物質と呼ばれ，刺激性が強い。光化学スモッグの原因となる。等
(2) (例) 乾燥性角結膜炎のこと。乾きにより炎症を起こし，充血，眼瞼腫脹，眼脂等の症状がある。等

解説　(1) 目や喉を刺激する他，植物などにも被害を及ぼす。なお一次汚染物質とは一酸化炭素(CO)や硫黄酸化物(SOx)，窒素酸化物(NOx)等である。　(2) VDT症候群，またシェーグレン症候群の症状の1つでもある。

●書籍内容の訂正等について

　弊社では教員採用試験対策シリーズ（参考書，過去問，全国まるごと過去問題集），公務員試験対策シリーズ，公立幼稚園・保育士試験対策シリーズ，会社別就職試験対策シリーズについて，正誤表をホームページ（https://www.kyodo-s.jp）に掲載いたします。内容に訂正等，疑問点がございましたら，まずホームページをご確認ください。もし，正誤表に掲載されていない訂正等，疑問点がございましたら，下記項目をご記入の上，以下の送付先までお送りいただくようお願いいたします。

> ① **書籍名，都道府県（学校）名，年度**
>   （例：教員採用試験過去問シリーズ　小学校教諭 過去問　2025年度版）
> ② **ページ数**（書籍に記載されているページ数をご記入ください。）
> ③ **訂正等，疑問点**（内容は具体的にご記入ください。）
>   （例：問題文では"ア～オの中から選べ"とあるが，選択肢はエまでしかない）

〔ご注意〕

○ 電話での質問や相談等につきましては，受付けておりません。ご注意ください。

○ 正誤表の更新は適宜行います。

○ いただいた疑問点につきましては，当社編集制作部で検討の上，正誤表への反映を決定させていただきます（個別回答は，原則行いませんのであしからずご了承ください）。

●情報提供のお願い

　協同教育研究会では，これから教員採用試験を受験される方々に，より正確な問題を，より多くご提供できるよう情報の収集を行っております。つきましては，教員採用試験に関する次の項目の情報を，以下の送付先までお送りいただけますと幸いでございます。お送りいただきました方には謝礼を差し上げます。

（情報量があまりに少ない場合は，謝礼をご用意できかねる場合があります）。

◆あなたの受験された面接試験，論作文試験の実施方法や質問内容

◆教員採用試験の受験体験記

- -

| 送付先 | ○電子メール：edit@kyodo-s.jp
 ○FAX：03-3233-1233（協同出版株式会社　編集制作部 行）
 ○郵送：〒101-0054　東京都千代田区神田錦町2-5
　　　　　　協同出版株式会社　編集制作部 行
 ○HP：https://kyodo-s.jp/provision（右記のQRコードからもアクセスできます） | |

※謝礼をお送りする関係から，いずれの方法でお送りいただく際にも，「お名前」「ご住所」は，必ず明記いただきますよう，よろしくお願い申し上げます。

教員採用試験「過去問」シリーズ

秋田県の
養護教諭 過去問

編　集	Ⓒ 協同教育研究会
発　行	令和6年4月10日
発行者	小貫　輝雄
発行所	協同出版株式会社
	〒101-0054　東京都千代田区神田錦町2 - 5
	電話　03－3295－1341
	振替　東京00190－4－94061
印刷所	協同出版・POD工場

落丁・乱丁はお取り替えいたします。